雲南文革筆記

周孜仁 著

如果你在活著的時候應付不了生活，就應該用一隻手擋開一點籠罩你命運的絕望……同時，你可以用另一隻手草草記下你在廢墟中看到的一切。因為你和別人看到的不同，而且可能更多。總之，雖然在有生之年死了，你卻是真正的得救者。

——卡夫卡

我只擔心一件事，我怕我配不上我所受的苦難。

——杜思妥耶夫斯基

序——思痛之華

啓之

每個人都是一部歷史，每個人都有傾訴的願望。但真正回顧歷史的人少之又少。二〇一〇年《記憶》第五十五期刊登過一個「思痛文學主要中文書目」，連海內外的出版物及自印書全算上不過六〇四本。儘管這是一個不完全的統計，但是，即便我們把這個數字擴大十倍，以文革發動時的六億人為分母，願意將往事訴之筆墨且付梓的，十萬人中不足一人。

六年前，一位老革命的女兒將她寫的回憶錄給我看，這是一個很奇怪的敘述，在最關鍵的地方，原來的女主人公消失了，取而代之的是另一位陌生的女性，人稱也從「我」變成了「她」。我問作者這是怎麼回事。她支吾了一陣才告訴我，那個陌生的「她」，其實就是原來的女主人公「我」。她之所以寫得如此撲朔迷離，是因為她不願意讓兒女親友知道她當年的經歷。

她答應改寫，可至今沒有動筆。

三年前，我採訪一位退休的司長，當年的右派。他給我看了他五年前寫的回憶錄。問他為什麼不拿去出版。他很抱歉地支支吾吾道：「聽說上邊有個政策，在言論上，對八十歲以上的不追究，我還是等到八十歲以後再說吧。……」。他能否活到八十以後，就是活到了，又能否下決心出版，這都是問號。

由此可知，能夠寫完回憶錄，並讓它問世的人，少之又少。

本書的作者周孜仁先生，就是這少之又少中的一個。

我讀過周先生的《紅衛兵小報主編自述》，那本書寫的是文革初的兩年（一九六六至一九六八）；這本書寫的是此後的八年（一九六八至一九七六）。這兩本書記載了他的人生中最主要的經歷，呈現了中國最變態的歷史。我把這兩本書都歸為「思痛文學」。

「思痛文學」是我對這類文字的專稱。「思痛」一詞，源於韋君宜的《思痛錄》，韋氏在其書的「緣起」中說：「『四人幫』垮臺之後，許多人痛定思痛，忍不住提起筆來，寫自己遭冤的歷史，也有寫痛史的，也有寫可笑的荒唐史的，也有以嚴肅姿態寫歷史的，也有從一九五七年開始的，也有從胡風案開始的，想壓也壓不住。」

「思痛文學」不同於人們熟知的「傷痕文學」、「反思文學」、「尋根文學」。它不是虛構性的文字，而是以回憶錄和史傳散文為主體的紀實文學。它坦露傷痕，但重在心靈的陳述；它致力反思，但比「反思文學」挖得更深，想得更遠；它也尋根，但它尋找的不是虛無飄渺的文化，而是與現實密切相關的體制。

「思痛文學」是紀實的，它以真實為本，以文學為輔。在當代文學史上，這類紀實文學的興盛，先後出現過兩次，第一次是五、六十年代，《高玉寶》、《把一切獻給黨》、《我的一家》、《革命母親夏娘娘》、《不死的王孝和》等革命者的自傳或傳記，《紅旗飄飄》、《星火燎原》、《志願軍一日》等革命回憶錄，感動、教育了無數人。這其中包括革命者的後代，也包括非革命者的後代。

第二次是八十年代後期至今的「思痛文學」，《上海生死劫》、《牛鬼蛇神錄》、《九死一生：我的右派經歷》、《思痛錄》、《往事並不如煙》感動、教育了更多的人，包括革命者後代的後代，也包括革命者本人。

第一次紀實文學的創作，由國家機器組織作家生產，共青團中央等部門推薦、號召閱讀，直到文革前夕才消歇。第二次紀實文學的創作，發自民間，由受難者和受害者自己撰寫，大量作品只能通過海外、自印、互聯網等管道艱難問世。這一思痛文學之潮，從新時期至今三十多年，仍舊蓬勃，不見盡頭。

這兩次紀實文學都為歷史、為後代留下了真實。不同的是，前者的真實是革命需要的流血和犧牲，後者的真實是革命造成的恐懼、苦難與毒害。儘管當代文學對此避而不談，文學評論家對其諱莫如深。但是，我相信，「思痛文學」必將在未來的思想史與文學史中占有重要的一席。

大凡受苦受難，蒙冤負屈之人，都想把自己的遭遇呈之世人，告之子孫。但呈現的方式各有不同。前年我有幸結識了杭州作家田建模先生，一位在勞改營、監獄和流亡中度過了二十多個春秋的右派和「現反」。他窮十年之力，逞不羈之才，寫就了長篇小說《史跡》。儘管我為此書寫了書評，給予了很高的評價，但還是為他選擇的呈現方式可惜——《史跡》印不過百冊，讀者不超過百人。如果他棄小說而行回憶，遠虛構而近紀實，以「思痛者」的身分寫一「思痛文學」，他的讀者將會大大增加。

周孜仁先生寫過小說，八十年代初，他的處女作〈三重奏〉，曾被多家報刊轉載，還上了《一九八〇年全國優秀小說選》，被改編成廣播劇，獲了獎。其想像力和文學才華可見一斑，但是，被稱為作家的他，沒有虛構下去，而選擇了「思痛者」的路。在他的文字面前，無論是非虛構性的「倖存者」文學，還是虛構性的「傷痕」文學都黯然失色。

「受矇蔽無罪，反戈一擊有功」是文革時流行的口號。「思痛者」就是「受矇蔽」者，因此「思痛文學」既是「受矇蔽」者上當受騙的文學，也是「受矇蔽」者反思的文學。「思痛者」反思的是矇蔽他們的歪理邪說，是讓這些歪理邪說縱橫天下的制度和文化。在這個意義上講，「思痛者」就是覺悟者，「思痛文學」就是啟蒙文學。

我與周孜仁先生素昧平生，緣慳一面。但是，讀其書，知其人。我相信，他的這本新作在「思痛文學」中將名列榜首。這不僅是因為他的文思，他的才情，更重要的是他對歷史、對人性的反思、對自我、對內心的剖析。而正是這一點，賦予了這本書特立獨行的性格，使之在當代文學雲遮霧障之際，以真實為平臺，以「史鑒」為職志。紹續五四的傳統，在默默無聞之中開闢著「新啟蒙」。

二〇一一年九月六日初稿
二〇一一年十一月六日修改

目次

卷二 譚甫仁辦公室

卷二　省委辦公廳

卷四　放逐

卷一
在邊疆

一、亡命雲南

那年我二十四歲。現在想來，那是多讓人羡慕的年齡啊！那樣的年齡有什麼樣的夢不能擁有呢？有什麼樣的事不能追尋呢？有什麼樣的奧秘不能探索呢？有什麼樣的險境不能闖蕩呢？可惜，我覺得我已飽經滄桑，萬念俱灰。我只想隨風而逝，讓命運把我整個拋到哪兒是哪兒。

我查閱了當時的日記。時間是一九六九年二月二日。從昆明出發，長途班車在雲南高原的莽莽群山間顛簸了整整四天功夫，到達終點了——保山，狹長群山間一個灰濛濛的狹長壩子。素不相識的旅人終於鬆了一口氣，然後提著大包小包下車，然後彼此告別，然後，繼續去尋找屬於自己的快樂和歸屬。

我又查了萬年曆，那一年春節是二月一七日，到達邊地保山，離春節正好還有半個月，因此忽然想起，長途班車上那些鼓鼓囊囊的行李，肯定都包裹著遠方遊子新年的禮物和沉甸甸的思鄉之念。

我不是回家團聚。我的家鄉在遙遠的四川。但家鄉把我遺棄了。我曾有過許多壯麗的、子虛烏有的夢，我曾渴望獻身，曾企圖拯救正在墮落的世界，然而卻被欺騙了，然後像一團用來揉過塵垢的廢紙，被人家無情地扔掉：大學剛畢業我便遇逢了「文革」動亂，於是迷迷糊糊、瘋瘋顛顛又折騰了三年。我參加的是一個叫「八一五」的群眾組織，這個組織風光過短短時間卻很快被當局一巴掌打下去。主管四川大學生分配的最高長官、正在享受著權力快感的張西挺女士乾脆毫不動搖地宣布了，說周某某是「反動文人」、「毛主席點名的黑筆桿」，必須抓起來。

我還能待在家鄉的政治砧俎為人魚肉嗎？

於是孑然一身，我急匆匆亡命邊疆。

確實孑然一身。按規定，大學生赴工作單位可以報銷四〇公斤行李托運費。而我的行李，全部就十三公斤！而且主要是書（我的衣被全在文革動亂中丟了）。提著輕飄飄的行李，背著沉甸甸的身分遠走邊疆，我心中有古戲《林沖夜奔》的蒼涼之感。

遙瞻殘月，
暗度重關，
奔走荒郊。
俺的身輕不憚路迢遙……

同車還有一個同樣身輕無負的年輕人。他眉目清秀，身材瘦削，像韓國偶像劇男星。他鬱鬱寡合，一到客棧住下，總是直挺挺躺在床上發楞。直到分別前夜，客車停宿於荒坡野嶺間的「大栗樹客棧」，與我鄰床，他終於說了，他是緬甸排華時歸國的華僑學生，此行是從泉州趕去中緬邊界小鎮畹町會親。我問畹町還有多遠？他說他也沒去過，從地圖看，保山出去還得坐兩天汽車。真是萬里迢迢啊！帥小伙滿面愁思，第二天分手，我們誰也沒留下地址。

同車至少還有一個不是回家過年的，與我鄰坐。他身材單薄，罩一件寬大無比的舊棉襖，顯得越發瘦削。蒼白的臉和不苟言笑的沉默使他看起來比實際年齡大了許多。他畢業於雲南大學，孤身一人在邊疆遠地教物理。他從四川探家歸來。我問：「探視父母幹嗎帶恁多包裹啊？」行李架上鼓鼓囊囊一堆紅花被褥，被透明的塑膠薄膜捆得嚴嚴實實，還有一隻大號鐵皮暖瓶——長途顛簸，瓶膽早碎了，鐵皮空殼就用來作了提籃，裝些牙具毛巾之類雜物——他沒有回答，極其認真地給我看了一封介紹信。介紹信內容如下：「最高指示：建立三結合的革命委員會好。」那時所有文件（不管因公因私）一律以毛澤東語錄開頭，接下來正文：「茲介紹我校教師鄧義俊同志前來你處辦理結婚手續，請大力支持為感。」接下來是「祝毛主席萬壽無疆」等等。落款：「保山縣瓦窯中學」。我知道他叫鄧義俊了，當然，我很快還知道他獨居遠鄉，太渴望解決「終身大事」了。雖然他壓根兒還不知道未來的夫人位在何方，但返鄉探親，他仍沒有忘記帶齊了一切裝備，以便隨時隨地吉慶大婚。可惜出師未捷，紅花被褥沒派上用場，新水瓶卻砸壞了，有點「賠了夫人又折兵」的難堪。知道我分配來此地工作，他立即表示要和我結金蘭之交，建立「統一戰線」，讓我先幫他找女朋友，一俟「問題」解決，他馬上集中力量為我介紹。除了女人，鄧老師對政治漠不關心。在全民瘋狂的年代，這樣的另類也許只有在遠離政治中心的邊疆才能存活，我猜。

保山縣城小如鄉鎮。縱橫交叉就兩條街：保岫路和正陽路。路面用光溜溜的卵石鋪砌，為便排水，路面呈圓弧狀，被人戲稱為「包穀路」。和十字街相連的，是些可有可無的偏街陋巷，窄如毛細血管，幾乎可忽略不計。城牆早沒了，只南面尚餘一座頹圮的土門，爬滿衰草蒼苔和淡淡殘陽。我揀一間小旅店住了，接著就去專區革命委員會報到。

一進政府大院，我就遇了一位老軍人，遂抓緊問：

「您知道大學生報到找誰嗎？」

軍頭有些狐疑，問：「報什麼到？」

「大學畢業。我分配來邊疆啊！」

我的四川口音顯然讓他倍感親切，他對我報以一個含義模糊的笑容，問：

「哪個大學？」

我答：「重慶大學。」

對方真的高興了：「把你的證件給我看看！」

我把所有證件交過去：《報到證》、《戶口介紹信》、《工資介紹信》、《糧食介紹信》、《共青團組織介紹信》……總而言之，與周孜仁同學命運攸關的一切書面證件，我全交給了素不相識的老軍人。

看過證件，對方非常驚奇了：

「是你？〈必勝〉那篇文章，是你寫的？」

他發現站在面前的，是一位政治明星。

他說的那篇文章正是我人生最初的噩夢。文革狂亂之中，我確實揮霍過太多理想和真誠，寫過太多為我帶來虛榮的文章。萬萬沒想到的是，一九六七年秋天我寫的一篇時局述評〈大局已定，八一五必勝〉不知怎麼就送進了中南海，並惹怒了龍顏，被坊間定義為「全國五大毒草」之一。接下來，當然是審查、檢討、交後臺，自我批判，沒完沒了……我終於澈底厭倦。虛妄的遊戲應該結束了。我只想從文革的屍堆盡快爬出，讓一切重新開始：哪怕做普通工人，整日價滿面塵灰；哪怕山野村夫，整日價腳蒸暑土背灼炎天；哪怕蟄居遠山，老死蓬蒿。

我客氣但斷然否決老軍人的詢問。

軍頭更加得意：「我們早知道啦，你這人要來邊疆。」

我不再詫異。我知道面前這位軍頭的部隊是半年前才從四川調防來雲南的。而我所屬的重慶大學八一五派，正是四川著名的「擁軍派」，和他們關係鐵著呢！我那篇轟動一時的「大毒草」，幾乎花了四分之一篇幅，將這支野戰軍吹捧為毛澤東「手中的一柄倚天長劍」，跟著最高統帥「踏過了二萬五千里革命征程」、「在解放戰爭、在抗美援朝、在西藏平叛、中印邊界自衛反擊戰等一系列戰役裡，為黨為人民立下了赫赫戰功」，是「四川文化大革命的中流砥柱」。

這支野戰軍叫五十四軍。如今駐節保山的，正是下轄一三四師。調防來滇番號改為〇二五八，並負責對地方實行軍管（公開提法叫「支左」）。我曾因肉麻吹捧他們而獲罪，他們要記住我的名字就是情理中事了。我的否認毫無意義。

老軍頭繼續問：「你分來這兒幹啥？」

我說還能幹啥呢？「去工廠，接受工人階級再教育啊！」

「你還接受什麼再教育？」對方很痛快，「留下來。就在這兒工作！」

我問：「你們要我幹啥？」

他用手指戳了戳《報到證》封面的「報」字，說：「就這啊！辦報！」

我問：「保山恁遠地方，還有報？」

「沒有，可以新辦啊！槍桿子，筆桿子，奪取政權靠這兩桿子，鞏固政權也得靠這兩桿子。」他接著宣布：「我們就缺你這樣的人才啊！」

剛被翻來覆去的階級鬥爭整得驚魂未定。我趕緊申辯，「我才犯了大錯誤。還被中央點名。政治素質低，適應不了新生紅色政權的工作要求……」

「我沒說你沒犯錯誤嘛！」老軍頭打斷我，「我認得你被中央點了名。中央點名說明你有水平嘛！沒水平，誰點你的名？」他不願意聽我的任何解釋，只問：「你住在哪兒？」

我準備繼續解釋，對方已經宣布了：「反正你東西都在我手上。你幹也幹，不幹也得幹！」接著通知：「晚上你就在旅店等著。我會讓警衛員帶你來我家吃飯的。」

後來知道，老軍頭叫陳循，通訊營政委。當天他就把我的資料直接送交了專區最高當局。

左：隻身亡命邊疆，我到處見到這類瘋狂而又莫名其妙的政治示威。
右：文革動亂，雲南邊疆遍地這般景象。

二、政治瘟疫時期的昆明

在朦朧不清的概念中，雲南是遙遠得幾乎與世隔絕的異域遠國。我滿腦子都是艾蕪先生《南行記》裡描繪過的群山和峽谷，叢林和江流，到處都是驃悍而善良的流浪漢、山民、豪俠與熱情奔放的蠻族少女……

出現在我面前的雲南卻完全兩樣。由北京輻射而出的無產階級專政強大如斯，偌大中國的社會生活和社會形態完全整齊劃一：階級鬥爭格局一樣；文革瘋狂一樣；所有百姓通分為兩派，稀里糊塗地你死我活鬥來鬥去，也完全一樣；相互撕殺的理由：保衛莫名其妙的「革命路線」，也完全一樣。到處大字報、批鬥會、大辯論、真刀真槍、頭破血流、血染市街、屍橫荒郊……全都一樣！

我亡命邊疆那會兒，長達三年的大規模騷亂再衰三竭，漸漸塵埃落定。雲南省革命委員會一九六八年秋天成立：雲南和國家同步，需要重建秩序了。毛澤東欽點的「平西王」譚甫仁將軍以封疆大吏之尊走馬上任，旋即在雲南猛砍了三板斧：「劃線站隊」、「修《萬歲館》」和「圍海造田」，剎那間，雲南邊地哀嚎共歡慶交響，悲絕與狂歡一色。

文革中被人為挑動起來的雲南兩派群眾，分別叫「八二三」和「炮兵團」。八、炮兩派的矛盾本已夠深，譚甫仁偏偏把這種敵對情緒再次推向顛峰。一九六九年一月，譚主持召開雲南地方史上著名的省革委七次全會，明確制定「以人劃線，層層站隊」的施政方略，責令官民人等均得以北京欽點的雲南「二號走資派」、前省委書記趙健民的態度判定「路線是非」。（「一號」為第一書記閻紅彥，已於兩年前自殺）。凡倒趙者，即歸屬「無產階級革命派」；反之則屬執行了「資產階級反動路線」，需整肅並鎮壓之。將軍就「劃線站隊」，「清理階級隊伍」，追查「滇西挺進縱隊」、「國民黨雲南特務組」這幾個政治專題連篇累牘，頻作指示，稱：階級敵人「有一千抓一千，有一萬抓一萬，有十萬抓十萬，有一百萬抓一百萬，你們不要手軟。不要受兩個百分之九十五的框框的約束、限制」；又稱：「我在個舊地區講了一次話，一夜之間就揪出了九百九十多個壞人。有人問，可不可以拉出去遊街？遊街後能不能把這些人下放勞動？我說遊街可以，下放勞動也可以，戴白袖套也可以，讓群眾識別嘛！」

如是，持續兩年的派鬥再無懸念：炮派慘敗，「八派」完勝。據史料統計，僅下關市一地，追查「滇挺」分子運動中就打死逼死七百多人，打傷致殘一千多人，打傷一萬多人。臨滄地區追查「慰問『滇挺』」一案，株連一萬多人，其中二千多人被吊打，五百多人被打傷打殘，六百多人被打死逼死。據雲南省委落實政策辦公室事後統計，曲靖和昭通地區，受「滇東北游擊軍」假案牽連幹部群眾多達六十萬人，僅曲靖就有二十九萬三千一百九十三人，其中二萬多人被批鬥，二千多人被關押，四千多人被打傷，二千多人被打殘，二百多人被逼死，一百多人被打死……」

從古至今，戰將完勝大捷之際，總要八百里加急捷報上奏京師。如今雲南形勢大好，當然該向偉大領袖恭表忠心了。各省已有樣板在先：敬建廟堂以供百姓恭祝「毛主席萬歲」。昆明地偏城小，難尋風水寶地，譚遂下令將市中心剛落成的工人文化宮一舉炸毀，以於廢墟之上速速敬建「萬歲館」——此則將軍之第二板斧也。至於第三板斧，傾全昆明之力將滇池水域圍填三萬畝以大辦農業並以糧為綱之，則是後來的事。

我初踏昆明，正遇「七次全會」瘋狂發酵。

貴州駛來的火車到達昆明是早上七時許。天還全黑著，火車站前面的田野覆滿白霜。摧毀文化宮的爆炸正好發生在前一天夜裡。如果火車早到幾個小時，我肯定就會聽到那一陣驚天動地的爆炸聲，聽見爆炸物從天空墜落，把四周的民房砸出颯颯啦啦一派亂響。走來昆明門戶塘子巷，已經封路。隔著警戒線，我還能嗅到爆炸後的硝煙在空氣裡四處彌漫。前面說過，原駐防四川並和我們八一五派關係超鐵的五十四軍半年前調防雲南，昆明亦屬其防區，昆明市革委會就由他們主政。文革三年，我曾和五十四軍太多人物交往甚密。歲月離亂，遠走邊關，孤寂遊子多渴望能在異鄉尋覓到亂世故交啊！趕去市府大院一問，非常巧，「萬歲館」建設指揮部的負責人正是我的老朋友、五四年政治部副主任劉潤泉！

我在熱火朝天的廣場廢墟上找到了劉。他的熱情讓我感受到一位事業發達的主人招待落魄故人的志得意滿。他拉我站上成堆的瓦礫磚石，揮著手臂說：「瞧，雲南的天多藍，太陽多亮！像四川嗎？像重慶嗎？成天就陰沉沉的！」他告訴我，說「譚政委原來就是我們『四野』的老首長，五十四軍的老領導。對我們信任著呢。真是揚眉吐氣啊！瞧，現在的雲南形勢，是不是一派大好？」接著他讓人把我安排到盤龍江邊的軍人接待站住下，還叮囑我在昆明多待幾天，到處走走，看看。「這兒風景不錯，西山龍門、滇池、金殿、黑龍潭、大觀樓……你都走走」他特別關照：「七次全會已經明確了『劃線站隊』。這是當前的頭等大事。昆明很快會熱鬧的。」

我確實搭軍隊的便車去了西山。沿山而築的層層廟宇，凋零殘破的殿堂裡的神像砸毀殆盡，殘留的四肢和頸脖處，胡亂參差著稻草木棍。最高處的龍門石窟，整塊石體鑿出的魁星砸起來比較困難，被人用些瀝青將顏面涂得一團漆黑。滇池還沒來得及被圍填，陰晦的天穹下一碧萬傾，點點風帆，讓人感慨萬千……命運未卜，我難有好心情。還有，昆明的大街小巷果然很快發瘋一般熱鬧起來，「有一千抓一千，有一萬抓一萬，有十萬抓十萬，有一百萬抓一百萬」的「絕不手軟」的整人運動如狂飆驟降，把整個昆明攪得一片恐怖。

倒楣蛋是慘敗的「炮頭」和屬於「炮派」的草民百姓。羞辱失敗者的手段，「死不改悔」、「走資派」、「地主階級的孝子賢孫」、「黑幹將」等名目自不在話下；下跪、戴高帽、噴氣式、掛黑牌、陰陽頭這些經典傳統亦全部保留；「打倒」「批臭」「砸爛狗頭」「××不投降，就叫他滅亡」之類標準口號也套用如流。最具雲南本土特色的是，被羞辱者不光戴高帽、掛黑牌和帶白袖套，還根據身分之不同而配備相應的道具遊街示眾。比如，打過機槍的，就得扛上道具機槍；扔過手榴彈，就得扛道具手榴彈；「煽陰風、點鬼火」者就得扛「芭蕉扇」——之所以通用「扛」字，因為強加給他們的不是普通道具，而是用鋼管、鋼錠、鋼板等金屬材料焊接而成！掛在脖子上的黑牌也不是紙板，而是厚達十公釐的厚鋼板，一塊黑牌重量至少數十公斤。掛牌也不用普通麻繩，而是細鐵絲，勒進肉裡頓見鮮血長流！厚鋼板製作的「芭蕉扇」、鋼管製作的「機關槍」、鋼碇製作的「手榴彈」重量之沉，可想而知！「小爬蟲」情況好些，背上負重僅為竹篾編制的筲箕，上貼「小爬蟲」三字而已：他們被棍棒驅趕，在地上爬行而前，群眾情緒激烈時，憋不住怒展拳腳，踢上幾傢伙，用木棒砸上幾傢伙，便頻演出頭顱崩裂、血濺通衢的恐怖劇。

整個城市都感染了突如其來的政治瘟疫，投入了喪失理智的、以報仇雪恨為主題的大狂歡。擁擠道旁的看客也積極互動，發洩仇恨。擠在看客群中，我曾湧過幾分心性邪惡的倖災樂禍，因為重慶的「八一五」和雲南的「八二三」歷史上確有互相交通的友好歷史，若干政治態度也不無相似。重慶的「八派」在自家屋裡受了欺負，到昆明來看看「準哥兒們」替自己出氣，似乎也算快事。只是，看見越來越多的血腥和殘忍，慢慢就無動於衷了。最後，我甚至對無助的受辱者生出了同命相憐之感。想想自己，當初青春的美好之夢如今安在？我也滿懷純潔信仰投身文革，最後竟落得被收審、被嘲弄、被鄙夷，亡命天涯。春節到了，連家都不敢回！

> 按龍泉血淚灑征袍，
> 恨天涯一身流落。
> 回首望天朝，
> 急走忙逃，
> 顧不得忠和孝……

我還有什麼興趣替僥倖的勝利者喝彩？在別人的政治狂歡中麻痹自己？再待下去，我將變得更加醜惡。在昆明僅停留了四天，我便不辭而別，去了保山。

上：昆明地區的文革亂象。

下：政府需要恢復秩序了，散落在民間的武器必須收繳起來。這是雲南某地由軍人收繳群衆組織的槍支彈藥。

三、邊城故事

人家說小城是屬雞的。當早春暗淡的殘陽像幕布在灰濛濛的瓦屋後緩緩沉落，保山窮街便默默無聲地進廄安睡了。動亂剛結束，物質匱乏，百貨公司的貨架空無一物。電燈泡長期脫銷，連旅店也沒燈好點。我借住的旅店是一處老宅，三門三進，屋檐很矮，屋裡比屋外黑得還早。睡不著，我就獨自去窄街陋巷徘徊。春節快到了。「革命」已把傳統生活摧毀殆盡，剩下的，只有喧囂政治節目落幕後殘留的死滅寧靜。一天夜裡，我徘徊小巷，忽然，不知從哪個窗口飄來膽怯的琴聲，像粒粒小石子落入深潭……我竟驚心動魄了。在吉凶未卜的人生歧路，在政治喧囂間歇的片刻寧靜，哪怕微不足道的膽怯心跳，都顯得那麼可貴。

這些飄過琴聲的小巷，依舊無法逃脫蔓延全國的政治瘟疫感染。邊城保山像劫後的廢墟，到處殘留著「大革命」的斑斑亂跡。大字報、標語、還有土坯圍牆和瓦房檐前，石灰水和鍋煙墨的涂鴉，依舊四處吶喊：「戰無不勝的毛澤東思想萬歲！」「×××大方向始終正確！」「撼山易，撼×××難！」……這類標語屬於表忠心和決心的；另一類為詛咒型：「×××罪該萬死！」、「××不投降，就叫他滅亡！」，還有「火燒」誰、「粉碎」誰、「砸爛」誰、「油炸」什麼的；第三類比較費解，全是數字，如「五二三」如何如何、「一一九」如何如何、「一一三〇」如何如何、還有什麼「三三！」、「四七！」、「五八！」……像外星人發來的密碼。這些數字有的是群眾組織代號，有的則可能代表某個事件、某樁慘案、某項陰謀，我猜想。

對「炮派」大規模的血腥鎮壓，差不多和我同時從昆明傳來保山。保山就縱橫交叉兩條十字街和可有可無的窄街陋巷，遊街實難滿足勝利者的報復欲，更具本土特色的虐俘模式應運而生。保岫路和正陽路交叉的「大十字」是絕佳眼球聚焦處。採用集中站街方式對「黑幫」進行懲處，效果好極了。各單位的「革命派」於是爭相搶占有利地形，擺開方桌長凳，將「黑幫」紛紛押解到此，縛於高臺，冠以尖帽，並將滿臉涂黑示眾。受辱者身上還套以裝大米的粗麻布袋，袋上方及兩側各開小口以讓受罰者頭手伸出，如烏龜之伸縮頭腳然。還有一絕，是施暴者將長竹竿捆綁於受辱者手臂，前面飾一巨爪，與手臂同時涂黑，整體便如寺廟之長臂羅漢，以示「反革命黑手」之長，之可憎。其實，「鬼蜮」們同樣麻袋、同樣高帽、同樣黑手黑臉，同樣漫無目標地東張西望，根本看不出誰是誰，真不知是蒙羞者在好奇觀看臺下觀眾？還是臺下看客在向臺上不識姓名的蒙羞者致意？娛樂稀缺的邊地小城，這真如難得的嘉年華呢。只是長桿捆在手上老舉著，能堅持了多久？實在舉不動了，押解英雄馬上就上前一頓暴打——臺上便有了陣陣慘叫，臺下便響起了陣陣唏噓。

老軍頭陳循確實讓警衛員來小客棧請了我。不僅他請，〇二五八的其他軍人也有來人召見我的。我成出土文物了。他們好奇地想對我看個究竟。我成了軍營常客。他們和我交談的主題永遠是回憶四川及重慶文革，回憶五十四軍和八一五派共同戰鬥的同仇敵愾。那篇被領袖欽點的「大毒草」自是題中之義。如此「高水平」的「大塊文章」，你一個工科學生如果寫得出來？文中的鋼鞭文件，你如何獲得？偉大領袖毛主席怎麼會看到你的文章呢？後來挨批，你害怕嗎？審察了多久？你最後又怎跑到雲南的？……我老老實實一一解答。軍人們總是安慰我，說犯錯誤有什麼要緊？人活一輩子，能不犯錯誤嗎？毛主席就說過嘛，除了死人和沒有出生的小孩，個個都要犯錯誤！……

只是每說到留我在機關編報，我都表示斷難從命。我們的每次見面都像失敗的外交談判，以友好開始而以遺憾告終。他們總是那句話：「反正你的東西都在我手上。你幹也幹，不幹也得幹！」我呢，總是以政治素質太差，不能勝任為由予以婉拒。我不願意繼續用已嚴重透支的年輕生命去淌政治渾水。年輕人有權利被欺騙，同時更有權利從一個醒來的夢境走出，重新轉入另一個夢境，就像被不忠的情人欺騙。只要掌握著我所有證件的軍人朋友們不讓步，我寧肯天天去「大十字」看「政治萬聖節」的黑幫站臺。

我獨自待在小旅店等待消息：雖然我知道「抗戰」徒勞無益。我開始生自己的氣：你現在算什麼呢？人說龍游淺水遭蝦戲，而你什麼也不是呢！○二五八軍人並沒有欺負你，相反，對你如此真誠，如此熱情，你老與別人過不去，於情於理，怎麼都說不過去。事情快拖到春節，已經第八天了，從學校出來，一共帶了四十元錢，伙食、火車、汽車、旅店……終於消耗殆盡，囊空如洗。

我和軍代表進行了最後一次談判。我說：「考慮這些年我和五十四軍指戰員們的戰鬥情誼，我幹了。就當是幫忙吧！以後你們『支左』結束歸建，我還是回到工廠去，搞我的本行。在大學，我是學電機製造的。」說這話的時候，我覺得我特別仗義。

他們答應了。

後來我知道了，○二五八確實計劃在秋季招兵時把我弄進部隊。我的檔案已從保山革委會被他們直接提走。只是一個意外事件把計劃打亂：蘇聯陳兵百萬，要在中國北方動武。副統帥林彪來了個「一號命令」，五十四軍被急調河南安陽拱衛京師。五十四軍連夜開拔，他們已顧不上我一介書生。

參加批判示威的女民兵。

四、如此新聞

正式上班了。我被安排到宣傳組所轄的報導組。「舊的國家機器」砸爛了，全國都實行「黨的一元化領導」，黨、政、軍合一。革命委員會不論層級，一律按「四大組」結構組建：辦事組（相當於原來的辦公室）、政工組（相當於原來的組織部＋宣傳部）、生產組（相當於原來的計委＋經委）及人民保衛組（相當於公安＋檢查＋法院）。我所在的報導組是宣傳組下面專搞新聞的機構。

說留我辦報，其實當時保山壓根兒就沒有報紙。文化大革命，雲南猛批劉少奇所謂「邊疆特殊論」和「民族落後論」，雲南本是中國少數民族種類最多的省，如今一批判，自治州、自治縣就全給撤了。與緬甸接壤的德宏傣族、景頗族自治州撤得很徹底，所屬五個縣（含一個畹町鎮）全都併入了原有五個縣的保山專區，統稱為內五縣和外五縣一鎮。德宏享受自治區待遇那會兒，辦了一個《團結報》，也給撤銷了。《團結報》用漢、傣、景頗三種文字出版，既然邊疆不再特殊、民族不再落後，專區領導決定將報社搬來保山，改名《新保山報》，只用一種文字出版：漢字。

不管有報無報，新聞組總是有事好幹的。中國正瘋著呢！三天兩頭，北京總要來點「最新最高指示」、來點「兩報一刊」社論，而且都要求「傳達不過夜，學習不掉隊，照辦不走樣」。慶祝會要召開，群眾要發動，討論要組織，典型要報導……這些都得報導組張羅。

報導組共三人，除了我，其餘二人均屬「老機關」：楊舉文，原保山農技站技術員，攝影技術不錯，他調來機關的任務主要是拍攝新聞圖片；另一位叫熊學忠。從中學教師位上調進機關，不幸成為「炮派」筆桿，理當去「大十字」穿麻布口袋、抹黑臉站臺的。皆因性格通達，處世圓熟，雖「炮」卻不鐵，倖免於難。新生紅色政權總得體現一點兩派平等啊，全搞成「清一色」的「老八」難免授人以柄，多少得弄個老炮來當「花瓶」供擺放觀看之用。熊這就有幸成「花瓶」了——他工作兢兢業業，文章也寫得不錯，只是殘酷的鬥爭嚇得他驚魂未定，寫文章免不了字斟句酌，如行險路，如履薄冰，難以滿足革命年代的要求。

這就剩下我了。

造反年代練就的快捷誇張的思維方式、信口開河的語勢文風，正屬強項。上級布置的書寫任務自然多由我擔綱。每遇「最高指示」下達，我和熊二人便挑燈夜戰，通宵達旦。熊女兒尚小，夫人在鄉下「鍛鍊」，他就把嬰孩抱來辦公室放茶几上睡，還常帶些掛麵、乾糧，用煤油爐加熱烹製以供我倆夜半充饑。

老熊領娃娃「夜戰」實在辛苦，其餘熬夜的勾當就由我一人包了。當時有所謂「記錄新聞」一事，理所當然便落到了我頭上。幹這活兒像貓頭鷹，晝伏夜出。夜深人靜了，人走光光，我獨自個躲進小屋成一統，對著老掉牙的電子管收音機一待大半夜。播音員像三天沒吃過飽飯，有氣無力，老半天念完一個句子，還要來個「逗號」、「句號」、「冒號」什麼的。我逐字逐句把新聞記錄下來，整理清楚了，第二天一早就呈交領導，讓他們去「傳達不過夜」。

事實上，夜半深更記錄下的這些「新聞」大都雞毛蒜皮。真正要緊的新聞，都通過中央臺晚八點的

「各地人民廣播電臺連播節目」（相當於現在CCTV的《新聞聯播》）「一竿子插到底」。那時沒電視，大街小巷電線桿子到處掛滿大喇叭。北京一吆喝，小城便轟轟烈烈。具體情況如下：

如果當晚有「最新最高指示」、或者「兩報一刊」社論、或者別的什麼重要新聞要發布，遠在昆明的省革委新聞組早早便會電話通知我們，我們忙不迭又層層往下通知：各農村公社、各廠礦企業、居民委員會……確保無一遺漏，各色人等晚飯後必須到指定地點集中，嚴陣以待，收聽「重要廣播」並組織學習討論之，氣氛之緊張，不亞於國難當頭。

最緊張的一次肯定是「九大」開幕當夜，這邊廂組織聽廣播，開大會，遊行慶祝；那邊廂剛搬來的《新保山報》的編輯、工人更是忙得不可開交。報社暫設專區黨校，設備什麼的都沒完全就位。領導唯恐誤事，一定要我從慶祝會場趕去現場督促。入得院門，但見一派鼎沸，樹上、檐前、走廊，到處亂拉電線，嘈雜雜燈火通明。撿字、排字、打版、澆版、上機印刷……所有人等均在挑燈夜戰。如果本工序有活好幹，就忙不迭幹；還沒輪不到自己工序，就去其他崗位看熱鬧——這場景很容易讓人想起大躍進年代之城裡煉鋼鐵、農村「放衛星」。

「最新最高指示」和「兩報一刊」社論三天兩頭來一回，省新聞組給我們的告知電話也就特別勤。打電話通常是一位姓管的女同志，聲音太悅耳。接聽她電話雖說挺享受，又總不免心中發毛：因為一聽到悅耳女聲，當晚大家就甭想睡覺。更頭疼的是，每月初，非常敬業的管女士都會按時給我們寄來一張統計表，對上月各地、市、州在《雲南日報》所發稿件數量、版位、頭條還是末條？等等，毫不留情地逐一排序——像班主任按考分高低向家長公布學生成績，哥兒們一見排序表心裡準添堵。我記得清楚：雲南省十七個地、市、州中間，比咱們保山還偏遠、還落後的怒江傈栗族自治州，次次名列榜首！而保山，文化淵源之鄉，偏偏回回「趕鴨子」！不倒數一就倒數二。報導組一個個灰頭土臉。

頂頭上司武建生，山西人，「民族二支隊」派來的軍代表，軍內職務是科長。武來邊疆二十年鄉音不改，最膾炙人口的山西經典土音，就是宣講毛澤東偉大教導「精神變物質，物質變精神」，雲南人怎麼聽怎麼像「棕繩變襪子，襪子變棕繩」。武對人極客氣，紅彤彤的臉上永遠掛滿微笑，只是每次看見管女士的排序表，表情立馬晴轉陰。接著就總會牛頭不對馬嘴地給我們大講特講新聞工作初級常識，什麼新聞「五要素」，還有「導語」、「眉題」、「正題」、「副題」、「消息」、「通訊」、「特寫」、「報告文學」什麼的，最後，還總要不厭其煩地介紹解放軍新聞工作的先進經驗，告訴我們如何抓典型，如何「挖」先進人物的「閃光語言」。他還特別以瀋陽軍區推出雷鋒事蹟作為經典案例，告訴我們新聞工作的最高境界，就是要：「連發」——所謂「連發」，他說，就是典型事蹟刊出後，要有「社論」、「評論」、「學習體會」、「座談會」、「回憶錄」、還要有文藝作品一古腦兒跟上：戲劇、快板書、槍桿詩、三句半……他本來發紅的臉，說得越發兩頰飛紅。

武科長夢寐以求的最高境界，對咱們無異於天方夜談。連起碼的發稿數量都保證不了，遑論「連發」？試舉一例：「最新最高指示」來了，咱們首先得參加大會遊行，還要參加座談會，作現場採訪，這才能回機關熬夜寫稿——本輪工作結束，至少大半夜；接著得掛長途電話發稿。當時通訊極端落後，向電信局申請了長途，需等很久時間方可接通，獲准對話。再以「記錄速度」慢吞吞向《雲南日報》夜班編輯「電話發稿」。我們電話發稿，其他地、州的新聞工作者也在搶著發稿，有點兒像中國每年「春運」高峰，信道不能不擁擠，時間不能不久等，新聞即時性不能不大打折扣。

我上大學學工業，「運籌學」知識稔熟於心。掛電話到通話其間不是有一時間差嗎？後凡遇上述情況，為爭分奪秒，我在聯播節目開始後第一時間就提前向電信局掛號，然後再動手寫稿。如「春運」高峰沒開始，搶先就把車票預定。待到電話接通，稿也寫得差不多，這就一字一句、逗號、冒號、頓號地發稿。有時電話通了稿還沒完，那也好辦，臨時瞎掰，也沒出什麼問題，反正都是大話、套話、空話，多說幾回已順溜得很。

只是事情還沒解決。發稿量上了，可兄弟州、市的稿子的版位依舊搶我們前面：別人文稿質量比我們高哩！人家文稿中的工人農民一談體會，民族特色的閃光語言總是一串一串，有板有眼：好像那兒的草民百姓語言天賦，一個個滿腹好詞，出口成章。

我繼續發現，當時所謂歡呼、遊行、座談會，其實全都走過場，毋需採訪文章照寫，反正一開頭就「戰鼓高奏」、「喜訊頻傳」、「最新指示春風化雨」、「東風萬里紅旗飄，千里邊陲凱歌高」，再加點邊疆民族特色如象腳鼓、芒鑼、孔雀毛之類，文章就起式了。至於遊行人數，用全區總人口數胡亂乘一個百分比就成，絕對不會有誰點著人頭核對！不是還要閃光語言嗎？這也好辦——正巧，我發現地區機關有一塵封已久小圖書館，藏書多極了。我以工作需要為由特許入內閱看，頓時大喜過望。書架上除了《靜靜的頓河》、《戰爭與和平》等世界頂級封、資、修「大毒草」，還有許多我原來沒聽聞的、雲南特色的民歌長詩：《俄並與桑洛》、《召樹屯與蘭木諾娜》、《望夫雲》、《麻葛》……情歌總少不了兩情繾綣、哥哥向妹妹表忠心、妹妹向哥哥表深情之類，少不了孔雀毛、象腳鼓、攀枝花之類背景資料，極富民族特色。我馬上謄抄若干，凡阿哥獻給阿妹的，就把「阿妹」改為「偉大領袖毛主席」，反之亦然。對偉大領袖的耿耿忠心，於是躍然紙上。此外，還將若干歌詞改寫為能結合時政的「紅段子」，以備不時之需。下面，茲從當年《工作筆記》上摘抄幾段以饗讀者：

團結類——「籬笆扎得緊，野狗鑽不進。團結向前進，革命無不勝」；

階級鬥爭類——「石頭不能做枕頭，山官不能交朋友」、「階級敵人的心比綠牙蛇還毒，比孔雀屎還臭」。

還有，要講究「無產階級專政」了，就來點「權權權，命相連。沒有權，苦黃連；有了權，蜜樣甜；紅色江山永不變，幸福生活萬萬年」。

要「鬥私批修」，好咧：「資產階級私字不挖到痛處，無產階級公字就扎不到深處」。

要談忠於毛主席，段子就更多了：「只要有忠於毛主席的心，就能打開萬家鎖」、「心往忠字上想，勁往忠字上使，血往忠字上流，命往忠字上獻」。順便說一句，我一個鐵桿哥兒們（該小伙名張卓，後來成了著名的軍旅畫家）見了上述精彩段子，神祕兮兮補充道，說你還得加上兩句啊：「尿往忠字上撒，屎往忠字上拉！」……

既已擁有眾多警句，心裡很踏實了。以後凡北京發布「最新最高指示」，我均採取全新戰法。犯不著參加大會，也犯不著傻乎乎地一個單位一個單位打電話、問人數。區區保山小城，就這麼些草民百姓，加加減減，遊行人數就出來了。至於座談會，誰誰誰說了些什麼？也一概免掉，反正都是空話套話，不如自己瞎掰利索，把早就預備好的「紅段子」挑幾句改改，體會發言保證水準超群。這些段子誰說的？也採用模糊戰法！就來一個「他們說道」、「他們唱道」或者「有一個傣族老米濤（大媽）說什麼什麼」、「有一個小卜冒（小伙子）打起了象腳鼓，唱了什麼什麼」，至於言者歌者姓甚名誰，誰有功夫調查去？只要寫得熱鬧，上頭版頭條絕對有戲。

果然屢戰告捷。「保山專區報導組」發稿名次迅速提升。短短時間，管女士的排行榜上，保山發稿數量和版位多次衝頂。當時寫文章都不興個人署名，統一署「保山專區報導組」；亦無稿費一說，稿酬就是毛澤東像章。文不論體裁，字不論多寡，一視同仁：通通一篇一枚。開始，收到「金光閃閃」的領袖像，大家稀奇得很，數量一多就不一樣了：屜子裡堆滿毛的大頭像，也不上鎖，誰愛拿誰拿，誰愛送誰送，小小像章表深情，效果好極了。

採寫八股新聞，我自覺已日臻化境。《雲南日報》的「豆腐塊」失去往日的吸引力。我們應該玩點大的了，要來點「長篇通訊」、甚至「報告文學」什麼了。我又在圖書館挑挑揀揀尋找資源：什麼《大路朝陽》、什麼《小丫扛大旗》、什麼《紅桃是怎麼開的》……全是文革前的名篇佳作，且不管「封資修」不「封資修」，只管「拿來主義」。還有，那年月「革命熔爐火最紅，毛澤東時代出英雄」，先進典型遍地瘋長——我確信大展宏圖，指日可待。

幾十年後捫心自問，如果說在文革動亂的最初日子，剛剛踏進政治幼兒園，對社會一無所知，或出於偏見、或出於無知，我真誠或違心地說過為數並不算少的假話，那麼後來，我已身受懲罰，從惡夢中醒來，為什麼還要那麼輕鬆地、完全自覺地說假話呢？是不是誤入了假話王國？這兒人人都說假話，久入魚市而不聞其腥，我也就該痛痛快快說假話了？是不是廉價的順境催生了年輕的虛榮心再次膨脹？我確實有過這樣的念頭：既然那篇叫〈八一五必勝〉的文章能在全國贏來盛名（包括惡名），在雲南區區邊陲，我為什麼不能讓公眾再次把射燈照在我的頭上？除了虛榮心，世俗的「利益」確實曾讓我知足。當時，被全社會鄙視為「臭老九」的大學生們，在所有單位都飽受欺凌，相比之下，保山除了地方遠些，我的日子過得真比他們滋潤呢！尤其幸運的是，許多同學雖已結婚卻天各一方，而我那位中學女友，本該下鄉當農民的，專區領導為了讓我死心踏實賣力幹活，派專人去重慶把她調來《新保山報》作了排字工……

所有這些，也許都為我提供了說假話的理由。除此之外，還有什麼原因呢？

必須說一說很久以前的一件事：一九五九年秋天，我正在成都五中念高二。秋季開學了，我去學校報到。路過東玉沙街西南局所在地——西南局是中央派出機構，讓我肅然起敬的聖殿——赫然一副可怕景象闖來，頓時把我嚇呆了：幾十個奄奄待斃的農民在村幹部的皮鞭押解之下向我蹣跚行來！他們赤腳破衣、面目枯槁、形鎖骨立……整個兒一群行將就死的囚徒！

我不知道這些尚能踉蹌移動的餓殍是做什麼的？從何而來？要去哪裡？忽有一人無法忍受：當七零八落的隊伍走近那條叫「七家巷」的巷口，他企圖逃跑——實在太飢餓，他無力跑動，剛挪了幾步，自個兒便跌倒在地。村幹部手提皮帶趕上前，當即一頓暴打……少年我嚇呆了。

許多年來，老師告訴我們的，還有圖書上讀到的，都是社會主義祖國多麼美好！我們每天睜開眼睛，面前都是詩人的謳歌：

大道，
鮮花，
朝霞似錦。
歡樂，
歌聲，
紅旗如雲……

漫長的三年飢餓已經開始，我已經聽到太多鄉下人的死訊，而真真實實出現在共產黨神聖殿堂前的一幕，把虛假的幻夢終於打碎了！

我正在開始認識社會。我已經知道，家族裡至少有三個人「政治」上出了事：一個是我三哥，成都二十五中學生會主席。我看過他的畢業證，所有功課全部滿分，唯「品行」不及格。不及格的原因是他喜歡看報，看了報還喜歡發表評論。某日報載，中蘇聯合開發某油田雙方如何分成。三哥一看就生氣了，說：「不是說蘇聯老大哥無私援助嗎？怎把我們的石油分走呢？」此話被人一告：破壞中蘇友誼，品行就不及格了。品行不及格當然就甭想升學，事實上也就沒升成學。還有一哥哥也頂聰明，可偏偏和班團支書擰著來。他不懂共青團是共產黨的助手，得罪團支書就等同於得罪黨支書，就鐵定得罪了共產黨。大學夢告吹也就了成情理中事。第三個人對我的震動最大：大右派儲一天。儲的每一個頭銜都讓正做著畫家夢的我高山仰止：青年作家、詩人、文藝編輯。儲先生拐彎抹角的堂哥剛成為我的姐夫。儲大編輯遂屈駕來窮街陋室看了我的涂鴉之作。大編輯對我讚賞有加，絕不吝嗇地向我許了一願：「以後長大了，你來我們那兒當美編！」其時，他供職於四川文聯的《草地》文學月刊。可惜僅此一面，儲作家便緲如黃鶴。我第二次見他，已是次年春上。四川省「反右鬥爭偉大成果」的展覽圖板上，風流倜儻的編輯已變成了青面獠牙的國民黨匪徒，他正拔槍射殺我黨革命志士。解說員義憤填膺地宣布：「儲一天，原名儲振球，是隱藏很深的國民黨特務！已被我人民政府逮捕法辦！」斬釘截鐵的判決把剛滿十四的我嚇得心驚肉跳。

眾多可怕的先例在前，我還敢對強大的社會說三道四嗎？飢民圖被殘酷地幽閉進了一個孩子透明的心。能包藏如此黑暗的童心必然是被扭曲了。開學不久上作文課，自由命題，體裁不限，但內容必須歌頌「三面紅旗萬萬歲」。我寫了一首長詩，模仿馬雅科夫斯基梯格詩風格寫了一首〈狂歡之夜〉，洋洋灑灑數百行，把「大好形勢」天花亂墜地猛侃一通。為節省作業本，我把一頁紙分成兩邊書寫，即使如此，整個一新本子還是被一次耗光，剩下唯一一頁，被老師大大地寫了一個「五」字。老師在課堂上把這個「五」字高高舉起，向同學們宣布：

「瞧，本次作文，我們班出了一朵大香花！」

評語就一句話，讓我受寵若驚：

「請把本詩抄寫一份給我留念。謝謝！廖士林」

廖士林是語文老師的名字。他滿臉絡腮，一幅憤世嫉俗的文人形象。廖老師確實當過激進青年的，在「國統區」報紙上發表過大量抨擊時局的文章——發黃的剪報被他珍貴地貼在一厚厚的本子上。可是，共產黨治下的廖老師為什麼要給我作文滿分啊？如果他告訴我：「一個真誠的孩子，應該對穿著『新衣』的皇帝說：你原來一絲不掛呀！」那該多好！

左上：參加雲南第一屆全省學代會的潞西縣（現德宏傣族景頗族自治州首府所在地）全體代表合影。初略數來，人數為37。雲南全省129個縣，總數當達5000左右，真真蔚為大觀。第二年譚將軍宣布要再翻一番，開成萬人大會，不幸大會閉幕後三天，將軍即命喪黃泉。

右上：正遇全民大瘋狂的「迎中共九大」高潮。雲南處處這類「三忠於」的標準畫面。

左下：在保山地區工作時的留影。前排左1（熊學忠）、左2（陽舉文）為新聞組同事。後熊調任雲南省委黨校副校長，陽亦調省司法廳主編行業刊物。右3為後來的著名軍旅畫家張卓。筆者居後排中間。後右1為筆者女友。

五、「客串」秘書

我的工作很快就不再局限在新聞報導範疇，頭頭們大會做報告喜歡讓我起稿；到基層視察調研喜歡把我捎在身邊作扈從。那年月誰都怕禍從口出，哪怕五分鐘講話，也得要秘書先把講稿寫好照念。我成了保山專革委官見官愛的客串秘書。

第一個令我陪同下邊疆的是革委會副主任韓乃光，原十四軍政治部副主任、民族二支隊副政委。韓和武科長一樣，也是山西人氏，也討了一個雲南老婆，並且一口氣為他生下了「五朵金花」，說明他DNA素多有女性因子。他在革委會分管政工。

保山邊疆的政治工作除了前面說過的「劃線站隊」「清理階級隊伍」，還有一特殊任務。邊疆沒搞過「土改」，從原始社會直接就進入社會主義，一切都採用「和平過渡」，現在文化大革命，必須「補課」了，得「劃成分」，得「建立貧下中農的階級隊伍」、得批鬥山官土司、搞人民公社化……韓副政委帶我下去，就是要瞭解這個，發現問題、解決問題、總結經驗、以點帶面，推而廣之。我們即將前往的這條路上，山川景物、風土人情，艾蕪先生《南行記》的描寫早讓我心嚮往之。

軍用吉普從保山出發，約莫三個小時，到達了著名的高黎貢山山脊。沿陡峭公路盤旋而下，從怒江河谷最低處抬眼仰望，但見群山對峙，但聞山峽間水流咆哮如雷。著名的「惠通橋」冷冷的鐵索橫空懸列。當年日本侵略軍洶洶西來，就因為中國守軍及時炸斷這些鐵索，方才保住了中國抗戰的西南一隅。

軍用吉普通過守橋兵的查驗，小心翼翼過橋，繼續沿著陡峭的公路盤旋上行，對岸山頂的山坳處閃開一小小坪地，路邊立著路標：「臘猛」。從名字來看，已屬異國他鄉了。濃霧散盡，小鎮道路被陽光照得發亮，路邊橫橫豎豎幾院木屋，屋頂和樑柱古舊發黑，檐前的芭蕉葉顯得尤其鮮亮。已近正午，整個小鎮竟不見一人。司機徑直把車開到一古屋前，我們拾級而上，進屋坐了；小鎮唯一的食館也空空蕩蕩。司機不知去哪兒找來了炊事員替我生火做飯。炊事員滿面滄桑卻總是笑意盈面。等我們開吃，他便拖一只草墩坐旁邊，將竹煙筒抽得山響，很有成就感地看我們吃得香。

韓副政委問了：

「老師傅，今天不是趕街天嗎？怎沒人啊？」

「都開大會去啦！」老者笑嘻嘻答。依舊咕嘟咕嘟抽煙。

問：「什麼大會？」

答：「清理階級隊伍嘛。街對面，供銷社樓上。」

送上門的調研現場。韓使個眼色，要我馬上過去看看。

街對面木樓上果然有人聲躁動。循聲上樓，我頓時大吃一驚。這哪兒是在開會啊？分明在刑訊逼供！木樑上繞著粗碩長繩。柱邊是老虎凳，胡亂碼著磚頭。牆角靠著粗粗細細的棍棒。會議頭兒站在大木桌前指揮眾人大聲吼叫。過堂的是一中年婦女，蓬頭垢面，肚子已挺得老高，跪在地上很顯痛苦。我很快判斷出了事件原委：該孕婦原來曾當過供銷社會計，幾年前大約貪污過幾十元錢，而今眾人認為該數字顯然被縮小，遂將她揪回來繼續交代並追加賠金，而她只會喊冤叫屈。眾人忍無可忍，叫嚷要進一步採取「革命行動」。主持人因勢利導，一本正經警告孕婦，革命群眾的眼睛是雪亮的，耐心是有限的，如不老實交代，革命群眾一旦出現過激行動，他是無能為力的。女人還想解釋，會場已是一片怒吼：

「把她吊起來！把她吊起來！」

孕婦大聲哀求，說「你們怎打我都成，就千萬別吊啊！我求求你們啦，可憐可憐我肚子裡的娃娃吧！」

有人已衝上前動手捆人——我的心提到了嗓子眼兒，急轉身下樓，直奔食館向韓急報，說他們要吊人哪！一個孕婦！

韓勃然大怒，叫道：「你把頭頭給我叫來！」

我永遠記得聽韓一聲令下那當兒，我絕對神勇無比。再奔木樓，才登上第一級樓梯我便大叫了：

「停一下！」

像是傳奇故事裡的「刀下留人」。我接著追問：「你們誰是頭兒？馬上跟我來！專革委韓副政委叫你！」

整個會場都被震住了。大會暫停。剛才還耀武揚威的大會主席乖乖跟下樓，過馬路，走進黑黢黢的食館店堂謁見本地區最高首長。當然不需要什麼身分證明，那年月非常罕見的小車，還有那年月代表國家最後權威的軍裝，加上軍人的年齡，已經把來人的權威性表達得明明白白。批鬥會頭兒頓時變成了唯唯諾諾的龜孫子，可憐巴巴地、筆直地站著，乖乖聽老軍人訓話。

事情和我判斷的一樣。五年前，孕婦確是供銷社會計，卻因經濟上有小打小鬧的不軌行為，在文革前的「四清」運動被處理回鄉當農民了。而今清理階級隊伍，供銷社的革命領導需要擴大戰果，而經濟問題最能調動山野草民的鬥爭激情，因此又把離職會計揪回來繼續擠榨油水。在專區領導面前，批鬥會頭兒態度非常謙卑，回答非常誠懇。韓副政委的憤怒很快平息，接著作指示。他說：「『四清』的成果必須維護嘛！中央有文件明確規定：『四清』的結論是不能推翻的嘛。她的貪污行為過去已經作結論，處理了，就算是『死老虎』了。你們不要再炒冷飯嘛！要集中力量，深挖細找，重點是新的、埋藏很深的階級敵人！對不對？」批鬥會頭兒連說對對對，點頭如搗蒜，直到我們的軍用吉普啟動遠去，他還久久立在食館門前發呆。

我憋不住小心試探，問：「政委，我們走了，他們再吊人怎辦？」

韓的情緒已完全平靜，像應付少見多怪的小毛頭，說：「基層麼，這類事多得很！咱們見到了，能說一下就說一下，能糾正一起算一起。中國地盤那麼大，你管得了？他硬要另搞一套，你還不一點辦法沒有！」

幾十年後，等我閱盡了人間滄桑，不得不承認韓乃光一席話果然經典之談。亂紛紛世界，每天會發生多少不公正的、荒唐的、悲哀的、甚至慘不忍睹的事情呢？最後你發現了自己的渺小和社會的強大，就慢慢麻木，只能選擇迴避和逃逸。韓乃光以他當時的地位，要對付一個小小臘猛鎮、一個小小供銷社的土頭兒，應該同掐一隻跳蚤那麼簡單。但是整個保山有多少臘猛大小的角落，有多少在官面前是隻羊而在百姓面前是隻狼的大小官吏！要改變這些，一個專區革委會副主任，他的力量還顯得太渺小。

西班牙有一位全球聞名的遊俠騎士叫唐•吉訶德，他在行俠途中把一個丟失了小羊的孩子從主人皮鞭下救出來，接著又把孩子勸送了回去。他非常真誠地安慰他說：「放心吧，孩子！你的主人已對神起過暫了，他不會因為你這點兒小事背叛自己良心的。」想起這個故事，我越發沮喪。閱世太淺——我，也許真還嫩著呢！

我的沮喪心情直到車進德宏，才開始隨著窗外撲來的暖風漸漸消散。

面前是和內地完全不同的景色。粗碩無朋的大青樹遮天蔽日。鳳尾竹像磅礴的噴泉向天空播撒叢叢新綠，漠漠綠疇上群群白鷺如仙子翩飛……這真是一個童話世界啊！人世間的煩愁、仇恨和撕殺，在這兒應該無影無蹤。

居住此地的少數民族單純、透明，與世無爭：僅從他們的詞彙就能看得出來。漢族社會醜惡、複雜、語意含糊的詞彙，在他們的生活中壓根兒還沒有出現。《團結報》只能翻譯為《不打架的報》，「階級鬥爭」只能譯成「樓梯上打架」；「地主」、「富農」、「中農」、「小土地出租」一類更是聞所未聞。如今「文革」勝利了，需要對他們進行「階級鬥爭」「補課」了。我曾隨一位精通漢語的傣族幹部去鄉下「發動」群眾。每次群眾大會他都用傣語講解，我自然聽不懂。但我相信他的演說絕對精彩，因為他演講時滿屋裡總是鴉雀無聲。說我完全不知所云也不儘然，因為演講中的大量詞彙他都直接採用漢語語音，如「毛主席」「劉少奇」，如「無產階級」「資產階級」，如「路線」、「階級鬥爭」等等。如果每說一次「階級鬥爭」都要解釋為「樓梯上打架」，這個報告講會肯定會變得非常冗長滑稽。

州府芒市的「革命運動」形勢發展很快。我隨韓副政委趕去時，階級成分已經劃定，「貧農協會」也組建完畢，正召開全縣「貧協」大會。大會的高潮是批鬥土司山官。解放二十年了，文革已經偉大勝利了，內地漢人的地主富農早就殺的殺、關的關、管的管，最運氣的也都掃地出門。這兒的剝削階級公然還被劉少奇「保護」得好好的，一律作為「統戰對象」對待，活得滋潤。是可忍，孰不可忍？不將其鬥倒鬥垮鬥臭而何？

這是一個亞熱帶晴好的春日。大會會場人山人海，用當時的習慣語言說，就是：「這一天，芒市『團結廣場』陽光燦爛，紅旗招展，群情激憤，口號起伏。廣大少數民族革命群眾用各種方式表達了對叛徒、內奸、工賊劉少奇的革命義憤，表達了建設無產階級『政治邊防』的堅定決心」，云云。且不論大會上的「廣大革命群眾」是否真知道劉少奇為何許人並真的充滿仇恨？也不論劉的名字前那一大串深奧的漢字定語他們是否搞得明白？反正能到城裡來參加大會這件事本身就值得他們高興。人本是喜歡群居的動物。而農村、尤其邊疆農村，地廣人稀，更喜歡熱鬧——故此，遂有各色各樣的節日出焉：潑水節、火把節、摸魚節、三月三、目腦縱歌……他們盛裝歡顏聚一塊遊戲、吃喝、夜夜放縱，狂歡不止。還有，他們尤其喜歡在這類聚會中被人關注，當一回主角（包括得到男孩子的傾慕），享受一回英雄感（包括得到女孩子的青睞）……

文革動亂把所有傳統節日通通掃蕩殆淨，好容易有個題目聚會，他們何樂而不參加？小卜少、小卜冒、老咪濤、老波濤……全都來湊熱鬧。廣場確實熱鬧非凡。需要揪出來批鬥的階級敵人太多，只好臨時用木板加搭了一臺子。臺面夠大，仍然被風燭殘年的老頭兒和老奶奶跪得滿滿宕宕。「牛鬼蛇神」們一律作低頭服罪狀。必須說明，因為路途遙遠，高帽和噴氣式、尤其是昆明的鋼板芭蕉扇、保山的黑手黑臉之類的懲戒手段還來不及傳來，因此批鬥會比內地文明許多。本土化的侮辱手段僅是在後面墊一排高凳，列隊站著很有英雄氣概的「小卜冒」，個個手執釣魚長桿，非常敬業地監視前排跪者，老頭老太稍有不遜，頭眼亂動，馬上便用竹竿擊其頭部，以示儆尤。

如果要我來寫一則新聞，肯定兜頭就會來一通「紅旗招展」、「階級仇恨」如何沖天燃燒之類什麼的。幸好我跟首長作秘書，躲過一劫。我很快清楚了事情真相：傣族貧農在訴苦大會上的政治表現實在大成問題，絕非「樣板戲」裡小常寶，說起地主老財就「字字血，聲聲淚，激起我仇恨滿腔」。訴苦的傣族貧農確實哭了，哭得還非常動容，可惜，他（她）們不是因為痛恨跪在臺上挨鬥的「階級敵人」，恰恰相反，他們向我們哭訴：「啊嘆嘆！大爹大媽跪在臺子上好可憐！你瞧瞧，都老巴巴的了，還跪呢！還用釣魚桿子打呢！那些小卜冒，良心太壞了些！」

如此訴苦讓主持人大失所望。

北京要召開「九大」了。我們被召回了保山準備慶祝。這此著名的大會上，毛澤東一本正經號召國人：「團結起來，爭取更大的勝利！」其實，後來誰都知道，恰恰就是在那次大會之後，毛和大會正式冊封的接班人林彪之間的危機便開始發酵，這當然是宮幃後面的特級機密。我所知道的，僅僅是遠離政治中心的邊陲小城發生的危機，還有我這個犬儒小人，在危機中遭遇的尷尬。

上：昆明知識青年豪氣幹雲，奔赴邊疆當農民——這是我來到邊疆看見的一道短暫而靓麗的政治風景線。

中、下：在中緬邊境，隨時隨地可以見到這些身穿緬共軍人服裝的中國人，他們有滿腔熱血準備參加世界革命的理想主義者；有「出身不好」、在國内感覺前途渺茫者；亦有邊疆地區清理出來的「階級敵人」外逃而去。緬共招兵人員稱：你們中國人覺悟高，就是清出來不要的，覺悟也比我們強。

六、「東北虎」和「山西醋」

在記錄保山專區領導內部的危機之前，先說說當時的權力結構，說說軍人。

作為中國革命的先知，毛澤東最懂得武裝的重要，他的箴言直截了當：「槍桿子裡面出政權」。文革肇始之前，他就發出號召，要「全國學習解放軍」，一大堆穿軍裝的先進典型：雷鋒、王杰、劉英俊、歐陽海、麥賢德、廖初江、豐福生、黃祖示……於是如雨後林子裡的蘑菇，一個接一個冒出來，瘋長。再經過電影、詩歌、歌曲、快板書一吹，他們個個都成了「天使」和「聖徒」。人說日本尚武，毛時代的中國，對於軍人的崇拜絕不亞於日本。文革亂局，毛澤東透過「三支兩軍（指：軍隊支持左派群眾、支援工業、支援農業及軍管、軍訓）」、「三結合（指：新生的紅色政權必須實行軍人、革命幹部和群眾代表相結合）」等一系列手段，使所有實權都轉移到軍人手中，就順理成章了。

這就有了一個副產物：軍人全方位、零距離進入老百姓的世俗生活，他們的神祕感也就隨之消解。前面說過民族二支隊的武科長和韓副政委，瞧，他們有什麼神祕？沒有。他們從山西來，跟隨軍隊一頭扎進邊疆就十多年，討了本地老婆，在本地生了娃，日子過得和和美美，你能把他們和上述英雄聯繫一起嗎？長期與村夫野老廝混，他們連軍人起碼的脾氣也消磨殆盡，整個兒平和穩當、行動遲緩、得過且過。關於這個，下面繼續舉例說明。

保山當地百姓因農事需要，每天只吃兩頓飯，山西軍人來地方軍管也就規定了：為體現軍隊和老百姓打成一片，機關食堂一律只開早晚兩餐——筆者實實在在感受過這種作息制度帶來的悠閒自在：早上八點畫卯，幹到九點半，去食堂等飯啦；十點半吃過第一頓飯，街上溜噠溜噠，讓肚子消停消停，再去辦公室喝喝茶，到十二點，上半場順利結束，下班！午覺睡過，兩點畫卯，混到三點半，又該去食堂等飯了；四點半吃罷第二頓，為讓肚子消停，當然也得上街溜噠；溜彎兒完畢，再去辦公室聊聊天，六點了，全天工作勝利結束！如此作息之效率低下，可想而知。

〇二五八就大不同了：五十四軍，「四野」名門。軍中多東北關外漢，性格暴烈，咄咄逼人。他們來到保山，很快就將效率低下的「兩頓制」淘汰。還有，對所有幹部一律實行軍事化管理，每天天沒亮便有軍人挨門逐戶將眾人敲醒，然後排隊出操，然後由軍人領跑，大呼口號，繞保山城跑步一圈。

晨跑之後就該是「三忠於」儀式了。眾幹部恭恭敬敬排隊，面向毛澤東畫像，揮動《毛主席語錄》並大聲敬祝毛萬壽無疆及林副統帥身體健康，永遠健康！帶領大家做「三忠於」儀式的軍人叫張偉東。張矮而胖，一隻眼有點問題，所以大家私下管他叫張瞎子。張瞎子很有軍人風度，身板挺直、做事一絲不苟。他對上級絕對服從，因而要求我們對他也絕對服從。邊疆人散漫慣了，做起「三忠於」來馬馬虎虎——這讓瞎子很憤怒。他帶頭示範，並極端認真地對「邊疆笨牛」的動作一一糾正。他嚴格要求：握「紅寶書」的手務必「從心尖兒出發」，所謂「心尖兒」，他說，位置在左胸第七和第八倆肋骨中間、即生理上的心臟所在，（位置不準，則有不忠之嫌），位置對準，這就開始將手沿斜線方向，衝右上方伸展而出，機械往覆凡三次。張偉東辦事認真表現在一切方面，我那個後來成了軍旅畫家的鐵桿哥兒們張卓，當時在宣傳組專搞美工，毛澤東的光輝形象和圍繞著紅太陽的朵朵葵花，早畫得滾瓜爛熟。即使這樣，他的宣傳畫每次請張組長審閱，瞎子都要極端負責任地數數葵花的朵數和葵花花瓣的瓣數，看是否符合象徵物所指向的數目，如八億人民的「八」、二千三百萬雲南邊疆人民的「二十三」、兩百萬保山革命群眾的「二十」……等等，絲毫不得苟且。

宣傳組來自〇二五八的軍代表必須一提的，還有高西民。和張偉東正好相反，他長得白淨高挑，典型書生模樣。後來的事實很快證明，高代表的文字水平實在很難和「書生」二字聯繫起來。雖然成天對人笑嘻嘻甚至羞答答的，其實他性格非常倔，倔到了自以為是、油鹽不進的程度。雖然文字水平不高，可不知為什麼（是領導太糊塗？抑或世無「英雄」，遂有豎子出焉？）偏偏由他擔綱全專區「學習毛主席著作積極分子代表大會（簡稱「學代會」）書面文件」的主編工作。須知，「學代會」是那年代官員們鞏固權力、升官晉級必不可少的「政治秀」首選節目。我們馬上會看到，雖然高代表信心十足，可惜「手長衣袖短」，事情磕磕碰碰，吃力不討好。下面舉例：

高代表把全專區所有書面文件匯總之後，毫無猶豫地將潞西縣拱瓦公社社員、景頗族瞎子何米娃圈定為第一號「種子選手」。原因有二：首先，該先進事蹟確實很震撼，何的眼睛是在大躍進期間炸石頭給炸瞎的，眼被炸瞎而能繼續堅持學習革命領袖偉大著作這本身就很了不起；其次，這一點也許更重要：這個典型文件乃高西民幹事親自撰寫，只可惜力不從心，他的文稿一上場就被槍斃。

文稿被槍斃的情況如下：

因為事關重大，典型文件的審定會議級別很高，由專革委副主任、〇二五八副政委耿華親自主持。耿也是一隻「東北虎」，身材魁梧，臉白白淨淨，如果不當兵，他肯定該是村姑們人見人愛的好後生。其實當兵也不賴，他一直官運亨通順水又順風，當上副師剛滿四十。另外，他很愛才。愛才的人本人一定很有水平的。那天開會討論文件，第一炮就是高西民的何米娃，文章一開頭劈頭蓋腦就來了一串順口溜，其意蓋云：通過多年革命實踐，我深刻體會到，共產黨員必須「身殘志堅學毛選，心明眼亮志不移，克服困難不鬆勁，堅定信念不動搖，通紅太陽當頭照，千里邊疆暖人心，偉大理論指方向，繼續革命永向前……」云云。文稿沒念一半，很有水平的耿副政委憋不住便將他打斷，說：「行啦行啦！你寫的典型是景頗族不是？少數民族的語言很有特色麼！你寫他的閃光語言，應該突出這些特點嘛！怎麼全成了四六句、快板書啊？」耿顯然對高的文件缺乏信心，最後甚至提出能不能換人？「你集中精力，抓好總體工作就行了，」耿說，「具體文件，找個秀才寫寫不就成了？毛主席說了嘛，當領導，就抓兩件事，一是出主意，二是用人。你要學會用人嘛！別眉毛鬍子一把抓嘛！」

通過第一輪篩選，各縣寫手已嶄露頭角，如龍陵縣的王仲杰，小學教師，他寫一位叫陳聰秀的啞巴赤腳醫生，寫得躍然紙上，才華橫溢；騰沖的劉遠達，中國人民大學高才生，他的文章思維縝密，很有力度……說近的吧，我們報導組的熊學忠，他寫的長篇通訊〈紅日高照崩龍山〉剛剛被中國新聞社採用，向海內外同時播發，功力也遠在高西民之上……總之，任換一秀才寫出來的東西都比他強，可高就是死不表態。他眼睛鼓得老大，額前亮晶晶的，他很認真、甚至有些仇恨地盯著耿副政委，好像要撲上去拚命。

高肯定是下決心不換人的。何米瓦這位一號種子，儘管高屢寫屢敗，依舊屢敗屢寫。某日，省政工組新聞組派員前來保山瞭解典型文件準備情況，高再次將他的一號種子推出。省城來人叫黃守權，昆明軍區政治部幹事。該黃沉默寡言，頗有「高人不露相」的真功夫。相處久了，你就會發現其實他毫無主見，任何事都唯領導馬首是瞻。高幹事戰戰兢兢呈上大作，黃只能虛晃一槍，表示將帶回去研究研究。高西民的期待再次如彩霞一樣在心中升起。

兩月後，性格倔強的高代表帶領保山秀才及文稿上昆明參加終審大比——那篇快板書句式的交流文件雖經多次修改，終究無法起死回生，澈底絕望了，只得連夜打電話通知我馬上趕昆明「救場」——關於這個，下面還有說明。

我們已經看到，保山專區革委會是由「山西醋」和「東北虎」這兩個行為方式、辦事風格迥異的山頭軍人組成。如果事情僅僅發生在普通百姓之間，其實沒什麼了不得，問題是：這是兩個軍事集團啊！他們共同面對的全是政治問題。政治態度一旦發生分歧，事情就很可怕了。保山政府內部兩支軍隊之間的裂痕，偏偏就是因政治觀點的分歧開始的。

七、尷尬與逃避

才到保山，不管大會小會，我看到的和聽到的，兩軍領導人在對待八派、炮派的問題從來高度一致，這是當時雲南最大的政治。為什麼後來，恰恰在這個重大的政治問題上，兩者的態度後來突然開始尖銳對立呢？下面小作評述。

前面說過，原來長駐雲南的野戰軍是十三軍和十四軍。追根溯源，十四軍最早的家底是「文革」中揪出的「六十一人叛徒集團」之首薄一波搞來的「山西青年抗日決死隊」，後歸屬鄧小平和劉伯承的「二野」山頭；十三軍更屬共產黨大叛徒張國燾的紅四方面軍，後先後歸附過第一、二、四野戰軍指揮，也算不得「四野」嫡系。已經當了「皇儲」的林彪對這兩隻軍隊自然放心不下。派譚甫仁來做「平西王」，派五十四軍來雲南，本就是要摻沙子，削山頭。不承想武夫譚甫仁，剛到雲南頭就一頭載進了「八二三」派的懷抱。「八二三」幹什麼的？十三軍、十四軍的政治同夥啊！支持「八二三」，不就變相與林彪本不放心的倆山頭攪一起嗎？五十四軍初來雲南也不懂行，馬上也跟著老上司譚甫仁投奔了「八派」。

那年頭，駐滇部隊老是叨念：「要把昆明軍區建設成林副統帥放心的軍區」，「昆明軍區不整頓好，林副主席睡不著覺啊！」譚甫仁和五十四軍一股腦兒爬「八派」山頭，與十四軍（含駐軍保山的民族二支隊）沆瀣一氣，試問，林副主席的意圖如何貫徹？老昆明軍區的山頭削不平，怎算整頓好？

這樣，「九大」期間或是挨了一頓克？或是有人面授了機宜，北京歸來，五十四軍便悄悄轉向，開始替「老炮」鳴不平了。譚甫仁的底牌無人可知，但從他五月三日在全省縣、團級以上幹部會議上的總結講話中已初露端倪，這個講話已完全沒有了「劃線站隊」的殺氣騰騰，譚在談完大好形勢之後，承認「劃線站隊」搞了擴大化，接著便大講「落實政策」和「團結」：

要注意寬嚴。要區別對待內部矛盾和敵我矛盾，即使敵我矛盾也要區別對待。要狠抓政策落實……

不懂得團結就不懂得無產階級專政的實質，就是缺乏無產階級專政下繼續革命的最根本的覺悟。要鞏固和發展革命團結，就要堅決貫徹毛關於無產階級必須把絕大部分多數人團結在自己周圍的偉大戰略部署……

當前妨礙革命團結的主要因素是驕傲自滿、居功自傲，資產階級派性。

在雲南的「文革」辭典中，「驕傲自滿、居功自傲，資產階級派性」一直就是「八二三派」的代名詞。發現風向有變，憋著一肚子氣的「炮頭」自然就蠢蠢欲動了。中國的領導出問題，歷來有個傳統：「知錯，改錯，不認錯」。「九大」之後雲南省革委召開的第一次會議：九次全會，譚將軍本想強調強調「團結」主題，暗中給自己的政治路線糾糾偏，不料炮頭們卻突然發難——有點像一九五九年的廬山會議，毛澤東本想糾「左」，沒料到彭大將軍一封萬言書惹得龍顏大怒，乾脆反過來大批「右傾機會主義」，發誓持續「三年大躍進」，害得中國餓死幾千萬人。雲南省革委九次全會成了「廬山會議」的袖珍版。譚甫仁本想在「落實政策」的幌子下暗中修正「劃線戰隊」的謬錯，炮頭一鬧，事情就徹底攪黃了。譚將軍一不做二不休，乾脆持續偏執下去，繼續對老炮實施彈壓。雲南「九次全會」和「七次全會」奏響的，同樣是炮派的喪鐘。

作為新聞工作者，我發現《雲南日報》再次熱鬧起來，又開始批這批哪。管女士又開始連篇累牘寄來「批判提綱」「參考資料」之類的東西，「反擊右傾翻案風」。

很快，韓乃光把我召去，神情嚴肅地問：

「最近昆明都有些什麼新聞？」

我說就是《雲南日報》上那些。其他只有省革委宣傳組發來的參考資料和批判提綱。

韓要我把「批判提綱」「參考資料」都拿給他看看，然後要我替他起草一篇指導性文章，發表在《新保山報》上。

我馬上表示，一定一定。

韓對我面受機宜的事，很快就被很有水平的副主任耿華知道了。耿馬上召見我。耿以愛才著稱，前面說「專區領導」派專人去重慶把本該下鄉當農民的我女友調來《新保山報》當排字工，這位「領導」就是耿華。既然他為春情男女解決了兩地相思之苦，我理應對他感激涕零。

耿副主任很客氣、但毋庸質疑地問我：

「老韓找你幹什麼？」

他的口氣說明了事情的嚴重性。我公事公辦如實相告。他聽了，當即發出指令：

「別理他！」

我一時還沒對策，耿又提問：

「你說，我們保山有人翻案嗎？」

「你們五十四軍政策掌握得好。據我瞭解，好像還沒發現……」我先拍一通馬屁安頓，再虛以委蛇，「只是從資料看，估計昆明有，可能比較嚴重……」

對方馬上斬釘截鐵宣布：「昆明也沒有！」

試探已沒有必要。以後的事實說明，從我一踏上雲南開始，直到毛澤東駕鶴仙逝，整整十年功夫，雲南人鬥得死去活來的政治底色，簡單說，就是這個「八」和「炮」、這個「克服派性」和「右傾翻案」。在耿華別墅裡遭遇的追問，只是我對此問題嚴重性的第一次省悟。

臨出門，耿再一次警告我：

「你要堅決頂住！不要理那姓韓的！」有點殺氣騰騰了。

我同樣表示：「一定一定。」

必須順便補充，兩年後清查林彪死黨，有人告發已升任十一軍政治部主任的耿華，說他不僅愛才，還更愛女人。在保山執政那段時間，他利用送毛澤東像章等小恩小惠手段勾引美女多名並實施強暴，他被削職為民，政治順風船終於抵達終點。其實誰都清楚，利用職權勾引女人的官員，全中國比比皆是，獨獨幹掉他，真實原因很簡單，這幫四野嫡系太霸道，他們的後臺林彪一垮，誰都想出這口惡氣。

對於我這個小小政府職員，韓耿二人官兒一般大，聽任何一方都會得罪另一方，就像一塊三明治，我成了夾在中間一片薄薄的火腿腸。我實在一個也不想得罪，也得罪不起。權衡利弊，我決定耍一回滑頭：「三十六計，走為上計」，惹不起，我可以躲啊！

命運正好提供了一個讓我冠冕堂皇逃離兩難境地的機會，另一個重要政治任務降臨了：保山專區及全省首屆「活學活用毛主席著作積極分子代表大會（簡稱學代會）」籌備工作正式啟動。作為主要筆桿，我需要全力已赴。

我查閱了當年的筆記本，時間是七月二五日，正是耿華主持的會議。為迎接全省首屆學代會和專區首屆學代會，「籌備工作現在正式啟動！」他宣布：「這次大會是貫徹落實『九大』精神的大會，是鞏固無產階級專政的大會，是誓師的大會，戰鬥的大會，是用活典型、活事蹟教育群眾的重要措施。是關係到我區二〇〇萬人民緊跟毛主席偉大戰略部署的大事。」說了一通套話以後，他危言聳聽地告誡各位秀才，「會開得好不好，很大程度在於文件資料搞得好不好。」接下來，武科長具體布置任務。

這實在是躲避矛盾的絕佳口實。我很快去韓副政委的屋裡報告了，說武科長給我安排了一個重要任務，批判稿的事能否安排他人撰寫？我故意沒有提到耿華。而武科長正是韓乃光的戰友，也是一瓶「山西醋」。

韓沒有再堅持。

這樣，我有機會看到了荒唐年代另外一道獨特的社會風景。

八、荒唐年代的荒唐鬧劇

學代會，其他省區多叫「積代會」。無論何種叫法，意思都一樣，就是花錢把「先進代表」從各地弄一起來，轟轟烈烈「講」一通「活學活用」毛思想的經驗。各級官員要表忠心求「上進」，這類大會自是秀政治之首選。雲南省省級規模的學代會於一九六九年、一九七〇年各搞了一次。一九七〇年廬山會議，將毛思想捧為聖典的始作俑者林彪翻船，此類鬧劇就再難為繼了。

雲南省的學代會兩次都是十一月舉行的。之前做些什麼？層層選秀。級級開會。先是生產隊開，接著大隊開，大隊開完公社開，公社開完縣上開，縣上開完地區開……一直開向省城昆明。為秀出新水平，造出轟動效應，各級官員可謂絞盡腦汁，各出奇招，務必推出典型並一炮走紅之——如當今社會搞足球賽、選美賽、卡拉OK大獎賽，勢必捧出幾個大腕明星方肯罷休。大小官員絕對要將此作為壓倒一切的頭等大事來抓緊抓死一抓到底。個中道理很明白：只要能在全省大會捧出一兩個政治明星，而且打響，不僅明星本人可以出名且實惠，發現並推出此明星的領導必然也會因政治眼光敏銳獨到而升遷有望。

關於「典型」本人的實惠，略作解釋如下：比如，由下鄉知青而學代會先進典型者，很快可入黨提幹、繼而回城云云；工人代表無回城問題，一登會門，則可入黨，可「以工代幹」或直接提幹、繼而至於升官者；農民情況和上述二者大同小異。試舉一例：紅河州女典型J某，舉為省代表年方十八，一副伶牙俐齒生猛難當。事蹟亮點之一，就是一九七〇年初她家鄉建水突發大地震，J從外地急急趕回，先不救人，而是心急火燎去廢墟中把收音機扒將出來——據她「典型報告」說，她要馬上聽北京的聲音，讓毛主席指揮戰鬥——僅此一端，她不僅當代表，而且很快當上了省委常委。順便說一句，民間對於她的事蹟多有微詞，說她見物不見人，救物不救人，皆因財迷心竅：那時全民生活水平低下，收音機很值錢的。還有一例：玉溪農婦Z某，新婚初嫁，正遇偉大領袖號召「備戰、備荒」「要準備打仗」。新婦本是儉省人，做飯漿洗精打細算。是時物質匱乏，全民營養不良，為防吃了上頓沒下頓，新婦每天做飯淘米總要抓米一把私匿他處，久而久之竟攢下了「備荒糧」數十斤——此事被省委領導聽聞，馬上號召全省開展「一把米」活動，用實際行動落實偉大領袖「備戰備荒」的「最高指示」。Z某一旦成學毛著典型，很快和J一樣被提至省級機關，當了團省委常委。也需順便補充，關於此舉，八二三派著名筆桿叫涂曉雷的就頗多歧議，還在新婦大受表彰之會場，他就十分悻悻地私下對我說了：不過就了幾十斤米麼，就搞個常委當當。我已攢了幾十斤糧票呢，怎不見誰來提拔我？

還說保山第一次學代會。

邊疆民風古樸，學習毛著尤為虔誠。試舉一例：瑞麗縣水電工人段慶林一人獨守山頂壓力前池，數年一日，就憑一本小學生字典，公然把毛澤東雄文四卷悉數通讀，還歪歪扭扭寫了幾大本筆記。（按：當時邊疆小縣多無電網，各地都由小水電供電。電站壓力前池蓄水一日，到了晚間即可供電三、四小時。段兄就是被電站領導派去山頭駐守水池並負責管理蓄水溝渠的）他日記最為精彩的段落如下：某夜發電結束，段正在夢中高臥，突然風雨大作，段大夢驚醒，首先想到如此風雨萬一沖塌了水渠溝幫，蓄水不成，明日何能發電？發電不成，電燈不亮，全縣百姓如何看得主席著作？收音機無電不響，如何聽得主席聲音？想到此節，他睡意全無，匆匆忙忙便向門外奔去。就在此時，可怕的事情發生了：遠遠黑暗之中，颯颯密雨之下，龐然大物橫臥路上，一對銅鈴大眼灼灼放明，一張血盆大口喘喘有聲——是豹子！段遂裹足，並馬上開展思想鬥爭，他立即「想起了毛主席的偉大教導」——段同志的日記如是寫——「帝國主義和一切反動派都是紙老虎。看起來，反動派的樣子是可怕的，但實際上並沒有什麼了不起的力量」日記寫道，一想到此，他便渾身充滿無窮力量，於是大搖大擺走將過去。「豹子看見我耀武揚威的樣子」——我記得日記如是寫——「便夾著尾巴跑掉了」。

這段日記讓人忍俊不禁，我遂問：

「你看見的明明是個真正的豹子，怎麼會想起紙老虎呢？」

段憨厚一笑，回答真誠而肯定：「當時我想到的就是這段語錄。」

確實沒必要解釋。那個時代本來就夠荒唐，越荒唐越能表現一個人的忠誠。我的典型文件原樣照寫上報：搞定。

接下來還有更奇的。

電站段師傅一門心思要保證供電，別弄得黑燈瞎火大家學不成雄文四卷。他不知道世界上還有一種人學毛選壓根兒就不需要電燈呢——因為他們是瞎子。這類典型學毛著完全是跟著別人來，外師聽覺，中得心源，最終修成正果。隴川縣「一號種子」梅迪就是其中之一。

梅迪，隴川縣朋生生產隊社員，景頗族老太太。為了寫出有份量的文件，我在她家裡「三同（同吃、同住、同勞動）」整整一週。景頗人的熱情好客、誠摯厚道、勤勞樸實，讓我記憶尤深。讓這樣一個民族參與政治鬧劇實在有點荒唐。梅老太太壓根兒說漢話都非常困難。說漢話如此困難卻能用漢語熟練背頌毛語錄，甚至能把毛澤東的「老三篇」、甚至九大剛剛通過的「新黨章」全文倒背如流，就為這個，公社讓她走村串寨，像表演特異功能一樣到處表演背書功夫。有趣的是，同樣一篇文章，誦文一忽兒昆明話，另一段又來四川話，再一段又來北京土話——後來問清楚了，她的本領全是從來此插隊的知青那兒學來。跟著昆明知青就學昆明話，跟著北京知青就學北京話，跟著四川知青就學四川話。至於雄文所言何事，她不知所云。一個景頗族老太太，不管懂不懂偉大領袖所教何物，僅憑這等驚人記憶力，你就不能不服，自然又是毛澤東思想的偉大勝利。這種人自然應該先進，應該報進省城：又一先進典型PASS。

剛被梅迪感動，我很快又遇到另一個瞎子，也是景頗族，漢名何米娃。那段時間我特別走運，走哪兒都能遇到高人。關於他的事蹟，前面介紹軍代表高西民時已有交代，茲不贅述。初次見面，我馬上就想送他一個稱號：「中國的保爾・柯察金」。這個稱號自以為很貼切且浪漫，可惜轉念再想，當時中蘇之間劍拔弩張，勢同水火，這名號大有修正主義之嫌，遂打消了邪念，最後打算將文名定為「景頗山上的雄鷹」之類什麼的。為了打造精品，我在拱瓦山和英雄「三同」半月，因為突然的原因，這才急匆匆連夜下山奔赴昆明了。至於為何要馬上趕昆明？下面還有記述。

昆明那時已秀才雲集。全省各地各州的寫作班子全都開進省委一號大院安營紮寨。具體地點是原省委幼兒園和醫務室。大革命時期，大學尚且停辦，幼兒園當然不能倖免。原來小孩們的午睡室遊戲室全成了筆桿子的寢室兼接待室、創作室。全省秀才「槍手」一個個在此摩拳擦掌，挑燈夜戰，大有「人人握靈蛇之珠，家家抱荊山之玉」、金殿大比之概。

那年月英雄輩出，真是天外有天山外有山。與兄弟專州相比，我們很快發現保山推出那些「新、奇、特」不過是些「小兒科」。開始，保山領隊高西明明確把何米娃定為「一號種子」，自始至終親自督辦，可到了省城一看，別說瞎子，聾子、啞巴、缺胳膊少腿的，各地先就選送來一大堆，而且各出奇招，誰也不輸於誰。就說瞎子吧，有人刺探過，光光一個紅河州，瞎子典型就滿滿坐了兩桌。有幾位原先還是算命先生，口齒極端利索，只用把算命言子稍加變體，馬上就成了「閃光語言」。演講會上的手式也基本沿用算命經典動作：食指、無名指和小指曲如蘭花，而大指中指則掐個不停，口中念念有詞曰：「私字不斷，必有後患；私字不倒，江山難保」——那時毛澤東最著名的最高指示就是「要鬥私批修」。更奇的是，各地各州上報的材料甚至題目都英雄略同，如為瞎子，題目均為：〈沒有雙眼，也要讀毛主席的書〉；聾子則為：〈沒有雙耳，也要聽毛主席的話〉；瘸腿：〈沒有雙腳，也要在毛主席的革命路線上飛奔！〉

負責總攬學代會材料全局的軍代表、省革委政工組報導組組長叫李長明，一看這般景況，不免大為光火，於是發下話來：健康人就學不好毛澤東思想麼？接著下令殘疾選手一律不得出線——至此，秀才們昆明拚殺多日，各敗俱傷，無功而返。

與此同時發生的是，此次學代會有兩個名不見經傳的小典型竟然兵不血刃，輕而易舉便拔了頭籌。一個是玉溪煙廠代表李莉，七歲；一個是江城縣傣族老太太（傣語叫老咪濤），名字已不詳，九十七歲。一老一小被記者們弄一塊兒拍下一張「老少配」：年齡懸殊高達九十歲的倆代表共同學習領袖著作合影相，還上了《人民畫報》，直教所有筆桿子艷羨不置。

此結果為雲南省的第二次學代會埋下了伏筆。

所謂伏筆，就是說，一年後籌備全省盛會時節，大伙兒心裡就明白了：要用殘疾人出風頭萬萬不可，而代表年齡尚有潛力可挖。要找出比「老咪濤」年齡更大者，空間已經很小，而小於李莉，餘地則大大的有。各地上報的小代表之最，僅三歲有餘，其荒唐自然不亞於上一屆瞎子稱雄，最後理所當然又被剋了一通。諸多老少典型最後僅倖存一例：某縣祖孫三代同堂講用。「三代紅」這創意絕對一流，只是正式表演時出了點洋相：小娃娃在臺上一直坐立不安，動得太厲害，工作人員不管不行了，悄悄上去一問，原來娃娃沒見過世面，一上臺就尿急，那當兒已忍無可忍——大會只好休息片刻。

還是回到第一次學代會。

我採寫的典型文件全部上了專區學代會，可謂功德圓滿。但有兩件事依舊心理不平衡。第一件，是我信心十足要「放衛星」的典型：畹町鎮農民先進典型名曰何高問者，他的文件偏偏連大會也沒有上；還有一件，就是高幹事一直固執地親自主抓身殘志堅的景頗族瞎子何米娃，把著茅坑又拉不出屎。該典型在專區會上毫無反響，優質資源被人為造成浪費；而我，偏偏太想用這個典型露一手。

輪到參加省級大比了。專區大會結束，將全部文件分類排隊，圈定若干篇並以文帶人（指撰寫者）組成豪華團隊奔赴昆明大比。我的作品全部落選，這讓我很沮喪，我甚至居心叵測地相信：高幹事的何米娃到了省裡絕對被槍斃，於是暗中卯足勁兒，等他的典型文件澈底下課之時，馬上替補上場。後來事情的發展竟然真地成全了我的預測。官場最起碼的遊戲規則就是「不在其位，不謀其政」，我卻一而再、再而三地想要搶人風頭，而此人恰恰是我的頂頭上司。幾十年後想起，這一出軌之舉說明我實在太幼稚可笑。

參加保山專區學代會的某代表團合影留念。每一代表的裝束均作標準配置：胸佩毛澤東像章，手握毛澤東語錄本，如基督徒之手捧《聖經》然。

早在專區學代會召開期間，我便私下去代表住地多次採訪過何米娃，做了筆記。會議結束，高幹事帶領秀才們東奔昆明，我馬上收拾行囊，以最快速度反向西下而去。我是搭班車去的，先到芒市，次日又搭乘班車到遮放鎮，接著徒步上山。滂沱大雨剛過，原始森林透濕的密葉全都垂著頭，碩大的雨滴沿闊大的葉片直向我砸來，濕透的身體冷得哆嗦。林間的小路更糟。被牛群踩出的一個又一個深坑，經雨水一泡，整個兒就成了又軟又黏的稀泥，腳輕輕踩上去立即陷到大腿處，再加點兒力，很可能整個身體都拔不出來了。我只能用手抓住岩邊的灌木枝條，橫著身子步步上捱。半途天已黑盡，尋一個鄉政府或村委什麼的借宿一夜，第二天繼續爬山，在山頂找到了何米娃的家。

冒雨上山的時候，我壓根兒也沒有想到，此行——具體說，就是關於何米娃和何高問的故事——會澈底改變了我的命運。

九、「二何事件」

先說何高問。

此何是畹町鎮勝利公社向陽大隊第二生產隊革命領導小組組長。這篇典型文件一脫稿，我就非常自信地確認何組長的事蹟絕對能全區打響。理由有三：首先，第一次接觸到他的故事我就很感動；其次，幾乎所有偉大的典型都是一死成名。雷鋒不是死了嗎？焦裕祿不是死了嗎？王杰、劉英俊、歐陽海……哪個還活在世上？死人有個最大的好處——「蓋棺定論」。人活著免不了張長李短鬧人事糾紛，死了絕無此類麻煩；第三，愛與死是人類永恆的主題，那年頭只興講恨不興講愛，講死總可以吧？死這東西最易讓人動容，用來製造催淚彈，效果絕佳。

根據上述原則，作為專區派出派出的督導人員，我到達畹町鎮的第一時間就鎖定了何高問。原因不為別的，原先接觸的先進典型，一個個活蹦亂跳，活在凡間，而該何偏偏已駕鶴仙逝，這算一奇；其二，何的死法很有戲劇性，據說頭天下午在「珍珠矮」試驗田開現場會，會完了怎麼就不見回家。鎮政府急忙發動群眾連夜尋人，結果第二天天明時分，才發現何已倒在田間溘然長逝。我莫名其妙想起了恩格斯在馬克思墓前的講話：

三月十四日下午兩點三刻，當代最偉大的思想家停止思想了。讓他一個人留在房裡還不到兩分鐘，當我們進去的時候，便發現他在安樂椅上安靜地睡著了——但已經永遠地睡著了。

讀何老貧農的文件，我突來靈感，決定親自操刀，跑現場，找當事人一一查證。別的事蹟好說，警句、閃光語言也好辦，愛怎瞎掰怎瞎掰，反正人死燈滅，死無對證。最麻煩的是那個酷似馬克思的死法，竟然一人一個口徑：甚至何的親屬也不例外。太太一個說法，女兒一個說法，參加救治的人又一個說法。有的說：他確實死在田裡了；有的說：不，他是在醫院死的；還有的說：何大爹是抬在擔架上斷的氣……七嘴八舌，讓人暈菜。我只好來個文字遊戲：既給讀者保留當場死亡的感覺（無此感覺，「文眼」就沒了，畫龍點不了睛），又來模糊打法，對具體死地不留把柄。這篇文章後來被報紙炒得沸沸揚揚，還選進雲南省中學語文課本，遺憾的是我現在已沒有這個文本。僅憑記憶，把最後定稿憶寫如下：

第二天早上，東方欲曉，紅霞滿天，出工的社員們路過「珍珠矮」試驗田，這才看見：何大爹正安詳地坐在水田裡，手握紅彤彤的毛主席語錄，背靠新壘的田梗，面向東方噴薄欲出的朝陽。

當大家把他抬回家的時候，他已經停止了呼吸。

瞧，馬克思去世的感覺不出來了嗎？還有，你搞得清楚先進典型死在哪兒？肯定搞不清楚。他可以當場死，也可以在醫院死，還可以在路上死。反正大家「把他抬回家的時候」，他已經死了。對不？人死了不抬回家還能幹什麼？文章至此，很圓滿了。

為了吸引眼球，我的文章除按慣例編造若干閃光語言。這些語言的每一則，事後都被媒體大肆炒作，還有，在乾巴巴的革命語境之下，我獨闢蹊徑，大量鋪陳煽情語彙，也取得了絕佳效果。最為動人處，是寫到眾人連夜舉火尋人，我有意摹仿了阿黑尋找情人阿詩瑪的手法，說人們打著火把，爬上高坡，如何之呼喚聲聲：我們的何大爹，你在哪裡？你在哪兒？真的個淒切動人。

回到專區，唯恐被自以為是的高西民打如冷宮，我將文件直接越過高交了武科長。首戰告捷：武科長果然被打動。美中不足的是，科長認為人死都死了，乾脆就不上會了吧！就先通知《新保山報》全文刊登吧！如何？

文章很快刊出。刊出當天正好我在機關值班，果然收到不少淚腺超發達的俘虜者來電，對文章大加褒獎。甚至還有人親自上專革委探訪，詢問作者為誰？自豪得嘖嘖讚嘆：「我們保山有人才呀！有人才呀！」

我的性格與高西民是一路貨，喜歡出風頭，雖說組織上服從伍科長決定，文章在報上也登了，但不能上會宣傳，仍舊不死心。省新聞組大員黃守權來保山檢查工作，我又潛去招待所私下遊說，將何高問吹得昏天黑地。黃和對付高西民的何米娃一樣對我虛晃一槍，要我把報紙給他帶回昆明研究研究。我狠狠地將一大卷《新保山報》塞給了他。後來，我就冒著亞熱帶不期而至的暴風雨，找到了遙遠的景頗山脊的何米娃家。當時，我不知道昆明城早已瞎子雲集。

再說何米娃。

我已經知道他被炸殘的所有細節了。大躍進時代，僅僅參加過初級爆破培訓的何米娃，立即親自主持了修築紅丘河水庫的爆炸作業。他爬上懸崖，用小木棍將裝添在炮眼裡的火藥小心搗實、搗緊。正是炎炎夏日啊！亞熱帶陽光直射下的岩體溫度本已夠高了，於是炸藥轟然起爆！瘋狂的氣浪毫不留情地將何米娃砸下山崖——這就是全部。我面前這個景頗中年漢子身胚強壯，飽經風霜的臉上，橫橫斜斜的皺折如刀鐫一樣深刻，臉上、手上、胸膛上到處布滿深藍色斑點——那是火藥爆炸時飛出的碎石永遠地嵌進了身體。雖然他已雙目失明，深陷的眼縫卻永遠充溢著自信的笑意。他漢話不流利，但與我勾通、表達他各種想法是足夠的。瞎眼的他得獨自照顧坡上的莊稼呢，能有多少功夫學習領袖「光輝著作」？充其量在旁人引導下，能背誦一些毛澤東的隻言片語罷了。

某夜，我已酣然入睡，突有電話叮呤呤響起來——是高西民從昆明打來的長途！高幹事在電話裡叫苦，說保山的典型文件麻煩多呢（尤其是何米娃的文件）。他已請示了武科長，武要我以最快速度趕去昆明「救場」。要我馬上下山，越快越好……

我立即向何米娃及村裡其他同志致謝並告別。村幹部說山上野物多，夜裡行路危險，派專人配上長刀和火把，在原始森林寂寂無聲的黑暗裡一直送我下山。走進遮放壩已近中午，班車早已過去。那年代每天只有一趟班車。等候我的人找來一架拖拉機，把我送到縣城，第二天黃昏回到專區，第三天一早我便飛了昆明。這是我第一次坐飛機。是一架軍用小貨機，艙裡堆滿了貨物，四個（或者五個？）乘客胡亂拉過兩張條凳坐下，好奇地擠在舷窗邊向下觀看。小飛機飛得很慢很低，我有充分時間觀察我坐長途班車用四天功夫才艱難走過的群山峽谷、蜿蜒的瀾滄江、腰帶一樣飄繞的道路和稀疏的村落——天空下，它們都變成了微縮模型。生活多奇怪啊！八個月前，我在地上艱難顛簸，只想著讓年輕的生命沉寂於亂世，而現在，我怎麼一下子又飛了起來？我飛得多高啊！

十、「連發」

高幹事要我來昆明，任務是替他重寫何米娃的典型文件，可等我趕到，省政工組的「封殘令」已經下達：所有殘疾代表一律不得出線。我無事可幹了。幾乎同時，發生了另一件事：曾來我們邊疆視察過的、唯領導馬首是瞻的省新聞組大員黃守權從保山帶回的一大卷《新保山報》，不知怎麼就被新聞組組長李長明發現了。我的文稿把他的興奮點擊中。他當即指示《雲南日報》作為特級重頭稿發表——省革委新聞組和《雲南日報》都正在尋找作者。

到達昆明當晚，《雲南日報》的幾位巨頭就集體接見我，向我宣布將隆重推出這一長篇通訊，及相關的宣傳計劃；第二天，省新聞組組長李長明也在第一時間接見了我，宣布了同樣的消息。初次謀面，這位北方軍人給我留下的印象就是：激情奔放如一個孩子，而自信得像一位不成熟的領袖。他對何高問一文的評價斬釘截鐵。他宣布：這個典型和楊水才相比，不差！甚至還要高得多！楊水才是當時《人民日報》捧出的超一流明星。楊的死法也和馬克思近似。

我已經弄明白了：武科長夢寐以求的「連發」好夢，不經意間已驟然降臨。

文章很快出來了。《雲南日報》。頭版全版。通欄標題：〈向陽山上一青松〉。還有一個副標題：「記一不怕苦、二不怕死的無產階級先鋒戰士何高問」。一場轟轟烈烈的學習運動在雲南就此拉開帷幕，接下來，連篇累牘地學習文章、吹捧文章狂轟爛炸——所有這些資料，我通通沒有保留，非常偶然是，不久前整理故紙，竟僥倖發現一本小冊子：「雲南省革命委員會政工組宣傳組」一九六九年十二月印發的《學習材料》第二十一期。小冊子共二十二頁，使我能大體回憶起當時的熱鬧。小冊子共收入如下內容：

《省革命委員會關於追認何高問同志為活學活用毛澤東思想積極分子的決定》。

連環畫《一不怕苦、二不怕死的無產階級先鋒戰士何高問》。

接下來是《雲南日報》根據上述瞎掰的豪言壯語撰寫的各行各業署名文章：

齊效紅署名文章：〈青松贊〉

一〇五廠「在險峰」署名文章：〈做革命的死心眼——二贊何高問同志〉

解放軍某部戰士李石元、昂屹署名文章：〈永遠緊握手中槍——三贊何高問同志〉

昆明香料廠吳興全、學兵署名文章：〈甘當人民的老黃牛——四贊何高問同志〉

解放軍某部何軍署名文章：〈永葆革命青春——五贊何高問同志〉

省地質局二十地質隊蕭傳寧署名文章：〈贊我心不安——六贊何高問同志〉……

這篇文章還選入當時雲南省初中的語文課本；保山專區專門搞了一個巡迴展覽，畫滿何高問「英雄事蹟」的連環畫和寫滿何高問「閃光語言」的展板，被運去保山十縣一鎮，走村串寨，廣為宣傳……

果然全省轟動了。

幾十年後，作為這場鬧劇的始作俑者，當我回首往事，對初入江湖這一荒唐之舉該作何評價呢？那年代中國的百姓，因為對某種虛妄理想的忠誠、以及由此衍生而來的愚昧甚至瘋狂。這些，我壓根兒不願多加責怪，他們的絕大多數畢竟真誠而單純。對於虛假新聞中那些顯然經過誇張的「英雄事蹟」，繼續說三道四也毫無意義。而我個人的問題恰恰在於：正因為那年代特殊的政治功利，讓一篇莫名其妙的文章在雲南製造了一個不大不小的新聞神話。它之所以轟動，完全因為主人公特殊的死——如果沒有這個，整篇文章的影響力很可能失去了支撐——恰恰在這一點上，我表現得極不負責。

事過兩年，首倡「活學活用」的造神推手林彪摔死外蒙北漠，接著，全中國開始了一場對所謂「林彪資產階級反動路線」的大批判，「虛假新聞路線」也被列其中。昆明再次集中全省秀才開會，〈向陽山上一青松〉作為反面典型，難逃其咎。聽說，眾人對文中「閃閃發光」的語言和事蹟並不感興趣，他們的仇恨全部集中在：何高問酷似馬列主義老祖宗的死法，真的嗎？

我已成局外人了。有參會朋友私下把消息告訴了我。時過境遷，我表現得非常先知先覺。我說，請他們再仔細看看原文吧！我什麼時候說何高問死在田裡啦？沒有啊！我只說：「當大家把他抬回家的時候，他已經停止了呼吸。」聽說他們回去仔細看了，都說也是。

事情不了了之。

繼續說我個人的命運。

文章發表後不知到了第幾天，我正和保山秀才們為修改典型文件絞盡腦汁，突然，黃守權來了——他是代表新聞組負責我們保山片材料的總監——問周孜仁在不在？發現了我，他煞有介事通知：「你不要離開。等會兒譚政委的秘書要見你！」

果然，不一會兒，他把一位中年軍人帶進來了。是一位高大的北方漢子，肩上披一件過於厚重的軍大衣，顯得尤其魁偉。黃謙恭地向來人介紹了我，又向大家（保山的哥兒們都在一邊看熱鬧）介紹說：「這是『副秘書』！」然後一聲不吭地站在邊上。

「副秘書」毫無表情地端詳我，半晌，才慢吞吞開始發問，他說話有氣無力，臉上冷若冰霜。他問的無非是姓名、籍貫、家庭情況、「何高問真是你寫的嗎」……等等。接著問了：

「你是哪個學校的？」

「重慶大學。」我答。

「你在重慶參加哪一派？」

「八一五。」

「啊……」對方像是恍然大悟，「你們和五十四軍是一派的！」

「不！」我馬上糾正，說五十四軍是沒有派性的，「他們是在支持革命左派，支持我們。」我相信我這一糾非常經典，把對方打動了——很久以後一次開會，他曾當著眾人重提此事，說我反應快，「政治概念把握得很準確」。

「副秘書」沒再問什麼，又「啊……」了之後再也沒說什麼，然後和誰也不打招呼，起身便離開了。黃守權亦步亦趨地跟了出去。兩人一走，滿屋子頓時嘩然，說：「副秘書派頭這麼大，正秘書不知該有多牛啊！」後來知道，譚從北京帶來兩個貼身秘書，並無正副之分，一為王克學，一為甫漢。據甫自己說法，參軍前他確實姓傅，後來總覺不吉利，當正班長別人叫副班長，當正排長叫副排長……後來乾脆就改了「甫」。至於甫專門前來對我漫無邊際地詢問到底為什麼？成了大家熱議的又一個謎。

謎底很快就揭曉了。第二天，組織組派一位叫趙書賢的人到保山秀才駐地送來一封公函，要我立即到「昆明軍區八號樓」報到。當時，正好武科長也在場。拆開公函，大家全傻了眼。

我問：

「軍區八號樓是幹什麼的啊？」

「你不知道呀？文革中最出名的要害之地呢——雲南的中南海！」大家開始向我祝賀：「你高升啦！」接下來，又轉過去衝武科長玩笑：「你不是天天樹雄心、立壯志，要我們『連發』嗎？瞧！這下可好了，連人也一起給發走啦！」

武科長接過公函再看看，確信事實無疑了，只得無可奈何笑笑，對我說：

「你去吧！那個地方要你，我們還有什麼辦法？」

一不怕苦、二不怕死的无产阶级先锋战士

何 高 问

① 阳光雨露育青松，毛泽东时代出英雄。

祖国西南边防前哨畹町鎮胜利公社向阳大队第二生产队革命領导小組組长、老贫农何高问同志，在人吃人的旧社会，受尽痛苦，熬过了四十五年漫漫长夜。一九五〇年，紅太阳照亮了边疆。苦大仇深的何高问跳出了苦海，得到毛泽东思想的哺育。从此，他紧跟毛主席，一个心眼干革命，逐漸成长为一个为人民鞠躬尽瘁，对革命无限忠誠的无产阶级战士。

省革命委员会关于追认何高问同志为活学活用毛泽东思想积极分子的决定

一九六九年十二月十二日

保山地区畹町鎮胜利公社向阳大队第二生产队革命領导小組組长、老貧农何高間同志，二十年如一日，紧跟伟大領袖毛主席，坚持在无产阶級专政下継續革命、彻底革命。在农村两个阶級、两条道路、两条路綫斗争中，在保卫祖国边防的斗爭中，他勇做革命的"死心眼"，以"敌人就在身边，我们决不能放下枪杆子"的高度革命警惕，始終站在对敌斗爭第一綫；他身患重病，堅持斗爭，直到生命的最后一瞬都沒有离开战斗的崗位，眞正做到了鞠躬尽瘁，死而后已。何高間一心为公，一切为公，"一不怕苦，二不怕死"的英雄事迹，在全省人民和省首次活学活用毛泽东思想积极分子代表大会上，引起了强烈的反响。根据广大革命群众的要求，为了表彰他的英雄事迹，省革命委員会决定追认何高間同志为"云南省活学活用毛泽东思想积极分子"。

省革命委員会号召全省各族革命人民向何高間同志学习。学习他对伟大領袖毛主席无限热爱、无限信仰、无限崇拜、无限忠誠的深厚无产阶級感情；学习他活学活用毛主席关于无产阶級专政下继續革命的伟大理論，坚决走社会主义道路，勇敢捍卫毛主席无产阶級革命路綫的高度自觉精神；学习他一心为公，一切为公，"完全"、"彻底"为人民的崇高品质；学习

筆者在畹町采寫的一篇文稿莫名其妙在雲南鬧出了一場聲勢浩大的宣傳運動。圖為省革命委員會的號召學習通知和相關的宣傳品、連環畫。

卷二

譚甫仁辦公室

十一、昆明軍區八號

我向衛兵出示了省革委組織組開具的介紹信，順利通過第一道崗哨，便走進尋常百姓心目中非常神祕的昆明軍區大院了。一直往裡走，向左向右轉了幾道轉，經過第二道崗，又進入了更加神祕的「九號大院」——軍區第一招待所。軍一招是專門接待高級將領的。九號是一棟呆頭呆腦的方形六層樓房。樓前有花園和搭著紫藤架的圓形水池。我去八號上班時，那兒正住著剛剛調來、暫時還沒安排住房的將軍：南京軍區調來的司令員王必成，和剛由五十四軍軍長升任軍區副司令員的韋統泰，每天一早便能看見他們板著軍人特有的身姿在花園散步，警衛員則一聲不吭，遠遠在後面警覺卻貌似若無其事地跟行。東側有一段長長的圍牆，牆頭爬滿長青藤，一道小門掩映在長青藤蔓下——這就是八號院。八號單獨配有警衛：這是我看到的第三道崗哨。

除了軍區大門口第一道崗的衛兵荷槍實彈，第二和第三道崗其實只具有象徵意義，雖然如此，我還是把介紹信認真交給衛兵驗明瞭，然後正式走進了被人稱為「雲南中南海」的八號院。

面前這座花園是我見過的最漂亮的西洋式花園。鬱鬱葱葱的林間有一條忽隱忽現的小徑。茂林嘉樹背景前面矗立著一幢孤零零的三層洋樓，像遠離塵囂的隱者。我走上臺階，小心推開彈簧門，面前出現了一座巨大的客廳和同樣巨大的乳白地毯——毛絨很厚，鞋踩上去一點聲音沒有。所有房門緊閉，唯有壁爐前掛一幅沉甸甸的絳紅絨幔，顯得莊嚴甚至有點可怕。

我站在門口，小心喊了一聲，像是為自己壯膽：

「有人嗎？」

大廳空蕩蕩的。任何細微的的聲音都會被立即放得很大。

有人反應了，聲音有氣無力：

「誰呀？」

我聽出是甫秘書。聲音是從樓上傳下來的。我大聲報上姓名。樓上又傳下聲音：

「上來吧！」

果然是甫秘書，就他一人，坐在一間很考究的半圓形辦公室裡。寬大的落地窗蒙滿綠蔭。他毫不在意地把介紹信放一邊去。「行啦，」他說，「你明天就來這兒上班吧！」他說話永遠慢慢吞吞，毫無表情，好像我是可有可無的影子。

我害怕他要直接逐客了，抓緊說明：「甫秘書，我在昆明沒地方住……」

「你不是住在一號大院嗎？」他懶洋洋地反問。他說的一號大院是保山專區秀才們的臨時住所。

我說到這兒上班，再待那邊不合適了。

「花園後面附屬房間很多。」甫秘書恍然大悟似地，告訴我，「你們人來了，統一都住在這兒吧！」他說的「你們」，估計是指還沒有來八號報到的我未來的同事，我猜。

我馬上又說，這次突然接到通知來昆明，衣被什麼的一樣沒帶，是不是讓我回保山取來？藉口取東西，我的真實意圖其實是想和女朋友告別。她幾個月前由重慶來邊疆，我一直在鄉下瞎跑，二人聚少離多。如今匆此一別，重山阻隔，又不知何日才能見面。

對過慣軍旅生涯的甫秘書來說，把衣服被子當一回事簡直就很滑稽。「沒被子有什麼關係？」他將我打斷，「明天我給九號打招呼，弄一套給你不就完了！」

我硬著頭皮繼續拿衣服說事。

還好，他沒有對我的討價還價表示不耐煩，繼續有氣無力地告訴我：「沒衣服穿了，明天我打個電話給軍需處，弄幾件回收的舊軍裝不就完了！」

我無話可說。接著他正式逐客：「行了，你明天就來這兒上班。」

接下來的兩三天裡，八號院陸陸續續又來了五個人。按進場順序，他們分別是：

李文輝，個舊錫業公司新冠選礦廠宣傳幹事，約三十歲。參加工作很早，應該是高中文化。他很有外鄉人的拘謹和奮鬥成功的自信。他的出生地大理州雲龍縣比個舊更偏遠。可能因為他的文字功力在礦山的八二三派偶露崢嶸，被人發現，這就推薦來了。雲南是有色金屬大省，需要在這個系統選秀當是情理中事。李兄最風光的，是四人幫垮臺，安平生主政雲南，他給這位新「雲南王」做了私人秘書，還去北京謁見了短命的「英明領袖華主席」，可惜天憎命達，剛從京城回來，便有人揭發李兄有參與議論所謂「右派政變」牢騷之說，於是又被一腳踹回了原地。

按派性分，胡文龍也屬八二三。約二十八歲，雲南建水縣人。雲南大學政治系六四屆畢業後，直接進入省委宣傳部任宣傳幹部。機關工作時間不長，但修練還是很到家，成天笑咪咪，對人對事都表現得超然隨和與隨遇而安，絕不咄咄逼人。三年後，一個偶然的原因讓他坐過一次「火箭」——稀里糊塗便在一夜間從和我一樣的普通秘書擢升為辦公廳副主任。前一天大家還直管他「小胡」「小胡」叫得親熱，一覺醒來，有人就開始點頭哈腰，「胡副主任」、「胡副主任」雙聲疊韻地叫開了花。事實上，再早一點，組織部門對胡的如此提速便大有微詞，暗中還軟抵過一段，直到某次省委常委會，省委書記一頓罵：「你們為什麼不辦手續？你們想讓年輕幹部和我們老頭一起死？一起被自然規律打倒？」組織部這才乖乖地下了委任狀。由此可知，該胡實在是腰太軟，果然，胡榮升不過三年便遇「四人幫」倒臺，「走資派」紛紛「復辟」，胡兄免不了被挨狠狠一頓克，而後下放建水老家當教書匠去了。「英雄牧豬，秀才教書」，他應了古往今來末路好漢們共同的宿命。十多年後再見他，不過四十出頭，卻早已一臉倦容，滿頭雪白銀絲。這是後來的事。在八號那會兒，他和李文輝、我，按年齡層次上正兒八經算是「小字輩」。

其他算中年了。

張德鴻。雲南師範大學中文系老師，時年三十六歲。四川富順人。一九五五年來雲南讀書，畢業因學業優秀就留校了，他主攻先秦文學，古典文學造詣尤高，在學校絕對是可以大出風頭的。可惜八號是政治遊戲場，知識分子的性格和行為方式讓他常常成了眾人的笑料。之所以調他來，很大的原因是他「鐵八」。雲南「劃線站隊」劃得八派人士個個身價猛漲。他隨身攜帶一本厚厚的《辭海》，對任何一陌生字、詞都絕不放過。那年月偉大領袖一講話就天馬行空，古今中外，不是莊子就是孔子，不是枚乘的《七發》就是許渾的「一上高樓萬里愁」——這就得靠張來闡釋了：這是張教授最快活的時候。他的形象總讓我想起魯迅筆下的孔乙己。

劉清選。從年齡講應該是八號的大哥大。河南人，南下幹部。文革前便是省委黨校的副校長，屬當權派系列。大家管他叫「劉老當」。劉老當很有官員派頭，不苟言笑，隨時一幅拒人於千里之外的威嚴。我曾和他下鄉半年，農村的土幹部見了他，個個皆如老鼠見貓。幹部會上，他那件棉大衣從來是不穿的，就披肩上，好像隨時都要滑下來，於是他就很莊嚴地把肩頭聳幾聳，繼續在會場間不停地走來走去。為了提請眾人注意，他每說完幾句話，都要非常認真地咳兩下——他不抽煙，不會犯氣管炎一類毛病，他咳嗽完全為了製造緊張氣氛——農民們一聽他的咳嗽就嚇得屏聲斂氣。在八號樓倒沒有誰怵著他，因為他在此無任何職務。確鑿事實證明，來到八號之前，他正在彌勒縣的省委「五七幹校」當頭兒，皆因一念之差，竟要了一條人命。情況如下：

有一個叫梁維舟的「走資派」（劉的同僚，也是黨校副校長）被押解去彌勒幹校。「梁老當」在昆明已被鬥了老半天，加上押在卡車上顛簸幾百里，到達縣城便不行了，於是有人請示劉老當怎麼辦？劉稀里糊塗就發出一道指令，說：「繼續押來吧！」

還沒到目的地，梁老當心臟病突發，當即一命嗚乎。

劉老當壓根兒沒想到，風水輪流轉，幾年後受害者夫人倏倏然便成了高官，對於殺夫仇人自然不依不饒。劉老當最終被弄進局子裡蹲了三年。

除了上述四個老八，八號院還有唯一的一個炮派「花瓶」——卜降奇。卜原係省委工交政治部幹部。湖南人，年齡不詳。據說當年老炮把老八打得雞飛狗跳、頭破血流之時，他正在北京採訪「雲南二號走資派」、八大中央候補委員趙健民，以便撰寫文章批駁八派誣陷趙書記謬論。據說趙還請卜吃了北京烤鴨——卜有如此劣跡，劃線站隊時自然難逃劫數。幸好他檢討得尤其深刻——據說，他痛哭流涕地說他不是吃烤鴨，是在吃雲南革命群眾的血肉呀！這就被放了一馬。八號既然如此核心要害，全要「老八」難免授人以柄，總該裝點一隻「花瓶」以表上層機構之公平公正吧。卜兄也就成「花瓶」了。

除了地方遊勇，另外就仨穿軍裝的巨頭。三個人的資歷、年齡、行政級別甚至工資都差不多，都一三〇、一五〇元左右。與上述六地方人相比，除劉老當可以與之抗衡，其他人的工資遠難望其項背。舉例說明，抽煙，張德鴻只能抽兩毛七一包的「金沙江」（教授月薪五十六元）；卜降奇算高薪了，也只能抽三毛八的「春城」。三巨頭則毫無例外，全抽「紅山茶」，每包五毛一！我們私下都管他們叫三巨頭。

三巨頭基本情況如下：

甫漢。前面說過，他給人印象就是派頭忒大，見誰滅誰。這也難怪，他地位特殊啊：一人之下萬人之上，想要他不牛都難。這些年ＣＣＴＶ老熱播古裝宮幃劇，看見皇帝老兒面前擅權的近臣太監，我總會莫名其妙想起他。

曲弦，昆明軍區政治部教育科長，父親是著名生物學家，本人是河南大學老牌畢業生，雖然身披戎裝，其實依舊典型一書生。如果當年不隨共產黨的獵獵軍旗南下雲南，他完全可以成為大學校園一名思想家的。曲弦每讀一篇《人民日報》社論或聽了一則中央精神傳達，總喜歡一個人在巨大的地毯上不停轉著圈兒低回散步，接著便會蹦出一串奇思妙想。在我這「小毛桃」眼中，那些社論全是些無關緊要的套話空話，一掃而過可也，曲科長卻絕不放過，任何一則社論到他手裡一律皆成經典，不從中讀出藏於背後、常人無法讀出的觀點，他決不罷休。因為喜歡在地毯上繞圈子，大家都私下哂他「地毯上出思想」。曲不苟言笑，性格和善，偶然發起怒來也會雷霆萬鈞——這完全與他的身分吻合，在人民解放軍這個以勞動大眾為主的群體之中，知識分子不能不夾著尾巴做人；而他的突然震怒，也完全因為書生耿介。按派性分，曲弦屬於老八，路線正確，他有資格發怒的。

第三位：劉連清，他完全就沒有脾氣了。除了性格和絡，還因為他是昆明軍區前司令員秦基偉將軍的私人秘書，而秦將軍在文革中已被「打倒」。首長被打倒秘書自然跟著倒楣。劉的特點是腦子忒聰明，記憶力超一流，說起話來慢條斯理，但分析起問題來則觀點精道、邏輯分明、條理清楚。工餘偷閒，他還喜歡慢悠悠點起一枝煙，向我娓娓講述偵探小說，幾乎對原作一字不漏——我發誓，和CCTV《百家講壇》賣嘴皮兒的學者相比，劉秘書毫不遜色。

我們已經看到，將與我同事的人個個來歷不凡，即便最年輕的胡文龍，在官場上也已混跡多年，修煉到家。他們和保山的機關幹部絕然不同。軍區八號的幹部們每日相見，彼此都彬彬有禮，說話都字斟句酌，沒有人黎明即起，跑來敲門叫你晨練；沒有人會表情詭秘地笑嘻嘻對我說：對偉大領袖要「尿往忠字上撒，屎往忠子上拉」……基層就是基層。再牛也不過少林小子，大不了明拳顯腿，一番PK，高下立見。上層就大不同了。一個個全是道行深厚的太極高手，你根本摸不清對方功夫深淺、行拳套路，表面上謹言慎行，內地裡卻高深莫測，你膽敢貿然出手，很可能一敗涂地。唯一正確的選擇就是摸清遊戲規則，小心翼翼，謹小慎微，見機行事。

跑龍套的全部到齊，主人公就該出現了。某日正上班，和我同一辦公室的張教授突然有些緊張地小聲提醒我，說：「瞧！譚政委來了！」——我和張的辦公室最靠門衛——他眼疾，譚將軍從大門進來，第一時間就被他發現了。待我好奇地走去大廳，果然發現譚已氣度不凡地站在巨大地毯之上。那年月，身材碩壯的譚絕對是雲南明星偶像系列的男一號。遼闊邊疆遍地都是他的重要指示和視察工作的光輝形象。某次，我去某全省性的代表大會調研，一位山區農民在開幕式後深情無限地對筆者告白，說看見譚政委身體如此健壯，實乃雲南人民的最大倖福，激動萬分，當即大呼一句：「毛主席萬歲！」接著呼第二句：「敬祝林副主席身體健康！」再接下來——他說他真想呼第三句，皆因害怕犯錯誤，終於抱憾強忍了——我當然明白他想喊什麼。譚將軍在樸柮憨實的雲南人心目威望之高，可見一斑。

八號成員都從各自房間出來，眾星拱月般將政委擁進會議廳。如果有新聞記者在場，那天將軍的訓示肯定又將變成次日報紙的頭條。他首先對每個人一一問明了來歷，然後就說了為什麼要成立這個機構？工作任務是什麼什麼？至於機構的名字麼，「就叫調研組吧！總之——」他說，「你們的工作是既為軍區服務，也為省革委服務。至於叫昆明軍區調研組好？還是叫省革委調研組好？你們討論討論。」說罷便起身離座而去。

關於這次接見，我的工作筆記上有如下記錄：

機構的名稱，就叫調查研究小組。隸屬關係：既屬於省革委領導，又屬於昆明軍區黨委領導。

任務是緊跟毛主席的偉大戰略部署，在政策上把關，文字上把關。

工作範圍，給主席、中央的報告；報紙的社論，兩天前送審。各口的重要會議要參加。有機會，要下去。

關於我個人，有記錄如下：

譚政委問我是不是黨員，我說不是，他親切地說：「不是？以後總要進步嘛！」

我激動了好一陣子。

接著甫就把我們留下來討論譚將軍的「重要指示」。

初來乍到，我們能討論什麼？甫大秘書非常得意地環顧眾人，然後揭秘。「你們沒聽出首長的意思吧？」他笑得很專業，說了：「譚政委說咱們既屬於省革委領導，又屬於昆明軍區黨委領導，他自己不又是軍區政委，又是省革委主任嗎？說穿了，咱們就是為他一個人服務。」同樣因為年深日久，我已經記不起當時的工作證上怎麼標稱這個機構，但外人、包括我們自己，一提軍區八號，都喜歡說兩個字：「譚辦」。

十二、「巨頭」甫漢

雖然大家私下把穿軍裝的上司叫「三巨頭」，真正的權威其實就一個——甫漢。他是譚將軍的正式代言人，誰能不唯他的馬首是瞻？八個人分在幾個辦公室上班，工間休息，總喜歡湊一起聊聊天，開開玩笑，唯獨甫漢他不。他永遠在他的半圓形辦公室裡關著，誰也搞不清他在幹什麼。

如果說我們對甫尚屬敬而遠之，那麼凡與之打交道的其他人，對他簡直就有點兒懼怕了。甚至新調來雲南的赫赫戰將，就是前面說到那位喜歡板著身姿在九號花園散步的軍區司令員王必成中將，對他也不無巴結。王每發表演講，都要秘書尹升高把講稿送甫漢過目。王司令明確告訴尹秘：「甫秘書改過的稿我就不看了，我照念就是。」大大一司令有何必要巴結一小秘書？誰都明白，他想巴結的，是秘書後面的老大：譚甫仁。這件事，我將在下面提供非常確鑿的證明。甫漢本人是否清楚別人巴結他甚至害怕他緣由何在？我們不得而知，至少，我以為他一定喜歡「一人之下，萬人之上」的快感。太喜歡這種快感，便免不了招致公憤。

下面舉例說明：

某次，譚將軍要在什麼大會講什麼話了，任務遂由甫漢安排下來，大家照例按甫的旨意動手，該調查的情況調查，該準備的資料準備。

後來的事實證明，多數時間其實甫漢本人也根本摸不透首長想要說什麼。官員，尤其高級官員，他們的意圖總是就像天機一般高深難測，像打啞謎。打啞謎的好處是永遠占據主動——事成了，屬於偉大戰略部署；事情栽了，責任可推與他人代為受過，領袖依然光輝不滅。運籌這類事，譚將軍的水平和毛澤東當然遠不在一個檔次上，但久入魚市，少不了也沾個滿身葷腥，學些表面皮毛，即使對甫漢這樣的心腹鐵桿，譚的真實意圖也常常滴水不漏。要發表演講了，他就告訴秘書，說：「你們起草一篇講稿吧！」至於寫什麼？怎麼寫？他不著一字，甫漢也不敢深問。甫漢照原樣布置下來，也不著一字。接招自是曲弦，曲深諳政治秘笈，你甫漢不具體交代，他也絕不深問，寫就寫吧。寫什麼？找一篇社論抄唄！交上去，你總得有個說法。「咱們先給個靶子讓他打，讓他批，」曲私下向我們面授機宜，「你總得漏出點想法吧，咱就繼續猜！總能把他的心思摸出來！」

曲氏戰法屢試不爽。比如，譚甫仁在草稿某句話旁邊批一句：「要注意克服資產階級派性」——咱就知道了，這回是想要敲打敲打八派，馬上搜集八派存在的問題，列出資產階級派性若干表現形式、幾大危害、幾大克服派性之重要、如何克服……等等；下一次，譚在文稿角落批一句：「要警惕右傾翻案傾向」，我們馬上明白，這次是要收拾收拾「老炮」了，於是馬上來個革命形勢之如何大好，右傾翻案之如何影響安定團結，危害怎麼怎麼，必須怎麼怎麼……云云。

某次，要籌備「教育革命」什麼會議了。甫秘書帶我們幾個馬仔浩浩蕩蕩開去「雲南省教育革命領導小組」（就是後來的省教育廳）。教革小組辦公室破破爛爛，小官吏們一見來了「老大」的大秘書，全體肅然起立，謙恭相迎。甫的姿態則和我第一次見到那樣：面部麻木，冷若冰霜，拒人於千里之外。雙方坐下，他表情含糊地掃視對方，半晌，才有氣無力地發問，像法官審訊疑犯。

教育革命領導小組組長名喚趙鳳岐，原昆明工學院黨委書記，這一級別的官員理論上都該屬於「走資本主義的當權派」，皆因「劃線站隊」站「合」了，遂上調來此主管全省教育工作。趙組長高中文化，解放初曾任貴州省軍區後勤部政治部副主任。一九五五年組建昆明工學院，便調來昆明當了高等學府一把手。此人口齒木訥，行動遲鈍，一看就不像明白人。三年飢餓年代，大學生口糧本已嚴重匱乏，該高校老大公然還指示糧官暗加克扣，然後將所謂「節約糧」八萬斤上繳國庫以示顧全大局。雲南人真正老實哩！此舉若換到四川，讓學生們知道了，絕對不依不饒的——一九六二年我在重慶大學讀書，就因為炊事員和學生間一小小糾紛，很快便引爆了一場袖珍版的學潮。鳳岐兄如此表功醜聞，昆工學生雖沒發難，卻被頭腦清醒的上級猛克一頓。此公之稀里糊塗，可見一斑。

也有好心人解釋，說趙書記之所以糊塗，皆因戰場無情，當年解放戰爭某次戰鬥，一枚橫飛彈片不知怎就戳進了趙書記的腦袋，至今沒法取出來。殘疾人啊，遲鈍呆木大可不必深究，諒之可也。甫漢識不得趙的革命腦袋有彈片作祟，只發現此公如此糊塗，掌管著全省教育大業，卻是個含混其辭、支支吾吾，甫能不氣憤嗎？

現場情況是這樣的：

甫漢問一個問題，（甫的語氣本就夠慢吞吞了，純屬「記錄速度」）對方早該聽明白並且該想清楚了，可趙組長竟然還要反應半天，喁喁吶吶，經常答非所問。大秘書詢問組長，旁邊的組員屏聲斂氣，不敢吱聲。氣氛本夠緊張，又無人助陣，趙兄情緒愈益緊張，口齒愈益結巴，最後簡直就語無倫次了，甫漢終於憋不住，發了雷霆：「你這個組長怎麼在當？大學黨委書記，一問三不知！你怎管理全省教育革命？」像訓斥不懂事的娃娃。滿屋子只是個鴉雀無聲。甫漢氣衝衝起身而去，冷冰冰甩了一句：

「你們抓緊把文件準備好！明天，到八號彙報！」

軍區八號的辦公環境絕對超豪華。豪華本身就會造成一種壓力。再說一進院三道崗，接著一片人跡罕至的寂靜院落，接著一道長青藤蔓覆蓋的圍牆，然後一張碩大無比的地毯……這自然先就給趙老當及其扈從來了個下馬威！

這次趙鳳岐事先準備好了充足彈藥，材料也完全停當，尤其還有兩年輕俊秀，張從信和張俊方——年近七旬的張從信至今還擔任雲南省民辦教育學會副會長——做左膀右臂，於是兵來將擋，水來土淹，趙組長的第二次彙報竟順利過關。本來，事既完美，甫秘書就該來個順水人情，說說好話，彼此好合好散。可他不，得理不讓人的甫依舊表情木然，不冷不熱，繼續把趙奚落了一番，又是什麼「你這組長怎在當？」「情況都讓下面的人掌握！」等等。彙報會結束，甫枯坐不動，不冷不熱就一句：

「你們走吧！」

連起碼的禮節也沒有。像是勞改犯釋放出獄，獄吏說：

「走吧！你自由了。」

不知道獲得自由的教改組成員匆匆離開時有何感想？總之，甫的超級傲慢讓八號的自己人都感到太不舒服。出了會議室，曲弦當著眾人就發火了：

「擺什麼架子！解放戰爭，人家趙鳳岐好歹已算師級幹部了」曲的聲音很大，好像故意要讓甫漢聽到，「像什麼話？連一點兒起碼的尊重都沒有！」

大家當然都知道他罵誰，一個個苦笑，小心地各自回屋。

讓我對甫漢印象發生逆轉的，是一件意外事故——他遭遇了車禍。

某日，甫漢從軍區一號門出去，騎單車到斜對面的省委二號大院、即省委辦公大院（當時叫省革委生產組）辦什麼事。軍區一號門位於環城西路（現在改名西昌路），那年月環城路汽車極端稀少，可那一天偏偏見了鬼。甫騎單車正過馬路，突有一輛卡車飛馳而來。甫車技本差，霎時間不知如何處理為好，乾脆往車下一跳。本來，急蹬一腳也就過去了，他偏偏跳下來，跳下來就連人帶車停在馬路正中間。騎車人的意外行為讓駕駛員措手不及，緊急剎車，可惜晚了！事後交警根據輪胎和地面摩擦的痕跡實測，剎車距離為十五米。汽車前輪把單車壓倒變形，單車大槓則將騎車人的大腿壓在地上，甫動彈不得。醫院拍片檢查，傷者股骨、脛骨、腓骨多處骨折。那年月軍人多了不起啊！而且是很有派頭的軍人！而且就在軍區大門口！駕駛員的驚駭可想而知。慌慌張張跳出駕駛室，面對肇事現場，除了全身發抖，他沒別的招。

壓在車槓下的甫漢憤怒大吼：

「發什麼楞？你快倒車呀！把我弄出來呀！」

可以讓高級幹部發抖的人，其憤怒對於一個普普通通的老百姓會產生什麼效應，可想而知。駕駛員全身抖得更厲害了。

後來駕駛員對我們說：「當時，他怎敢倒車呀？人已經壓在輪子底下了，我心裡害怕呀！如果掛倒檔掛錯了，汽車往前進一步進半步，就要命啦！要了解放軍軍官的命，也要了我全家的身家性命呀！」後來好容易又來了一輛汽車，駕駛員仗義，跳下來問明情況，馬上幫肇事司機把車倒了，將甫漢小心翼翼扶來路邊上。

接到軍區黨辦急電，我和胡文龍即刻跑去現場，甫漢已經不在了。肇事卡車和壓得變形的單車還停在路中間，駕駛員抖抖索索站在衛兵旁邊等候處理。

我和胡趕來之前，譚甫仁已先期來到現場，用他的座騎「吉姆」親送甫漢去了軍區總醫院。甫漢很少在公眾場合露臉，譚甫仁可是個人見人知的大明星。大明星親送受害者去醫院，這場面不用解釋，駕駛員已經明白自己闖了多大的禍。驚嚇再次升級，全身愈益篩糠不止。交警已經趕來，肇事者被圍在中間，活脫脫一隻等待宰殺的羔羊。胡我二人等他抖顫稍得平靜些，這才向他問過情況，要他出示本人證件。肇事司機抖抖索索掏了老半天，才掏出一小本交來：是雲南汽修二廠發的《工作證》。交警很神祕地把我們拉一邊建議，先把人放了吧，肇事者的證件他們會扣留的。等現場勘測結果研究後，會正式向我們彙報處理意見的。我們同意了。

交警的處理意見很快便報來了八號。按照一般規矩——交警說——司機發現目標物只要在八米距離開始剎車，就沒有責任了。該汽修二廠司機剎車剎了十五米，理論上可以不負任何責任。只是——交警又說——事故發生在軍區門口，大機關門口也可等同於必須提前減速的大路交叉口，那麼，十五米剎車距離視為違規肇事也可以成立。綜上所述，交警請我們轉告甫秘書：「是否對肇事者進行處理？怎麼處理？完全由他定奪。」

甫住昆明軍區總醫院外二科。汽修二廠的官兒們已先於我們趕去病室，一大堆人將屋子擠得滿滿宕宕。廠革委主任以降，一個接一個表態，態度一個比一個誠懇卑下：「我們汽修二廠全體領導和職工一定積極配合，對事件及肇事者及時、認真、嚴肅地加以查處。」有一分管政工的官員，甚至義憤填膺地表態，說正在調閱該工人檔案，正在瞭解該司機祖宗三代是否有殺、關、管？是否有海外關係？把甫秘書壓在車輪下，是否屬於階級報復？

「什麼階級報復？」甫將激動分子打斷，「你們怎越說越離譜了？」靜場片刻，甫又非常超然地、慢吞吞地說明：「我好久沒騎單車，技術差嘛！本來衝一衝就過去了，我沒衝。我也有責任嘛！」

按甫平時的性格邏輯，事前我真以為他會雷霆萬鈞。事情偏偏完全反過來，倒讓我更出意料。甫漢此話一出，在場的汽修二廠官兒們也頓時鬆了一口氣。

接著我當眾轉告了交警的意見。

情緒很好的病人繼續超然。「處理人家幹嘛？」他說，「人家工人掙錢不容易。反正我住醫院什麼都公費報銷，要人家賠什麼賠？」接著他正式向基層小官吏宣布結論，說：「算啦！也不要處理什麼、賠償什麼了！你們都回去，都回去。叫那個師傅總結教訓，以後開車，小心點，別再出事就行了！」

這個結論顯然是對方最希望的。據我判斷，肇事司機老實巴交，在廠裡工作一定不錯，不會與誰結怨，很有人緣，廠官吏打心眼裡本不想處理他。聽大秘書一發此話，廠領導們馬上爭先恐後表態，說回去一定好好教育，要他總結教訓。

第二天，老實巴交的駕駛員一早就來了，肯定事前領導有交代，他提了一籃子雞蛋——雞蛋在當時不僅是緊缺貨，而且對於只有二、三十元月工資的小工人，絕對是非常昂貴的奢侈品——駕駛員一進門，撲通一聲就跪去地上，大哭起來。這個驚人動作讓躺在床上不能動彈的大秘書反而意外，急忙大說：

「起來！起來！瞧你，跪著幹嘛？起來！有話你坐著說。」

駕駛員起來，沒敢坐，站著聽大秘書教訓，繼續小聲啜泣。甫漢實在是一點脾氣都沒有了，雖然口頭還是一個勁兒要對方今後如何如何，說得駕駛員不斷點頭稱是，表示一定牢記毛主席的偉大教導和林副主席的重要指示，牢記甫秘書的大恩大德，今後一定好好學習，努力工作，抓革命，促生產，為中國革命和世界革命多做貢獻……說到後面，全是當時八億中國人個個都背誦得滾瓜爛熟的套話了，甫漢有點不耐煩，再次寬宏大量地要他走了，把雞蛋也一起帶走。工人又感恩戴德地哭起來，又說了許多套話空話，這才離開。

幾個月後，我們辦公室調來了一個自我感覺非常良好的小伙子、昆明工學院畢業生——涂曉雷（關於他，以後的文字還會多次提到）。他的自我感覺不能不良好，因為他是「正確路線」代表——八二三派的頭號筆桿子。涂在近距離接觸過甫漢不久（此時甫早已傷愈回來），私下對我說，這個甫是怎回事啊？做事一點後路都不留！「這年頭，」涂對我說，「政治格局朝雲暮雨，說不準哪天譚政委垮臺了，看他日子怎過？」

沒承想涂曉雷此話竟成讖語，並且很快應了驗。就在幾個月後，譚將軍的整個生命就澈底終結。比政治上的垮臺還要澈底還要離奇，他是被暗殺的。這是迄當時為止中國高官被刺第一案。甫的悲劇果然就此開始。下面是我一九七〇年十二月二十的日記，譚被暗殺後的第三天。

今天是戒嚴的第四天。

早上，甫秘書和劉秘書回來了八號。談話間，只聽劉秘書連連說：「損失太大了！太大了！……這些人，一點兒警惕性也沒有！根本沒有！一點兒也沒有！」

我跟著跑步上樓，把這幾天收的文件送給甫，不想他已開始下樓，一邊走，一邊擦眼淚。我說：「甫秘書，這些文件要看嗎？」他忙裝出笑臉說：「你看，我現在還能看嗎？」我覺得他的態度從來沒有這樣和藹。我差不多也被感動，想流淚了。

譚死了，他的私人辦事機構已沒任何理由繼續存在。這一年新年伊始，我們曾激動萬分地聚集在這豪華的小院學習《人民日報》元旦社論〈偉大的七十年代〉，對未來充滿勝利的信心。七十年代的第二個年頭，一月七日，我們黯然神傷，撤離了軍區。

十三、秘書的腦子不是自己的

繼續說八號的事。

在譚辦，所謂「造反派脾氣」，幾乎就是甫秘書批評我的專用詞彙。討論問題觀點稍有過激，屬於「造反派脾氣」；與人爭辯稍有言語不遜，屬於「造反派脾氣」；甚至請假外出偶超時間，也屬於「造反派脾氣」……文革伊始，北京那幫小年輕自己給自己戴上的這頂桂冠，在昆明軍區八號成了貶義詞。

「脾氣」剛發明那會兒，它的內涵非常明確——老子天不怕地不怕，老子就是大鬧天宮的孫猴子，「天下者，我們的天下；國家者，我們的國家；社會者，我們的社會，我們不說，誰說？我們不幹，誰幹？」……諸如此類。文革前，當局成天要年輕人讀《共產黨員的修養》，當「黨的馴服工具」，當「永不生鏽的螺絲釘」，恨不得把人這種特殊生靈的活力和創造精神斬盡殺絕，年輕人能不憋得慌嗎？「造反說」既出，全國的混小子聞聲響應，就順理成章了。當時筆者正當好年華，對此口號自然也喜歡得很。

幾十年後，雖然我為此吃盡苦頭，但實在說，我卻不願後悔——這口號至少讓我把頭上的「緊箍咒」澈底砸沒了。要不，我永遠只能是「螺絲釘」，連起碼的生命都沒有。一條活蹦蹦的生命來到世界上，雖然上帝注定會讓他遭遇災難和痛苦，但總比做別人手裡一個無生命工具強吧？而且要「馴服」。更何況僅僅是一顆螺絲釘，還不能「生鏽」。多荒唐！

感謝文革動亂讓我得以重新做人。至少讓我發現自己應該為偶然遭遇的社會做得更多更好，無論如何，我首先必須是一個人，一個具有獨立思想、個性、創造力和擁有屬於自己歡樂、痛苦的人，而不是物件。我的人生故事注定只能按照已經獲得涅磐的邏輯演進。我在保山製造的「高西民現象」，正是這種邏輯的產物。

可惜，軍區八號不可能讓「造反派脾氣」再次拷貝「高西民現象」那樣的奇蹟。

剛來不久，甫漢就安排我和大秘書劉連清一道下廠調查有關落實政策、「劃線站隊」、兩派團結、還有抓革命促生產之類的問題。我們選擇了雲南紡織廠。先工人、再車間幹部、最後廠領導，一一開會座談，這些程序對我並不陌生。文革期間，我在重慶至少就獨立搞過兩次大的甚至引起轟動的工廠調查。一次是重慶紅岩機器廠造反派工人堅持所謂「抓革命、促生產」的報告，被新華社採用了，為我們八一五派臉上狠狠地貼了許多金；還有一回更轟動，我去重慶紡織六廠調查所謂保守派搞「資本主義復辟」，對造反派「反攻倒算」一事。文章發表後旋即遭到開始數百人、後來猛增至上萬人的圍攻和追緝，險些命喪黃泉……在雲南搞工廠調查雖屬首次，但我胸有成竹、志在必得。

出發前，甫對二人身分雖無明確界定，但劉顯然該是組長，我是組員。劉屬「老革命」，工作經驗豐富。近兩週的調查活動中，我表面雖低調、實則隨時企圖自我表現的蛛絲馬跡，肯定難逃劉的金睛火眼。最後，調查報告要成文了，劉故意順水推舟，把工作全推給了急於自我表現的我，由我寫。

「雲紡」在昆明人心目中口碑甚差，素有「皮蛋三千、火槍八百」之說。「皮蛋」是昆明土語的「暗娼」；同理，「火搶」則專指「流氓」。紡織廠本多女工，男工素來緊俏，鮮花叢中這些緊俏貨自然最容易平生事端，鬧出故事。我在雲紡見識的第一個基層八派的頭兒，印象極其糟糕，活脫脫就一

「火槍」。座談會在主任辦公室進行，作為革命委員會主任的「火槍」卻偏偏不坐，披一件軍大衣，在沙發之間不停地走來走去，顯然在摹仿某電影裡的前敵指揮官。只是他一開口你就知道他沒文化。事前我調查了，主任姓華，原本是「保全工」，即一般工廠叫的維修工，一貫調皮搗蛋，皆因身處女兒隊中，文化革命自然造反為先，際會風雲，當了「頭兒」且「路線正確」，最後榮登主任大位。具體向我們彙情況的則是一中年女人，革委會副主任，叫F，屬於正兒八經的老幹部。五十年代她曾被派往前蘇聯留學，回得昆明經常穿一身「布拉吉」（俄語「連衣裙」譯音）走街，很是前衛了一陣子。我們見她的時候，當年風韻早已蕩然無存，乾脆就非常窩囊。在保全工面前如同一條哈巴狗。她對著筆記本一板一眼向我們彙報，裝腔作勢的保全工則隨時搗亂，打斷她，東拉西扯地左一個「你先說說這個」右一個「再補充補充那個」，高貴的F女士唯唯諾諾，馬上照上司意見辦。整個彙報七零八落。那時我年紀正輕，對於男女之間的緋聞尤其敏感，事前在與車間女工座談中，已經聽聞保全工執掌大權，利用職權，勾引女工的許多緋聞，早對他缺乏好感，謀面之後印象就更糟了。

必須承認，正是對保全工這類個別人的反感，導致了我對於整個八派的反感，並最終影響了調查報告的客觀公正，對我其實並不熟知的八派潑了許多髒水，而為受壓制的另一派抱了許多不平。完了，我故作謙恭地把成稿交劉秘書「審閱」，劉看後沒表示任何意見，要我直接交甫審定。

我滿以為此文又可一炮打響，孰料得甫看過文稿，當即把我狠批一通。他說我政治傾向太明顯，說這不叫調查報告，成派性小報文章了；接著就問我，為什麼不先交劉秘書審看？我苦笑苦笑，說交過了。甫又不留情面地把劉克了一頓，說你一個老秘書，怎麼這樣不負責？坐在一旁的劉秘書一聲不吭，只管苦笑，硬著頭皮挨克。

劉秘書實在是沒辦法發表意見的，我想，他本屬炮派觀點，如果公開對我的文稿表示贊同，肯定有派性之嫌；如果不同意，恐又於心有愧，他除了硬著頭皮苦笑，實在沒有別的選擇。甫漢克我，我則據理抗辯，堅持說事實如此，為什麼要隱瞞自己的觀點？甫根本不允許我爭辯，直截了當祭起殺手鐧，說我的問題，就在於「造反派脾氣」不改！接著語重心長地就秘書職責對我進行啟蒙：

「秘書是幹什麼的？」他告誡我，「秘書不能有自己的想法！你的任務，就是揣摸首長的思想，然後去幹你該幹的工作！千萬不能自以為是。懂嗎？」

我突然想起一部電影，裡面有一句臺詞：「當了翻譯，這根舌頭不是自己的了。」原來當了秘書，連腦子也不該是自己的了。「啊！」我對自己說，「多可怕。」

甫漢確實覺得我這「小毛桃」不堪造就，而與劉秘書的關係又不好處理，那篇關於雲紡的調查報告乾脆就由他自己動手操刀，只是成文（已經不是修改，而是完全重寫）之後，交給劉秘書閱看並作過補充。這個最後的送審文本，果然已經面目全非，沒有任何觀點，更無任何稜角。

這就是我「造反派脾氣」的第一次敗績。雖然敗得深刻，可我依舊執迷不悟，不久後，幾乎完全由我獨立製造了一個更大的事件——「昆十一中風波」。

十四、昆十一中風波

我是和張德鴻一起去昆明十一中調研的。任務是為全省教育革命的一個什麼會議做準備。根據甫漢布置，須在昆明地區選擇一好一壞兩所中學作為對比，昆明市革委有關當局遂將昆明九中作為正面典型推薦給我們，因為好，調查起來順風順水，自然沒有任何故事性；推薦給我們的「老大難」典型則是誰說誰搖頭的昆明十一中。書呆子張德鴻教「先秦文學」絕對強項，可處理群體性的麻煩事，他肯定弱智。對付十一中這只燙手的山芋不得不由我擔綱了。

據筆記本上記錄的時間前後共八天。年深日久，許多當時的背景早已模糊，幾十年後重新檢看調查筆記，各色人物交叉，各種自述雜陳，讓我如墜五里霧中，以致於不得不像考古學家整理地下刨出的殘篇斷簡，按照「事件」、「人物」、「基本矛盾」、「言論」等幾個方面對筆記內容重新做出卡片，再進行歸類梳理，最後，大致可以理出一個當時概貌（筆者以為將這些作為歷史檔案錄存似有必要，讀者如嫌枯燥，以下段落跳過可也）：

作為老牌名校，十一中的師資力量和教學條件很強，文革前曾是省委書記趙健民親自抓的點；還據說，由於管理嚴格，甚至體罰學生事時有發生，曾惹得省委一把手閻紅彥大為震怒，曰：「十一中還有共產黨領導沒有？」能引起地方最高長官親自發火，這樣的學校肯定不同凡響。

先說師資。語文教師符開甲，校黨支部三巨頭之一。畢業於舊大學，文革前一口氣就讓學校拿出幾百元買回全套《資治通鑒》。能斥巨資幾百元買這套古典，在當時的中學實屬稀有；教導主任張樹弟，解放前就是「天祥中學」（昆十一中舊名）教導主任，資格亦夠老矣。抗日戰爭時候當過美軍翻譯，授少校銜；教師楊廣澤，解放前宣威縣的教育局長。宣威以火腿聞名，該縣還有一事著名，就是中國改革開放總設計師的夫人卓琳女士，就是當地某火腿大王千金……等等。

如此眾多的舊社會精英在此扎堆，共產黨肯定放心不下。政治運動一來，自然首當其衝。一九六四年，最終引爆災難性「文化大革命」的「四清」運動伊始（四清：指「清政治」、「清經濟」、「清思想」、「清組織」），市委工作組馬上進駐了十一中。首先將黨支部書記張榮華靠邊。經群眾揭發和本人交代，罪名成立：兩年前該張燕爾新婚，從此便革命意志消褪，「做官當老爺」，讓「『八大員』為自己個人服務」（注：「八大員」是當時對各種服務人員，如炊事員、駕駛員、打字員、理髮員……的總稱），於是終審判決——記過處分，弄去外地考察鍛鍊。校黨支部另一巨頭廖樹明（時任副教導主任），據查，屬「偽縣長」出身，本人階級鬥爭觀念亦淡薄，同樣被踢去外地考察鍛鍊；三巨頭僅存符開甲一人。符出身地主，且老婆本人便是地主，皆因檢討深刻，得以僥倖過關，撤去黨內職務，留校教書查看。教師中被揭發出來的「烏龜王八」就更多了。

接著，以「空降幹部」郝敏蘭為書記的新班子走馬上任。全新陣容還有：來校不久的原十三中副教導主任瞿玉容（任副校長）、四清工作隊的留隊幹部朱朝品（任政治處副主任）及本校原人事幹部黃桂芬。

經過打理，學校果然「白茫茫大地真乾淨」。「四清運動」於是勝利結束。

事情恰恰相反，這並非完美結尾，而偏偏為另一場更大的災難埋下了伏筆。「四清」這場人為製造的整人運動，憑空惹出了一大堆似是而非的問題，引爆了一大堆本不該引發的矛盾，整了一大堆人，製造了一大堆仇恨……這些，都正在等待時機被最後引爆。

隨便盤點一下「四清」中遭遇無端懷疑和揭發的「問題人物」：

張樹弟，疑似「特嫌」，且反右時有大量右派言論尚未結論；

張海如，國民黨中校教官，不知為何，定了個「思想反動分子」；

張顯忠，廚師，疑似國民黨便衣特務組副組長；

譚慶山，外語教師。海外關係多、本人疑為基督教西南地區宣教委員、肅反時曾判過「勞教」，因特務問題不落實放回學校；

陳加慶，出身資本家家庭。叔叔為偽軍官，「勞改」。哥哥為舊軍官。該陳解放前夕曾到過香港，解放後回來，混入部隊，當蘇軍翻譯。肅反運動被審查一年，後做復員處理。據人揭發，他曾反動透頂地說過：「毛主席沒地盤的時候找高崗，有了地盤又說人家反黨……」

夠了。

這些問題人和他們的故事口口相傳，推波助瀾，小小十一中校園，已是「洪洞縣裡無好人」。於是文革這把火輕而易舉便將火藥桶點燃，並且突然引爆。

市委工作組又來了。

據昆明官方「黨史」記載，這次工作組的任務是：「發動教職員工和學生張貼大字報」，揪鬥「三反分子」、「牛鬼蛇神」和「黑幫人物」。十一中新班子剛剛調配成功，從理論上講不該有什麼問題，因此決定由工作組和新支部來共同領導「文革」。可惜，和當時全中國所有官員一樣，對這場「史無前例」的大動亂，誰也領導不了了。道理很簡單，這一回，毛澤東根本就沒有按老規矩出牌。

一九六六年六月一日，北京大學那張「馬列主義的大字報」橫空出世，遠在邊陲的小小昆十一中校園，喜歡湊熱的中學生馬上跟著起鬨。大字報鋪天蓋地。小年輕詛咒工作組和黨支部不緊跟偉大領袖，把文革運動納入學術批判軌道，搞的冷冷清清……接下來的情況也和全中國一樣，書記郝敏蘭暗中教唆共青團員要堅定立場，相信黨、相信支部；接著祭起殺手鐗，對群眾進行「左、中、右」排隊。這回上「黑名單」的就不光有老師了，調皮搗蛋的學生也記錄在案。數量比「四清」那張單子更蔚為壯觀。

這樣，等到毛澤東最終亮出底牌，開始「炮打司令部」，十一中的政治形勢和全中國一樣，大勢逆轉，「燒餅」狂翻。故事情節澈底地雲波詭譎，莫測變幻。

八月二十三日，雲南省委開「工作會」。昆明工學院、昆明林學院、昆明冶金學校一千多學生上街示威，揚言「炮轟省委，火燒市委」。十一中娃娃當然不願錯過湊熱鬧的大好時機。「四清」無端受害的教職工也肯定不願放過改變命運的機會從天而降。教師胡仁勇率先逃離校園，去社會上投靠了名滿雲南的八二三造反派，然後返校煽動哥們兒揭竿起事。胡在「四清」中因人揭發乃父為國民黨少校軍官，於是被趕下農村改造。他的山頭取名「八二三十一中支隊」。另一些不肯接受胡大帥收編的老師則另立山頭，成立「送瘟神」造反隊。頭頭為林國榮。我仔細查閱工作筆記，關於胡仁勇正面、反面說法都很多，可關於林的介紹卻未找到隻言片語，按一般規律分析，估計該是一影子似的謙謙君子，皆因膽小怕事的教師不願與「胡司令」那樣的「問題人物」為伍，故將林推上領袖位置。「送瘟神」後來投靠了雲南另一大社會組織：「毛澤東主義炮兵團」，即「劃線站隊」中被整得死去活來的炮派。

兩派有了。兩派又都有了「毛主席革命路線」這面旗幟，有了共同的敵人和共同的利益，於是團結一致，找工作組算帳，要求「平反」，交「黑材料」。工作組早溜了。校黨支部是跑不掉的，這就找他們算帳。校支部未雨綢繆，早將檔案祕密轉移去雲南內燃機廠暗藏，然後底氣十足地和造反派打持久戰。副校長瞿玉容，文革開始前三月才來本校，最少人事糾葛，就讓她出面打太極拳；新書記郝敏蘭則慢條斯理和尋事者對照學習中央文件，逐字逐句找依據，發誓只要能說清事情原委，確屬查無實據，保證立馬平反……折騰數月，誰該「平」？誰不該「平」？依舊一團亂麻。

等不及亂麻理清，全國大奪權已經開始。性急的造反派已沒興致與「郝老當」們繼續「磨菇」戰法。只要把權奪過來，自己愛怎幹就可以怎幹。一九六七年二月，「八二三十一中支隊」和「送瘟神」會盟其他大小組織，乾淨俐落將學校的公章鑰匙一舉奪了來——好了，再沒必要乞求誰恩賜什麼好名頭了。他們開始自己掌握自己命運。

權力和財富一樣，對人類真是一顆誘人的金蘋果。林彪那篇被稱為〈政變經〉的「五一八講話」更加直截了當：有了權，「就有了一切。」、「拿到了政權，百萬富翁、千萬富翁、億萬富翁，一下子就可以打倒。」只是，這蘋果卻暗含邪毒，只要初嚐美味，你很快就會喪失理性甚至變得瘋狂。為不讓他人染指，掌權者將會對一切人滿含疑慮甚至刻骨仇恨，與覬覦者拚個頭破血流。

果然，奪權不出一個月，剛剛初賞權力滋味的兩派百姓，很快便為各自利益開始了你死我活的捉對兒廝殺。

鬥爭不再局限於小小校園。用當時的話說，「十一中每一個組織背後都一大堆人」，「整個雲南社會的黑線全牽到了十一中」。接下來的故事就不再是獨立的學校故事，而是全中國社會災難的折光。

於是發生了一個社校矛盾交錯的所謂「八二〇事件」。

十一中地處工廠聚居區，除了內燃機、還有煤礦機器、電工、水泵什麼的。每個廠都已經分成了兩派開打。當地唯一的制高點是屬於十一中地盤的一所小學，打起仗來，可是人見人愛的好地方。為維持社會秩序，一九六七年八月二十日，派駐十一中的軍訓團三十餘人直接駐進小學，一些學生也跟隨同住。我的筆記沒有說明這些軍人的觀點，按照邏輯分析，這些軍人和學生都應當屬於炮派。

形勢嚴峻，四周工廠的八二三決定儘快拔掉這顆「釘子」。

軍隊駐進當晚，當即便有人對小學實施騷擾，用彈弓石子對教室玻璃進行射擊。軍人派人出門查看，射石人轉身便逃，坡陡路滑，先是不慎墜溝，起水後繼續倉皇奔跑，逃回工廠便大呼小喊，說「老炮」打人啦，他們被毆打落水，險些喪命，情況慘烈，云云。預備停當的八派好漢磨拳擦掌，早要發洩，藉口一出，頓時群情激憤，鬧嚷嚷糾集前往，將學校圍得鐵桶一般，威脅對方必須速速交出凶手。那場景，很容易讓人想起古典小說夜攻山寨的混亂與喧囂。

眼見事情鬧大，據點裡的中學生嚇得緊閉大門相拒。有高三學生某勇猛超常，恰有小口徑步槍在手，於是舉槍便射，當即擊斃一圍攻者——

人一死，性質就不一樣了，原本一觸即發的爆烈情緒突然引爆，圍攻者頓如狂潮飛蝗，猛撲而前——天亮時拿下據點，中學生全體被俘。

十一中所處本係老八的勢力範圍，「八二〇」事件中吃了敗仗的老炮只能遠遁他走。如以色列與巴勒斯坦一旦交火，事情便只能冤冤相報，無日可了。十一中教職工一〇三人。參加八派組織的二十多，同情觀點的三十多，其餘皆炮派或同情炮觀點者，人數旗鼓相當。學生就不同了，一一〇〇人，炮派八百多。炮派學生領袖裴滾泥後來還當了市革委常委。裴的名字肯定是鬧「文革」改的。毛澤東要年輕人去鄉下「滾一身泥巴，練一顆紅心」。足見該生非常前衛。有如此前衛的學生領袖，暫時失利的炮派能善罷甘休嗎？肯定不能。

社會上的老炮已經占領了全市的制高點——五華山。十一中敗軍一部分跑了那裡，還有一些乾脆跑了專縣，準備重走毛澤東之路——「農村包圍城市」。他們去的是烏蒙山區巧家縣。打死的人都封了烈士。痛失家園的炮派終於在一年後迎來了飄紅時光。一九六八年的中秋節，他們重新殺回十一中，為「烈士們」隆重舉行追悼會，向八派狠狠示了一威。

老炮繼續前進。仗著軍代表撐腰，抓緊成立了「新生紅色政權」。校革委成員炮五八二，嚴重不對等，實權被炮派壟斷。雲南炮派的省級大佬李毅、楊凱親自到會祝賀，揚言要把十一中當樣板，在全省推而廣之。

熟悉雲南那段歷史的讀者一看就知道，一九六八年秋天炮派短暫的春夢很快就該剎尾了。「八政委」譚甫仁八月十三日來雲南走馬上任。置炮派於死地的「達摩克里斯劍」已高懸於萬千炮派群眾的頭頂。該年十二月十四日，省、市革委第六次全會召開，正式提出「要揭開雲南階級鬥爭蓋子，深入對劉少奇、閻紅彥、趙健民的大批判」，「從組織上把一切暗藏的階級敵人挖出來，澈底摧毀他們的社會基礎！」緊接，次年一月一日，第七次全委擴大會議召開。以追查「趙健民執行國民黨雲南特務組計劃」政治假案為主題的「劃線站隊」血腥開場。十一中炮派的嚴冬正式來臨。

首先對革委會補臺，實際是讓八派從炮派手中把大權重奪過來。

新班子成員如下：

八派教師四人：胡仁勇、唐亞山、吳瑞康和胡振華；炮派教師三人：湯成基、林國榮和張偉成。按「四清」的結論，胡仁勇因家庭出身問題被趕去農村、唐亞山應為「漏網右派」、吳瑞康對共產黨有殺親之仇、胡振華其叔為國民黨憲兵少校——八派補進來的全是「牛鬼蛇神」！再看看炮派：湯成基，出身貧下中農！「紅五類」！林國榮和張偉成雖為影子人物，可是沒任何不良政治記錄。瞧，如今的十一中，竟是誰家天下？完全是右派翻天！炮派先生們心裡能平衡嗎？

這還不是主要的。當時所謂的政治記錄本來就值得重新評價。問題是，在一個小小的中學校，讓一部分知識分子對另一部分知識分子實行壓制甚至征服——歷史已經反覆證明過了——對任何問題的解決都無濟於事。再說，十一中炮觀點相對多數，「劃線站隊」政治高壓下建立的平靜僅僅是個假想。地下的潛流一遇風吹草動，注定就會馬上衝開脆弱的覆蓋洶湧澎湃。從四清工作組算起，七年之內，十一中先後進來過兩批「工作組」、一批「調研組」、四批「軍宣（訓）隊」和兩批「工宣隊」，一個又一個短命的「王朝」早把大家折騰得疲憊不堪。

我和張德鴻去做調查時，王朝替換已是第八代，由「昆鋼」派來的工宣隊主政。據我們瞭解，這些隊員本多八派觀點，可惜他們並沒有給執掌大權的八派領袖們帶來福音。他們偏偏同情老炮，十一中表面平靜的池水再度攪得驚驚惶惶。聽說來了兩個「八政委」譚甫仁辦公室的人，兩派群眾高度敏感的心再度緊張起來。

感謝動亂年代恩賜給我的政治經驗。我和張一直沒有表露自己的觀點，因此能夠聽到各種各樣真實的聲音。下面照筆記本記下老師們的彼此揭短。從四清開始挑起的仇恨經文革派性鬥爭的再度發酵，對各自對方隱私和劣跡的攻訐完全到了勢不兩立、你死我活的程度：

「胡振華，八派，跟誰國民黨憲兵少校叔叔長大。其兄胡正剛，偽保安團排長，強奸幼女，十年徒刑。關在西山看守所，他公然還去探監。掌權後作風霸道，校革委的所有決定，只要不合他的意思，馬上就要推翻。以學校名義給陳綿發（學生，已到潞西插隊）開了三個月的買糧證明……」

「李生科。炮派掌權時利用特權，大搞經濟主義。搞了二〇〇〇多斤糧票到五華山……」

「李修華。父親是偽錢糧副處長，五二年劃為官僚地主，卻一直填寫職員。父親被遣送下鄉，他公然帶弟弟去大吵大鬧……」

「向□□。六四年姦污女生，又和女生一道控告其父親，說是被父親奸污，女生父親、市商業局黨委書記喬某因此於文革中遭迫害，開除黨籍而氣死。女生則遣返山東老家……」

「唐亞山。身為新生紅色政權領導，公然和思想極端反動分子陳加慶打得火熱……」

「吳瑞康：最會整人。群眾最怕。一上臺，就開白條把臨時工工資由四級調到五級……」

「王映波。昆明偽警備總部上士文書。對社會主義不滿。偽造歷史。在雲大讀書時發表右派言論，寫詩發洩，稱：『寒窗若許年，下鄉教頑童』」。云云

繼續抄下去，同樣無非是誰誰誰家人被共產黨殺、關、管、誰誰誰偷雞摸狗，誰誰誰利用職權幹壞事……幾十年後重看這些記錄，你肯定會覺得簡直不可理喻。毛澤東的意識形態，讓每一中國人都對另一個中國人充滿仇恨。

但是，我最後還是做了評判，與其說因為理性，倒不如說是善良人類一種與生俱來的思維定式。因

為，誰叫八派執掌大權呢？在朝掌權者幹壞事的概率肯定大大高於在野的非掌權者。善良的人類從來喜歡同情弱者。筆者不才，加上「造反派脾氣」使然，最終難脫此巢臼，於是我，至少從感情上就傾向炮派了。

調查工作結束，應該做指示了。譚政委如此偉大，他的秘書肯定也不該差到哪兒去，不做指示是交代不過去的。八天來，兩派給我反映了那麼多情況，都滿懷期待從我們口裡得到有利於自己的訊息啊！我痛快表態，說：「行，開會吧！」

人員來得非常整齊，會場非常熱烈。八派整齊地坐在一邊，炮派坐在另一邊，工宣隊主持大會，一旦宣布譚辦秘書講話，全場頓時掌聲雷動，繼而鴉雀無聲。文革動亂，這樣的場面經歷太多。我不會怯場的，恰恰相反，我尤喜危機環境帶來的快感。那時候我會覺得自己是個大人物，我有能力坦然處理可能發生的騷亂。我先和張教授推讓幾句——在十一中調查的幾天時間裡，他總是把我推在前臺。正如上次在雲南紡織廠調查，大秘書劉連清故意要我執筆寫報告——教授堅持要我講，我便毫不客氣開始了。簡單客套過後，我緊接就宣布調查結論。我大概說了如下內容：一，工宣傳處理十一中問題的立場是正確的，要解決十一中的問題，必須旗幟鮮明地支持工宣隊；二，十一中的問題，說到底是兩派矛盾問題。矛盾的主要方面，在八派。要解決十一中的問題，必須首先解決八派的問題……

第一點剛說完，會場開始騷動了。聽眾們大概有點不相信自己的耳朵，「八政委」秘書怎麼如此咄咄逼人、旗幟鮮明地為炮派撐起腰來？上級機關的官員從來該有外交家風度的，說話表態永遠應該含糊其詞、模稜兩可啊！而我簡直就赤膊上陣了！等我說到第二點，八派已經忍無可忍，當即嘩啦一聲站起來，全體退出會場，表示抗議。這也許正是我預料中的。「你們走！」我得意地向陸續退場的人員宣布：「你們走了，我照樣把話講完！」

後來我又講了第三點第四點。炮派老師歡聲雷動。

我已經想不起調查結果是否向甫秘書做了彙報？或者還來不及彙報？或者是其他什麼原因，某日，甫突然把我叫去了他的半圓形辦公室。

「你是不是在十一中做了四點指示？」他問。

他的神情太嚴肅，我暗暗吃了一驚。

「沒有啊！」我預感不祥，試探著編造答案，「調查完了，學校要我們談點意見，我就談了。說些什麼還記得，但是，好像沒有歸納什麼幾點⋯⋯」一旦構成了非常明確的「幾點」，我知道，就沒有抵賴的餘地了。

「你，都說了些什麼內容？」甫追問，臉上依舊毫無表情。

我繼續裝糊塗，雲裡霧裡地向領導報告內容。對比在十一中禮堂的心雄萬夫，我在甫秘書面前完全就是一龜孫子。

對方很快就給我交底了。

「人家到市革委遊行示威，告你的狀啦！說譚辦的人去做了四點指示。」他的語氣似乎並無特別的惡意，「市革委打電話來，問是不是有這件事？」

普普通通的一番講話公然能引起如此轟動，我心中有點暗喜。我知道，甫漢對我的看法其實是暗中贊同的，他不能允許的，只是我竟然完全不考慮身分，到外面公開表露自己的觀點，在最高首長身邊工作的人員，這樣做很可能將給自己，也給首長帶來政治上的被動。「我給你說過多次了，秘書的任務是什麼？給首長當好參謀啊。懂嗎？」他警告我，「幹嗎到處瞎表態？危險啊！你呀，惹出麻煩是要負責的！」

「……可是，明明知道他們是錯誤的，」我試探著狡辯，「為什麼……還要隱瞞自己的觀點呢？……」

「你知道秘書的職責是什麼嗎？」甫非常生氣地再次把我打斷。接下來依舊是什麼「造反派脾氣」什麼「秘書的任務，就是揣摸首長的思想」一類教訓。我又想起那句話：「做翻譯舌頭不是自己的。當了秘書，腦子就不屬於自己了。」

「呀！」我對自己說，「往後這日子該怎麼過啊？」

作為本故事的尾聲是：一年後，雲南的中央候補委員七林旺丹帶領麗江、迪慶和怒江三地州的「貧下中農代表團」去山西大寨參觀取經——大寨是毛澤東號召舉國學習的農業明星，如改革年代鄧小平推出的國家窗口深圳一樣，國人都得不辭萬里前去學習或公費旅遊——我以省委辦公廳秘書身分陪同前往，同行還有一老軍人，名喚潘英。某日，我和潘同行聊天，他不知怎就向我說起夫人是昆十一中老師。我興致頓生，忙問：

「你夫人在十一中教什麼？」

「沒教書。」他答，「原來是副校長，算走資派吧，早靠邊了，姓瞿。」

我突然想起曾經非常虔誠向我告狀的中年女人，忙問：「是不是叫瞿玉容？」

「是啊。」

我越發興奮了：「你知道嗎？他們學校現在怎樣了？」

「還不亂糟糟的！」潘很無奈地說，「本來，去年譚辦的人去做了『四條指示』，說得很好的，結果就是落實不了。還『紅四條』、『黑四條』的，爭論沒完……」。

我憋不住大笑起來。

「笑什麼？」潘奇怪地盯著我。

我還是笑，然後反問：「老潘，你知道那『四條指示』是誰做的？」

「不知道。」

我收住笑，告訴對方，道：

「不瞞你說，就是鄙人呀！」。

他有點吃驚。我接著又講了被甫批評的事了：「做指示的人都挨了批，指示還怎麼落實？」

潘也無奈地笑了。

「十一中事件」之後，我實際上就邊緣化了。甫秘書基本上不再安排我的工作。主動去半圓形辦公室找他，他總是不置可否地笑笑，然後就要我靜下來讀書。其實，那年代有什麼好讀呢？除了馬列經典著作、毛澤東選集，其餘一無所有；報紙，除了《雲南日報》和《國防戰士報》，也一無所有。初來八號，我曾經想雄鷹一樣展翅高飛，可現在才發現，我成了誤入歧途的小鳥，被關進一只考究的金絲籠子裡無奈啁啾，讓時光在毫無故事、毫無生氣、毫無色彩的無聊的生活中悄悄流走。

下面是一九七〇年二、三月間的幾則日記：

正是萬木爭春的季節。梅花剛剛謝去，滿園的櫻花、李花、海棠、迎春花……錯錯落落，五彩繽紛，構成一幅令人心醉的圖畫。

這是多好的季節啊！

到八號整整四個月了，四個月來，差不多什麼事也沒有做，什麼東西都沒學到，天天在辦公室蹲呀蹲呀，人都快悶壞了。再過一月，又該是我二十六歲的生日啦。這正是人精力最充沛的時候，最能為人民做工作的時候，可是，我卻在幹些什麼呢？什麼也沒有幹，什麼也不能幹！想到此，怎能不讓人痛心呢！

回想去年，在深入鬥爭實踐、向工農兵學習的過程中，我是何等奮發向上！可這四個月，我和實踐嚴重地脫離了，腦子也一天天遲鈍了，這樣下去能行嗎？

窗外，正是火熱的、戰鼓震天轟響的時刻，億萬軍民邁著豪邁步伐勝利前進，可是我呢，我該如何回答偉大時代的要求？就這樣下去？

就我的願望而言，實在不願意過現在這種生活，不願意在安靜的辦公室消磨精力最充沛的青春年代。我希望像去年那樣，奔走在高山大野，活躍在火熱的戰鬥的生活中。

這是不是對自己另外的一種考驗？

對於目前的處境，我肯定是不滿意的。我不願意繼續下去，我非常希望到基層，回保山，我現在需要的是實際工作的鍛鍊，而不是坐辦公室。

我真不知道是怎麼一種情緒在纏繞這我。我不安心在這兒工作，很想離開，越快越好！是小資產階級的動搖性和革命不澈底性嗎？總之我不想在這兒。很不想。坐吃奉祿，卻不能為人民工作，心裡能不慚愧嗎？

三月的最後一篇日記是二十七日寫的，就一句話：

「春天已經過去了。一九七〇年的春天，對於我，是一張空白。」

筆者在昆明市推薦的「教育革命」典型進行調查研究。壞典型系昆11中。昆9中則為先進典型。圖為在昆9中調研結束時與該校領導班子合影留念。前排緊握「紅寶書」、衣履不整的老者，就是管理該中學的貧下中農代表。筆者站位前排左起第三。

十五、親歷「通海地震」

一九七〇年的春天對於我幾乎是一片空白。對於昆明、雲南和整個國家，這個春天恰恰異乎尋常地殘酷與血腥。

新年伊始，北京就接二連三發出《關於打擊反革命破壞活動的指示》、《關於反對貪污盜竊、投機倒把的指示》和《關於反對鋪張浪費的通知》三個文件，號召開展重點「打擊現行反革命分子」的所謂「一打三反」運動，全國各地競相開展製造冤假錯案、抓人和殺人的大競賽。為了方便殺人，尤其政治犯，中央將死刑的審批權下放給各省、市和自治區。資料介紹，從二月開始的的短短一〇個月間，全國共抓捕了「反革命分子」等二十八萬四千八百名，其中殺人九千餘。

三月五日，包括著名民間思想家、二十七歲的遇羅克在內十九名京城政治犯以「該犯罪大惡極，民憤極大，依法判處死刑，立即執行。」

同月，湖南長沙開了兩次大的殺人大會，每次處決近百名犯人，其中一半以上是政治犯。

同月，海南白沙縣女醫士官朋華在監獄裡寫文章罵林彪，被廣州軍區判處死刑。槍決前用一節竹筒塞進她嘴裡，穿上鐵絲扎腦後，以防止行刑時呼喊口號。

同月，甘肅省會蘭州將二十多名死刑犯架上卡車遊街示眾，然後槍決。被殺者之一、甘肅師大歷史系老教授張師亮，僅僅在該系學術討論會上說過，毛澤東「階級鬥爭，一些階級勝利了，一些階級消滅了，這就是歷史，這就是幾千年的文明史」說法不妥……

稍早的二月十七日，南昌二十二歲的青年吳曉飛被槍決。罪名是他寫過兩篇論文，說文化革命「是一件反常的政治事件」、林彪「神化毛主席」、江青「是文化革命中無政府主義泛濫的根源」、對劉少奇的迫害「不擇手段、不通情理」……

稍晚的八月，銀川市大張旗鼓槍決了「反動組織」：「共產主義自修大學」十三名青年學生。首領吳述樟僅二十二歲，其罪行是在《毛主席語錄》「再版前言」空白處寫過「放屁」二字……

所有這些，我都是後來才知道的。雖然身處上層機關，爬滿長青藤的牆垣卻把我們和整個世界隔絕了。甫漢肯定是全知全能的，但他什麼也不會告訴我們。他只喜歡讓我們在花園裡學文件，過著與世隔絕的無聊日子。

元旦是周四，《人民日報》發表了氣壯山河的社論《迎接偉大的七十年代》，由曲弦帶領大家學習。這類活動甫漢一般是不參加的。大家禮節性地說說體會，接著就由曲弦發表看法。喜歡沉思默想的曲往往能從滿紙套話、大話、空話的字裡行間，讀出別人不曾覺察的新鮮訊息。社論激情豪邁地對剛剛過去的六十年代進行了回顧，同樣信心十足地對新十年作了許多激動人心的預測……實際的情況恰恰相反，當七十年代結束時重新回顧，人們會發現《人民日報》的高論偏偏成了未來十年實際政治事件的反諷，毛澤東最心疼的文化大革命，正是在這個時段澈底地破了產。幾十年後，我能記得的，僅僅是大家對該社論文采的嘖嘖讚賞。比如：

舊世界風雨飄搖。一座座火山爆發，一頂頂王冠落地。在整個地球上，再也找不到一塊帝國主義的「安定的綠洲」了。

不管美帝、蘇修怎樣互相勾結、互相爭奪勢力範圍，不管它們施展多少陰謀詭計，發動什麼樣的侵略戰爭，都逃脫不了注定滅亡的命運。它們的日子不會太長了。

革命在發展，人民在前進。一個沒有帝國主義、沒有資本主義、沒有剝削制度的新世界的曙光就在前頭。

幾十年後，我在網上查到了這篇社論的原文，還讀到四十多條跟帖。後生們的貼子非常有趣：

難道那個時期的領導人都是弱智？悲哀。只能一聲嘆息！

滿紙荒唐言……火紅的年代和金錢的年代，同屬變態……

但是，七十年代開年伊始的中國凶信終以任何人都無法抗拒的形式直接傳進了昆明軍區八號：就在學習這篇社論後的第四天，一月五日凌晨一時零分三十七秒，和我同居一屋的張德鴻、卜降奇和李文輝從熟睡中駭然驚醒——是在八號院後邊的一幢附屬平房：小屋正好四張單人床——三人驚嚇而起，拚命搖我的床擋：我正沉睡不醒。他們大叫快起來，注意！注意！注意！為什麼屋子搖動呀？——大家只管叫，卻誰也不知道往外跑，一個個傻傻地披衣立著，妄作空論：「是否蘇聯打來了？」「在哪兒扔原子彈了？」後來確實又有幾次搖動，都很微弱。我睡意正濃，乾脆動員大家，睡吧睡吧，等天亮再說——四人果然又酣然入睡。

這些年，毛澤東總是告誡百姓要打仗要打仗，要大家「備戰備荒」，挖防空洞。我們有時沒時，夜半深更地被叫起來「戰備拉練」。「狼來了」喊得太多，大家反倒麻木了。我們四人堅持睡到天亮才起床，這時已傳來消息，說玉溪專區的通海、建水一帶發生地震了。具體情況甫漢肯定是第一時間就已得知，而他恰恰從我們辦公室蒸發了——我們好幾天都沒有再見到他。關於這次地震的更為確鑿的訊息，是地震發生四天後，《雲南日報》刊出的一則顯然經過嚴格審查的、輕描淡寫、語焉不詳的消息：

「新華社昆明八日電：一九七〇年一月五日淩晨一時，我國雲南省昆明以南地區發生了一次七級地震。」

這次被地球物理專業定義為「通海地震」的大地震，事實上是中國災難史上死亡人數和危害程度僅次於唐山大地震，與二〇〇八年發生在四川汶川的大地震等量的三大地震之一。後來證實的情況是：通海地震震級為裡氏七點七級。受災面積八八〇〇平方公里。地震造成一萬五千六百二十一人死亡。震中通海全縣死亡四千四百二十六人，占當時總人口的百分之二點六四。許多自然村夷為平地，有的村子僅剩下兩三名婦孺，倖存者在極度驚恐和精神創痛中苟延殘喘。與通海毗鄰的峨山縣城逢五趕集。四日下午，從四面八方彙集來、準備第二天趕集的人，將兩層樓的大旅社擠得爆滿，過道上還加了地鋪。地震將這幢填滿了山民的樓房夷為平地，當即砸死二百餘人！昆明工學院教職工一百四十餘，正待在設於峨山縣小街鎮的所謂「五七幹校」接受政治洗禮。幹校宿舍是一幢空置的倉庫，當倉庫厚重的牆體和巨大的屋架被地獄之神突然推倒，九十多名大學教師整整齊齊地被砸死在床上，無一倖免。住其他地方的四十多名老師也全部罹難。建水縣曲溪中學一百六十八間校舍全部震毀。一月四日正是周日，留在學校的師生一四七人，是夜五四人被壓死，三十一人重傷、五十八人輕傷。校內只存一古廟屋架，像垂死的枯骨無望地向漆黑的上蒼吶喊。

接下來得到的訊息更加讓人莫名其妙：中央為這次救災提出了十六字方針：「自力更生、奮發圖強、發展生產、重建家園」；災區「人民」立即加碼：「對於地震，我們就是不怕。一千個不怕！一萬個不怕！」他們主動提出「三不要」的「響亮口號」：「不要救濟糧、不要救濟款、不要救濟物。」對於支援，他們的態度是：「千支援，萬支援，送來毛澤東思想是最大的支援。」當地政府明確宣布，除了「紅寶書」和慰問信，其他一律不收！

滿目廢墟，死屍遍野。整村整村的人壓在殘垣斷壁、土塊瓦礫下哭泣著等待救援，可是一卡車接一卡車運來的，竟然是《毛澤東選集》、《毛主席語錄》、《毛主席詩詞》、慰問信和毛澤東像章！一月十日，《雲南日報》的報導有如下敘述：「……廣大貧下中農說，地震震不掉我們貧下中農忠於毛主席的紅心。」「震發後，省革命委員會派人，星夜兼程把紅色寶書《毛主席語錄》、金光閃閃的毛主席畫像送到了災區群眾手中」。

雲南人民廣播電臺記者楊凱這樣敘述了他的災區經歷。地震當天下午七點（第一次強震發生已過去十九個小時！），電臺領導突然通知正在打籃球的他馬上出發。如今最多兩小時的車程那天整整走了一夜。卡車直接把他們送到了震中地區的建水縣曲江鎮，安頓在部隊營區一個鋼結構的大棚裡。領導交代的任務是，重點瞭解災民如何在廢墟中尋找毛主席的著作一類動人事蹟。幾十年後，他所記起的地震印象有兩件事：一是到達目的地，眼目所見，完全一片廢墟，老太太在廢墟上向天長哭，十分凄慘；二是同行的新華社記者王某，睡眠時有磨牙習慣，在死寂廢墟之夜他的磨牙聲尤其響亮，把大家全驚醒了。第二天一早哨兵就專門來問，說晚上聽見大棚裡有鋸片的扎扎聲，是否發現有階級敵人鋸大棚的鋼柱？

甫漢不在了，據說跟譚政委去災區了——反正我們不知道也不想關心，和市民一樣，我們開始關心自己的安全和生命。不管政府怎麼封鎖消息，整個昆明已經亂成一團糟。滿街都是塑膠薄膜搭建的窩棚：或在開闊地搭建「三稜錐」；或者在行道樹邊，依樹而搭，只用一根竹棍或木棒就夠了；樹叢中就更簡單，隨便張一塊布或者油毛氈就解決問題。被炸毀了的文化宮舊址最為壯觀：如果拍戰後廢墟，完全可以不用花錢搭外景。偉人和政府當局總是危言聳聽地訓誡中國百姓：「個人的世俗生活多微不足道，只有解救全世界受苦受難的階級兄弟，你的生活才具有意義，可是當個人生命真正受到威脅時，中國人同樣會為保護自己而使出渾身解數，表現出超人的智慧。」

和外面五花八門、破破爛爛的塑膠棚、油布棚相比，軍區八號和九號前面的地壩肯定是最美妙的地段了。讓士兵們統一架起一排排鋼筋支架，再擔上一行行粗大的龍竹竿，然後將巨大的軍用卡車帆布蒙蓋上面，蒙布下就構成了一巨大的、漫無邊際的黑暗空間。每到黃昏，所有家屬和軍人都捲著席子和被褥往裡面鑽，尋找舒適空間過夜——雖然實際上怎麼也不會舒服。和大院外的老百姓相比，實在很不錯了。

我們八號情況就更好。張德鴻把木床從房間裡搬到葡萄架下，還用繩子掛起來，再蒙上塑膠薄膜禦寒。我開玩笑說他成阿拉伯的公主了。我占領的位置絕對更加有利：八號後牆邊停的一輛廢棄中吉普。輪胎早已報廢。鐵輪箍直接著地。車殼很厚，即使牆倒下來也不至於砸扁。車內正好睡一個人。我甚至還不知從哪兒找來蠟燭，嵌在車窗邊，點燃，悠哉悠哉地夜讀閒書：這一段亂世綠洲的日子讓人終身難忘。我記憶中的一九七〇年一月很冷，壓根兒和「春城」的美譽不搭界。每日晨起，看見花園裡滿地白霜，我總會想起滿街抗震棚下冷得哆嗦的可憐百姓。

後來甫漢就回來了。他整日價悶悶不樂，關於災區的事，他滴水不漏，偶爾還發發牢騷。只是告訴我們，要在全省範圍對地震開展「群測群防」，要注意有沒有雞不進廄？狗亂咬亂叫，甚至咬主人？井水突然往上冒？八號是沒狗沒雞沒水井的，無法觀察這些異象，甫秘書就對我說：「你是學工的，做一個地震儀吧！」我馬上遵命去買來電鈴、乾電池，又以譚辦名義，請冶金機械廠師傅為我們無償加工了一顆小銅球、一支銅柱和八塊小銅片。我把銅片和銅柱固定在木板上，分別接上電池的正極和負極。圓柱居中，銅球置於銅柱頂上，銅片則代表八個方向——模仿兩千年前張衡的侯風地動儀——只是沒有威風凜凜的龍和張開大嘴的蛤蟆裝飾，一旦發生震動，銅球滾下來倒在相應方向的銅片上，接通了銅柱和相應銅片的電極，於是電鈴大響，眾人就抓緊逃命。除了乾電池和電鈴算得現代化器件，這個裝置比兩千多年前張衡的發明要土了許多。

慢慢地，我們便知道了些災區實情。甫說，他確實跟著將軍去了建水、通海、峨山等重災縣，看見死人太多，將軍便下令要所有人都就地掩埋。其辦法是，用推土機推出寬兩米左右的深溝，像加工沙丁魚罐頭一樣，把屍體一具緊挨一具碼放整齊，推埋幾十公分的土，上面又碼第二層，然後再推土，再第三層，直到高度與地面齊。我們在前面不是說到昆明工學院有一百三十八名教職員工在地震中死亡嗎？遠在昆明的老師得知消息，連夜去昆明鋼鐵廠借了兩部卡車，狂奔現場將屍體全部運回來，擺放在學院廣場暴屍，等待家屬從全國各地趕來認領。那年頭講革命化生活方式，死者多為分居的單身漢；通訊和交通之落後也沒法說，等認屍的家屬趕來，有的早過了十天半月。好在天氣畸冷，還沒屍體腐爛。此事公然違抗「必須就地掩埋」的命令，惹得譚將軍雷霆大怒。更何況這些死人全是知識分子！雖然該大學是八派老窩，深得將軍倚重，可是，「你們就該搞特殊化嗎？難道知識分子就比當地的貧下中農高貴嗎？」他嚴令申斥，要該校領導必須深刻檢討，一次不行，寫二次；二次不行，三次……說到這事，甫秘書對譚將軍做法頗多微辭，我們是從他的牢騷裡才聽出些真相。

地震時期，雲南人有一句振奮人心的口號：「地震失去的，我們要加倍讓地球償還！」僅僅聽聽喊口號這勁兒，你就足以感覺雲南人類對地球有多仇恨。事實上，被文革搞得精神錯亂的昆明人，在此前已經開始荒唐地發洩這種仇恨了。

事情具體是從一九六九年十二月二十八日開始的。內容是向滇池發動的「奪取良田萬頃的人民戰爭」，簡單的定義就是：「圍海造田」。《雲南日報》的記者們在東風廣場十萬軍民參加的「誓師大會」現場發出了如下報導：

紅日剛剛從東方升起，來自晉寧、呈貢、富民、西山、官渡、五華、盤龍各縣區的工人階級、貧下中農、解放軍指戰員、紅衛兵小將、革命幹部和革命知識分子，高舉紅旗，手捧紅寶書，敲鑼打鼓，迎著朝陽，精神振奮，鬥志昂揚地進入會場……

「省、市革委會負責人」宣布，此舉是「遵照偉大領袖毛主席關於發展農業生產的教導，改天換地，對於發展農業生產，掀起社會主義革命和社會主義建設高潮，備戰、備荒，培養一不怕苦、二不怕死的革命精神，鞏固無產階級專政，都具有重大的意義。」

從第二天開始，昆明地區的工人、農民、軍人、機關幹部、學校師生在四個月、即一九七〇年整整三分之一的漫長時間裡，一律停產、半停產、停課、半停課地參加了這一愚蠢「壯舉」。具體工程內容是：在滇池草海橫建一條六公里長的大壩，然後抽乾壩內湖水；同時，從滇池西岸的山上炸石取土，用船運來東岸，在排乾的大壩之內填進約一米厚度泥土，從而造出約三萬畝農田。

填海工地離城區十餘公里，軍民人等每天都需自帶工具前去應卯，當然都是些肩挑背磨的重體力活。工人和軍人還好，至少早去晚回尚有卡車運送。最可憐是中小學的孩子們，除了幹活，來來去去都得靠雙腳步步行走。每天清晨，帶上家長準備的冷飯，放一點鹹菜，背一壺水，就和同學們從市區出發，步行兩個多小時方能趕到滇池邊，黃昏回家，早以疲憊難當，行程就顯得更加漫長了。指揮部給娃娃們安排的任務是填土，即用扁擔和糞箕把從西山船運過來的泥土挑來傾倒進大壩圍出的湖裡。泥擔本夠沉，道路又是剛用淤積的湖泥堆出，軟綿綿，搖晃晃，行走難度之大可想而知。孩子天性貪玩，尤其男孩，休息片刻，閒不住便踩去尚未填實的淤泥裡摸螺螄，淤泥或深或淺，某校男生即因此慘遭不幸，被淤泥湮沒了頭頂！可憐娃娃累了一天，還得回家呢！還得步行十多公里呢！受不了了，膽兒大的，便去爬「飛車」：都是拉土的翻斗車。勞累一天的駕駛員心裡鬱悶正想發洩呢，發現有學生爬車，有的故意將車斗升起，把學生們甩個淩空飛墜，四腳朝天！

農民的任務也不輕鬆。他們的任務就是炸開西山，取石取土。巨繩纏腰，身吊懸岩，農民們就這樣在空中一錘一錘地砸出炮眼，然後裝藥，然後引爆——如今聞名海內的西山風景區，那年月整日轟隆隆陣陣亂響。炸出的石頭和土先得運到湖邊，再抬搬進船倉。水上運輸是靠船來進行的，小的船僅能裝三、五塊石頭就壓得往下沉，大的雖可裝上十、甚至幾十塊，可船大靠不了岸，只能用小船。四人一船，每天必須完成十船土，完不成得連夜加班；陸上運輸則由翻斗車和人共同完成。這樣，農民同時又成了機器的奴隸。那時汽車少，車一來，農民就得七手八腳忙不迭抬石裝車，一旦誤了裝車時間，抬石人、還有前面說過船運人都得倒楣。何為倒楣？一是當天的免費伙食沒有了，二是挨批鬥：頭戴一圓錐形尖頂白色高帽，臂套一白色袖套，罪名是破壞「抓革命促生產」。據當事人回憶，這種被批鬥的破壞分子不少，幾乎每三天都有一次小批鬥，一周一次大批鬥。每天七點半吃早飯，十二點半吃午飯，下午六點半吃晚飯，任務完不成，規定加班加點，夜裡再供一頓飯，剩下的時間，就老老實實幹活……

終於，大片湖水沒有了。大片山林沒有了。

地震的現場我們沒去過，除了甫漢。圍湖的現場我們也誰都沒去過，那是昆明市革委主抓的事。我當時在昆明民間無任何親人朋友，連街傳巷議的新聞也聽不到，直到後來所謂舉辦「圍海造田」偉大成就展，展示昆明革命群眾戰勝滇池偉大成果，我才知道那兒的場面曾經如何壯觀。事實是，這三萬畝被圍出來水田、即被稱為「五七農場」的水域，後來根本沒辦法種莊稼，到處塌陷，到處水淹，只長雜草，不結果實，實際上常年荒廢，直到幾十年後開放了，這兒終被鑽頭覓縫的房地產開發商盯上，於是修起一片又一片的時尚別墅區，塌陷出的水窪，正好點綴出一灣灣小橋流水。每次走去那兒，我都會想起了隨煬帝之修運河。「人道隨亡為此河，至今萬里賴通波。若無水殿龍舟事，共禹論功不較多」。我不知道圍湖對於昆明生態的破壞和這人造地塊及上面的房地產產業對昆明GDP的貢獻，誰更重要？

關於一九七〇年雲南的春天，政治領域的故事如果還需要補充，就是「劃線站隊」幾乎把一切都掩蓋了。在全國鬧得沸沸揚揚的「一打三反」，這兒幾乎就沒有特別的反響。抓了些多少人？槍斃了多少人？這些，在我的工作筆記都沒有查出來。只記得街頭隨時能看到布告，犯人圖形有不少稚氣未脫的孩子面孔。在兩年後一次落實民族政策的座談會上，一件事讓我把一九七〇年布告上的孩子聯繫在了一起，案件發生在西盟自治縣。一個佤族山區孩子，沒有玩具，就用樹條和牛皮繩做了一把土弓弩。春光正暖，大人都下地了，孤獨的孩子就坐在家門口的地壩對著土牆練射。一枝箭正好穿過門縫，射到屋正中的毛澤東標準像上，於是立即被定為現行反革命抓了起來。

一九七〇年的布告上，類似的孩子很多。

上：愚不可及的「圍海造田」，勞民傷財，把高原明珠滇池搞得烏煙瘴氣。這是圍湖工地現場照。

下：圍湖工地現場照。

十六、歷史的「書記員」

仔細清點我的工作筆記，一九七〇年的一共有三本，密密麻麻記滿了許多我已經忘卻的事件、人物和數字。比如昭通問題：

「學習班從二十一日開始。四十八位幹部參加，三分之一是地、縣委常委，主任占三分之一。紅旗派十八人，八一派三十個。其中鐵桿十二至十三個。」

「三十一日成澤民作報告，八一派很激動，認識到過去受矇蔽，常庭范（地委書記，專革委常委，八一派。出身金融地主，報富農）當場表態，說自己錯誤太大，把派性帶到革委會，造成七百多人死亡。」

「三月四日，譚政委做了指示，震動更大。大家進一步端正態度，對問題進行揭發。」

「周興蹲了二天。二十五日做指示，他說昭通問題，無非三條，一是打官司，二是看一看，三是積極解決問題。」……

又比如「一打三反運動」：

「通用廠十二個委員，十一個有問題。最多涉及九百多元」「紀小友作案二十三起，本廠作案六千元，加上在外作案共二萬元」「政治案件二起，一為七一三用炮打寶像，二為破壞機床。另一起是通敵叛國（與梁曰文有關）貪污八起，翻案五起。線索一百七十一條」

「輕工系統。好的廠一五個，占百分之二十六。依靠本單位的力量能夠把運動搞下去。領導班子沒重大問題。群眾初步發動」。紅衛造紙廠：「甘海清已自殺。揭出廠蔬菜站一人貪污，一四九〇元」；二玻璃廠：「王新福帳目不清九〇〇〇多斤。」

一般的二十八個。「領導認識不足，敵情觀念弱，群眾有顧慮」。鋁製品廠：「主任是老好人。領導班子有問題，抓好了可以起來。」；輕工機械廠：「揭出一個殺人犯，一個壞份子，都與政工組長戴玉昆有牽連。二百六十人，只有四十至五十人上班。」；膠木製品廠「工人李其君被寫大字報，馬上大吵大鬧，污蔑軍代表亂搞男女關係，搞得軍代表灰溜溜。」

差的一四個。衡器廠。「組長貪污四〇〇多，一個委員搞投機倒把，一個女委員搞男女關係……現反三八，貪污一〇〇元以下　二人，一〇〇至一五〇　十一人，五〇〇至一〇〇〇元　七人，一〇〇〇元以上十人；最高四四〇〇元。」；棉毯廠：「二人作案五十八起」；燈泡廠：「一人偷燈泡一〇五〇個，賣了一二六七元；另一偷一〇八五賣一四五〇元；挪用公款四人；盜賣糧票三人，五〇〇至一〇〇〇斤的兩人；一〇〇〇斤以上一人，數量不清」……

這些現場會議記錄是何時所記？何地所記？參加人是誰？會上都發生了什麼故事？至今已了無印象。對於當事人，上述每一句話很可能都代表著一個刻骨銘心的悲劇，而對於我，僅僅是一頁可有可無的廢紙罷了。如果完全不讓我知道這些也許會好得多，可八號的工作性質偏偏要我知道卻又不能參與，甚至連在十一中那樣表達自己觀點也不允許：對急於向社會證明自己的年輕人，這是多痛苦的事！我覺得自己已整個兒被孤立。我必須尋找解脫的方法，突圍。

許多個難眠之夜，我為匆匆流逝而去的年輕歲月焦慮，為荒廢多年的專業知識嘆息。審視曾經的全部生活，我感覺忽有靈感來襲：原來，我的潛能也許並非設計電機，也非聽鼓應官、走馬蘭臺。文學，難道不該是最能發揮潛能的領域嗎？那篇被最高當局批為「大毒草」的「大塊文章」，不管怎麼說，確實曾把整個四川都攪動了！來邊疆不過八月，我一篇關於死於田野的山民何高問的文稿，雖然同樣引過非議，但它帶給雲南的，首先是轟動一時——這莫非是命運的啟示？大學的專業學習不能說明一切，秘書堆裡無奈的應對也不是我的歸宿。真正屬於我的，應該是文學。我想起了魯迅、想起了郭沫若、想起了夏衍、周揚……他們不都是學醫、學工最後又半路出家嗎？我還想起歷史上許許多多文學巨人，他們不正身逢亂世才寫出了偉大作品嗎？命運在冥冥之中向我召喚——不管繁華喧鬧的新聞、「社論」、講話……成天虛張聲勢，大呼小喊地粉飾太平，我卻憂心忡忡。我相信掩蓋在社會火山之下的災難岩漿隨時都會一觸即發。既然命運已經不可能讓我撲於繪圖板上，在計算尺和高次方程中尋找安寧——那麼，作一個時代的書記員，把我親歷的所有苦難記錄下來，我卻能夠辦到的。這不需要什麼特殊的客觀條件，有一隻筆、一顆誠實的心就夠了。

我決定選擇寫作。七月二十的日記上，我這樣告誡了自己：

要實現自己的理想，是不能受環境影響和條件的。關鍵在於個人，在於自己的努力，在於不惜從每一件小事做起。

等待我記錄下來的故事實在太多，幾個月來邊地生活中遇逢的各種大人物和小人物（我的老鄉、艾蕪先生的成名作《南行記》，不就記錄過許許多多類似的人物嗎？），文革中的人物和故事就更多了。我體驗著馳向文學殿堂的興奮和寫作實踐的最初快感，並鑽頭覓縫尋找幾乎完全空白的文學創作知識。不再為時間難以打發發愁。我痛感自己太需要學習。

某日，忽聽得省委二號院儲藏室堆放了很多文革「破四舊」查抄的書籍，我馬上慫恿書痴張德鴻和我一起去煽動甫漢，藉口要找參考書為工作服務。甫本來拿我頭疼，只要能讓我安靜下來就成，痛痛快快便一口答應。他給有關人員掛通電話，我和張跟即便騎車前往了。

貯藏「查抄書籍」的屋子位於省委辦公大院一棟寬大舊樸的灰色平房。管理人員將蒙滿塵埃的房門打開，那一剎那，我和張教授都有點不知所措，這哪兒是在藏書呢？眼前分明是一巨大的、不折不扣的垃圾堆！成千上萬的書籍厚厚薄薄、大大小小、大部頭、小冊子、平裝、精裝、硬皮、軟皮、成色尚新的和早已古舊、線裝的古籍善本，全被胡亂扔一起，堆積如山。書堆裡還七零八落扔著些莫名其妙的雜物：過時的「紅衛兵」袖套、揉成一團的「戰旗」，缺了嘴的破酒瓶、開了裂的趿鞋……書堆上胡亂扔些鼠印。懸在空中的蜘蛛用冷冷的鼓眼睛瞧了瞧我和張教授這倆不速之客，繼續漫不經心地編織它的版圖……

對於讀書人，這兒應該是阿里巴巴眼裡貯滿珍寶的山洞，可那一剎那，我想起的偏偏是法西斯納粹囚滿了猶太人的集中營。滿屋書籍，不正是恐懼等待著投入焚化爐的囚徒嗎？這些書籍既無交接手續，又無出入登記，我們把它們整個兒搬走都不會有事的。可惜，我和張老師就兩輛單車，我們不能拯救出來多少；還有，革命年代早把我們嚇得膽小如鼠，我們每人只敢用單車各自馱了一車就匆匆歸去。回來清點了一下，除了裝點門面的幾本馬列著作，其餘概有：影印版魯迅雜文、解放以來新聞寫作精品、《靜靜的頓河》全套、線裝本《明史》，還有無產階級作家高爾基和傑克倫敦的小說：它們成了我文學寫作最初的啟蒙老師。

中國古人云：「小隱隱於野，中隱隱於市，大隱隱於朝。」直接躲避到鄉下去，與世無涉，從實際物化條件對環境加以改變，算不得創造；「中隱」和「大隱」就需要勇氣和智慧了，物質環境難以改變，你就用極大的想像力，為自己營造一個精神生活的空間，對抗或者補充你並不滿意的物質空間，然後安居其中，做你希望做的事。這個精神環境完全是由你自己做主的。

我覺得開始突圍並且初獲成功。在當時的雲南，我算得身居廟堂，雖無「大隱」境界，「中隱」是算得上的。

十七、匿名信事件

文革瘋狂後的大學生們都已經變得冷靜和聰明。可是也有一種人，或理想主義難以悔改，或虛榮實利尚未圓滿，依舊沉迷於文革的政治快感而不能自拔，於是如撲火飛蛾，繼續以身試火，必招致澈底毀滅方肯罷休——我到省委機關四年後，正是因為一個叫華燕軍的、過了時「學生領袖」牽連，讓我於了無預感之時，被一巴掌打入了社會最底層：本書後面的章節將被他占去許多文字。現在我先介紹另一短命的撲火「領袖」——沈志清。

沈志清，重慶建築工程學院「八一八戰鬥團（八一五派）」一號大佬。沈矮而胖，氣色極好，永遠笑咪咪的，他的形象總讓人聯想起殷實的鄉下財東，他最慣常的綽號則叫「胖墩兒」。既然當了學生領袖，畢業分配選擇單位的優先級自然屬第一等。沈如願以償參了軍，到昆明軍區後勤部設計所做了一名正兒八經穿軍裝的技術人員。如今「一顆紅星頭上戴，革命紅旗掛兩邊」，他是到哪兒都如入無人之境。還有，拉關係本係他一大愛好，一旦與人（尤其領導）套起近乎，他總是才華橫溢，熱情四濺。四季如春的小城昆明本是很多外地人嚮往的養生之地，沈志清到此則更多為政治考量。五十四軍駐防重慶期間一直是八一五派的「堅強後盾」，沈兄追隨五十四軍轉戰來滇，直接投奔麾下，當然是想在「老領導」蔭庇提攜之下再展鴻圖。前面說了，九大黨章正式冊封林彪為中共接班人，其權勢傾天下，林的嫡系五十四軍來雲南：這背景足夠讓沈將拉關係的激情和智慧發揮到極致。拉關係是需要一個伙伴的，如遊俠騎士唐吉訶德之需要一個桑科，我於是成了他的桑科。

因有一身「黃馬褂」，沈來八號找我遂如無人之境。他找我，並不喜歡空空洞洞話說天下大事，他就喜歡說雲南、說昆明軍區、說軍區後勤部——像一位末日預言者，隨時隨地都憤世嫉俗又高瞻遠矚地宣布他發現的雲南問題、軍區問題有多嚴重；而且顯然準備把他的憤怒和見解付諸行動。每次來八號，一踏上鋪著白地毯的大廳，他總是大聲武氣地直呼我名字，好像向全世界宣布周孜仁同學的某樁罪行。

當局安插在昆明地區的五十四軍軍官，我記得起、打過交道的，大軍區一級，有副司令員韋統太、副政委藍亦農、政治部副主任劉潤泉、通訊兵部部長陳玉寶，作戰部部長童俊閣，省軍區則有政委雷遠高。順便補充，雷後來曾擔任雲南省委常委，與正在省委辦公廳作秘書的我交道就更多；再後來林彪事發，他被中央欽點為林彪死黨，自然給我惹來的麻煩也就更多——這些留待後面再說。

沈每次約我去上述家庭「公關」，與「老首長」交談的，都是些神神秘秘的政治糾葛。政治本是我業內之事，而且已多少領教過些遊戲規矩，因此聽多說少，沈兄在重慶屬「領袖」級人物，來昆數月竟然只能默默無聞做技術，政治上輪不著他出風頭，因此到了「老首長」面前，總是委屈得像個飽受欺辱的娃娃，一旦說話，總是口無遮攔——依我觀察，老首長對於沈的放肆，總是當作任性娃娃的一時之氣，一笑了之。

「老首長」的寬厚偏偏常給沈的私謀之心火上加油。

沈於是開始怒火中燒，怒火中燒的極端表現，就是把滿腔怨恨直接潑向了「八政委」譚甫仁。重慶歲月，五十四軍的大佬們和你並肩戰鬥情深意長，可現在是在昆明呢！人家都端譚將軍的飯碗啊！怎麼容得你小小兵蛋子如此囂張詆毀自己上司？再說，論起家族譜系，譚甫仁原本也是五十四軍老首長呢，容得你如此不恭嗎？沈志清的這類「公關」總是以熱熱絡絡開始，又總是以鬱鬱不歡而終。軍官們對沈的送別詞都是：「沈志清！你現在是在雲南！不是在重慶！是在軍隊！不是你的八一五！別再來那一套造反派脾氣！」

沈當然不服氣，每次公關返回，他總要對我發洩，而我照例先知先覺地勸慰幾句，要他安分守己。我自以為在軍區八號俯看雲南政壇的荒唐，比他這過時的政治大佬更有發言權，也更理性。人就是挺怪的，偏偏找到了一個客體當了自己替身，才會發現自己的失誤。在沈志清的莽撞面前，我成甫秘書了。於是五十四軍的將領們對我印象，似乎更好。

「胖墩兒」後來果然出了事。

日記記錄的時間是六月二十，週日。我和他到省軍區去拜訪政委雷遠高。雷也住一別墅院，只是房屋結構簡單，環境也決不寬綽——某次我去雷家，不知怎麼正好看見桌子上放著一張繳費通知，該別墅的房租是每月十來塊錢。那時中國的物價真便宜啊！一九七〇年六月二〇日那天我和沈去雷家，是秘書朱先旦開的門，才走進院子，朱就拉長臉劈頭蓋臉逼問「胖墩兒」：

「沈志清！你是不是給誰寫過一封什麼信？」

沈有些尷尬地笑笑，明知故問：「我寫什麼信啊？」

朱更加一本正經：「老實說，你是不是給譚政委寫了一封信？」

胖墩兒知道事情不妙。「沒有啊，沒有嘛……」他故作鎮靜，「我吃多啦，我給他寫什麼信啊？」沈否認得非常憨厚非常認真，對方稍顯平靜了。

「你沒寫就好。」朱說著把我們帶進裡屋，一路上還繼續囑咐，「沈志清，你可別瞎來啊！你出事，是要給首長添麻煩的。」

沈越發憨厚了：「不會的不會的。」

沒想到雷政委的表情也非常難看，一見面也是那句話：

「沈志清！你是不是給譚政委寫了一封什麼信？」

雷的口氣比朱秘書更厲害。胖墩兒真的緊張了。雖然還是故作鎮靜地答，還是強裝憨厚地笑，雷的責問卻越來越嚴厲，而且同樣強調：「你出事，不僅你一個人——也會給五十四軍領導添麻煩哪！」雷的話比朱秘書分量重多了。雖然胖墩兒還是一個勁兒地狡辯：「沒有啊！我給他寫什麼信！我吃多啦！」但氣氛已極度尷尬，再待下去毫無意義。這次以拉關係為目的的拜訪必須儘快結束：我代替沈提出告辭。

雷沒有半點挽留的意思。

朱把我們送出門，接著又把我單獨拉進去，非常嚴肅地告訴我說，好像就是沈給譚政委寫了一封什麼信，信中可能牽涉到五十四軍的首長，一是要我做做沈的工作，叫他別胡來；二是要我具體摸摸他的信到底寫了些什麼？為什麼寫？有沒有特別的背景？等等。

我也真有點吃驚了，認真問朱：「你不知道什麼內容嗎？」

朱說不知道，但有封信肯定是真的：軍區正在追查。從小道傳來的情況分析，估計就是沈志清寫的。朱說沈在後勤部行事太張揚。大家都知道他和五十四軍首長的關係……

我忙說一定一定。

沈的情緒很沮喪，後來幾乎就沒再主動來八號找我。既已受朱秘之託，我也真地主動去了幾次後勤部沈家，想把寫信的事弄個水落石出，可不管我怎樣轉彎抹角下套，他都矢口否認。我又再次轉彎，從我對譚政委心態的分析，向他陳述相關問題利弊。我說，雲南目前的問題，尤其「劃線站隊」之後出現的八派一派掌權，炮派頭頭怨氣沖天，總想伺機翻案——這些情況，其實譚心裡明白得很，他也不是不想糾正。但是自古以來，當權者的事你也不是不知道，從來是知錯、改錯，就是不能認錯，一認錯就沒權威了。雲南的兩派矛盾，通過劃線站隊，已被譚自己搞得積重難返，他其實頭疼得很呢！要糾，也只能走鋼絲，今天給這派屁股上幾板子，明天給那一派屁股上幾板子：這些醜事是千萬揭不得的！我告訴胖墩兒，你要給譚政委寫信，也只能說形勢大好，不是小好，而且越來越好。在肯定了形勢大好的前提下，你再說幾條「建設性意見」是可以的。你一否定大好形勢，他肯定痴火。「我就在他辦公室，他心裡想些啥，我比你清楚。」不管我怎麼用各種說辭套他，沈胖墩兒依舊只是個守口如瓶，裝聾作啞，稱讚我說的不錯說得不錯。

幾週後再去沈家，正好他不在，我就和他老婆肖元福把閒話拉開了。估計已東窗事發，他老婆心情鬱悶，一見我就直發牢騷——我從中知道了事情原委。

沈果然給譚寫了信，內容肯定是攻擊了雲南的大好形勢。信件雖匿名寄出，可是根據信件內容，破案人輕而易舉就把作案範圍縮小到了軍隊、縮小到了昆明軍區、縮小到了後勤部，而且很快將懷疑目標鎖定於沈志清。偵破人員採取了一個非常簡單的辦法進行目標認定，說軍區後勤要搞一次什麼表彰活動，請沈志清也參加，要他寫一份學習毛主席著作的心得體會。為不打草驚蛇，偵破人員讓後勤部其餘多人「陪綁」，一起參加寫體會。胖墩的書面文稿交上去，經與匿名信筆跡一比對，輕而易舉便真相大白！惡毒攻擊雲南大好形勢的不是別人，正是野心勃勃的前重慶造反派大佬，現昆明軍區後勤部助理員沈志清！

幾十年後，我依舊不清楚因個人情緒而變得莽撞的胖墩兒，他的匿名信到底寫過些什麼？但無論如何，該案在軍區內部惹出的動靜確實太大，直接捅到了軍區黨委，要不，雷遠高怎麼如此看重？而且會讓秘書一再追問，深怕引火燒身？區區小事一樁，一把手竟大動肝火，派人嚴加追查，將軍之心胸，似乎又太顯窄小了。

沈胖墩果然很快被處理復員了。他本想在五十四軍的蔭庇下來雲南大展宏圖，沒承想來昆短短兩年便灰溜溜捲鋪蓋被炒了魷魚。臨行前他請我去家吃了一頓飯，算是告別。直到分手一刻，他對匿名信也隻字未提。雖然他永遠笑嘻嘻，但我知道他肯定有點黯然神傷。我不想讓他尷尬。這件事永成祕密了。

十八、與「核辦」合併

我依舊過著平靜的「中隱」生活，每天按照起床，獨自在花木幽深的八號小院內繞著彎彎曲曲的小徑長跑。後來，想不起我們怎麼還弄來一張乒乓球桌，一樓陽臺空曠，放那兒合適極了。這樣，我的生活又多了一項內容——打乒乓球。辦公室除了軍人仨巨頭和年齡偏大、性格古板的劉老當，其他人都參加打。鍛鍊身體是延續生命最好的辦法。當遭遇厄難，當身處逆境，當缺乏機會，被痛苦折磨得別無他法排遣……那麼，你就鍛鍊身體吧！命運如果總是不給恩賜，那就儘量讓生命延長吧，相對綿長的歲月總能給你提供機會的。

後來，打乒乓球的同事們發現常有倆陌生人到八號來。而且每次來，他們總是直奔二樓去找甫漢，而且總是一進大廳就大聲宣布：

「我們摸行情來啦！」

密談之後，二人都要來陽臺和我們切磋球藝。他們其中之一身材精瘦，說話小聲細氣，一板一眼；另一個則寬顏大臉，絡腮鬍，黑邊眼鏡，談鋒尤健，每次大叫「摸行情」者，正是他。二人的球技比八號所有成員都厲害，動作漂亮，而且都喜歡秀一絕技：在正面膠板提拉時，不時用反面的光板推擋，搞得我們眼花繚亂，實難招架。

我們很快知道了，瘦的那位叫周永祺，重慶人，還在解放之初，共產黨成立西南軍政委員會，他就成了時任西南公安部部長周興的秘書；後來周興到國家公安部當副部長，他又跟著去，在公安部還打過乒乓球「部代表隊」；絡腮鬍叫胡延觀，四川遂寧人，也在解放初便當了時任西南冶金部部長郭超的秘書，郭調冶金工業部當副部長，他也跟著去，也是打過「冶金部代表隊」的。周興文革前調任雲南省省長，文革中又作為八派推薦的「革命幹部」進省革委當了副主任；郭超文革前則調雲南任副書記兼省計劃委員會主任經濟工作，胡延觀也和周永祺一樣對首長不離不棄，從一而終，跟來雲南繼續任秘書。周、胡二人都頗有來歷，一看而知是難得的精明幹練之才。以乒乓球為媒，我們又知道了，他們二人正是雲南省「核辦」的臺柱。

「核辦」是「黨的核心小組辦公室」簡稱。標誌「史無前例的無產階級文化大革命取得偉大勝利」的「九大」之後，全國各地就開始所謂「整黨建黨」，恢復黨組織的工作。正式黨委來不及成立，便用所謂「黨的核心小組」暫行黨委職能。雲南省「核辦」設在和軍區大院僅一街之隔的省委一號大院二十四號別墅院，即文革中自殺身亡的原雲南省委一把手閻紅彥的宅第。該別墅是一九五九年秋，閻紅彥以封疆大吏之尊來雲南走馬上任時讓建築工人熬更守夜、加班加點專門建造。

「閻王殿」別墅小院有閣樓、有花徑、有水池，藤蘿架上掛滿串串紫羅蘭。文革風暴初起，剛烈氣盛而又剛愎自用的閻紅彥受不了北京一伙政治新貴的強擠硬兌，於一九六七年一月八日凌晨，留一張字條「我是被陳伯達、江青逼死的」、吞幾十片「眠爾通」便撒手西去，自此小院荒廢敗落，寂寂莫名，無人問津。直到三年後亂作一團的共產黨開始重建秩序，落寞舊院才又被派上了用場。

「核辦」具體主管是時任省革委副主任的周興。周雖屬「老一輩無產階級家」，資格老過現任上司譚甫仁，可按政治上必須堅持緊跟一把手的原則，這就得讓「核辦」的人經常來「譚辦」摸行情。

「核辦」作為正式的、實際參與行政操作的機構，平日工作決不會似我們這般抽象。我們在與周永祺、胡延觀二人切磋球藝之際，常常能聽到了許多「外面」的訊息。周、胡二人都原籍四川，算是我的正宗老鄉，容易套近乎，無意間我便從他們口中得到一個與八號、從而和我個人命運攸關的重要訊息。情況如下：

雲南省黨的核心小組及辦公室是一九六九年下半年成立的，即和「譚辦」成立時間差不多。於是我便覺得事有蹊蹺，既然已有「核辦」，「核辦」的總頭本來就是譚甫仁，讓該機構直接為他幹活不就完了，幹嗎還來個鳥「譚辦」？在一個合法機構外面再重疊一個為私人服務的機構，實在於情理不合。幾十年後回頭看，在講究「人治」的社會裡，什麼事都是不能按常理來判斷的。越是莫名其妙，越是含糊不清，獨裁者更可以為所欲為。只是，隨著整個社會秩序的逐步重建，軍區八號不明不白地繼續混下去總歸不是長法。「核辦」畢竟明媒正娶，我們畢竟偏房側室，雖有專寵加身，畢竟不合正統。我從周、胡二人的談話中終於得知，我們這單位要撤銷了！

日記記錄的準確時間是七月十三日，聽說軍區「八號調研組」要合併去「核辦」。不管是否對本單位的前途幸災樂禍，反正我感覺到了一種生活與命運的轉機，於是，完全顧不得上下尊卑之懸殊，迫不及待便跑半圓形辦公室去向派頭十足的甫秘書求證。甫證實了這一傳聞，而我，頓時興奮莫名。

那一天，我在日記上這樣寫了：

> 從去年十一月五日到現在，共九個月，又要到新單位去，臨行之前，該總結一下了。這九個月我過得非常糟糕，還幹了不少蠢事，而成績卻沒有。……完全白吃人民的大米飯。返躬自省，感到很慚愧很慚愧。

我有一種解放的感覺。事實證明我「隱」得實在不夠徹底。走出半圓形辦公室，我突然又想起了不知誰說過的一句話：「每聞風飆之起，常懷凌雲之志。」我完全不掩飾自己的情緒，來到辦公室便多此一舉地向眾人宣布調研組即將撤銷的消息：其實，對於這幫機關「油條」們說來，在哪兒幹活不一樣？讓我興奮的訊息對他們有什麼意義？

合併的決定果然如期宣布。但是辦公地點還是暫留八號。因為一號大院的二四號面積確實有限。我們正式算作了「核辦」的工作人員，同時對人員作了調整。所謂調整，具體說，就是因為八號地盤大，因此還得把二十四號那邊想要調入的筆桿子補來我們這邊上班。原來「核辦」的秘書們主要做些行政方面的事情，正式成為秘書一處；八號這邊的人、以及後來補進的人基本都屬於筆桿子，改稱了秘書二處，仍然負責政策研究和文件的起草。

補進來三員大將，按派性說，是二「炮」一「八」。前面說了，調研組和當時所有省級機關一樣，人員結構以「八」為主，除了我這外來人，只有一只炮派「花瓶」：卜降奇。如今「九大」開了一年多，「團結」「勝利」喊得震天價響，「派比例」依舊如此失調，總是授人以柄的事情，因此這次加人，三分之二選擇了老炮。

炮一為毛治雄，雲南會澤人。會澤雖遠處烏蒙山區，但治銅業自古聞名。王莽篡位實施新政，第一批銅錢就是在會澤鑄造的。此地與外界其實交流甚多，自是物華天寶人傑地靈。民國初年第一代「雲南王」唐繼堯就出自該地；紅軍長征過會澤，一次「擴紅」，招兵買馬便達四千餘人，籌集了黃金白銀無數。足見此地從來藏龍臥虎。毛治雄來自冶金系統，三十出頭，精明幹練，思維縝密。既然當了炮派，「劃線站隊」肯定是吃了不少苦頭的，故來到「核辦」後行事低調，處人圓熟，一門心思讀書學習，若干年後，果然步步上升，先是給省委一把手周興作了私人秘書，後來做玉溪地委書記，再後來，在雲南省文化廳長位上安然退休：他的順利發達和功成身退都是我一直意料中事。

補進的另一「炮手」馬某，其人其事就有點讓人匪夷所思了。馬本雲南文山縣人氏，身材牛高馬大，原省委農村工作部幹部，六十年代初曾被保送中國人民大學讀過好幾年研究生，專攻老祖宗的《資本論》。那年月研究生可是稀缺資源啊！能啃得動《資本論》，理論水準和文字水準肯定不同凡響。可惜這頭文山毛驢拉出圈門一溜，馬上就澈底露餡。長得牛高馬大的馬兄除了在領導面前表現自己的謙卑恭順，任勞任怨，秘書業務方面的事幾乎一樣幹不了。他在領導面前表現的謙卑恭順和任勞任怨有如下案例說明：

案例一。那年月全民生活困難，燃料緊缺，購買蜂窩煤往往要在煤店門口排長龍守候數晝夜。領導革命工作繁忙，自然是沒這個時間的，每遇此類情況，馬兄總要顫顫兢兢竄進領導辦公室，低三下四叩問：

「×主任（×處長），要不要來點蜂窩煤？」

當然要。

於是馬兄斷然放下本職工作，去煤店門口擺上一排磚頭或廢紙板，上寫「張三」「李四」各種名頭，繼而很有耐心地晝夜蹲守，直到將蜂窩煤買好，然後蹬三輪車一戶戶送去領導家。他的班上與不上其實並不重要，反正他啥也幹不了。開始讓他記錄電話，結果記得丟三落四，連標點符號也錯誤百出，只能另派他人記錄，索性由馬自在。

案例二。同樣因為全民生活困難，食品供應緊張，辦公院內原來的花園就被開成了菜地，種些辣椒西紅柿什麼的。反正幹別的不行，老馬就自告奮勇當了菜農——這絕對屬他強項。精耕細作，鬆土施肥，除蟲間苗……他樣樣到位。菜地裡土蠶甚多，老馬每天都要用小木棍一寸一寸地撥開泥巴尋找，每蟲被捉，他都很有成就感地將破壞者放逐於水泥地面，一邊咒罵一邊處死，很是享受。到了收穫時節，他又會顫顫兢兢竄進領導辦公室，很巴結地叩問：

「×主任（×處長），要不要來點青辣椒？（或西紅柿？）」

當然要。

於是馬兄去菜地裡愉快採摘，將勞動成果裝進籃子，一家家送去。設若我輩一類普通秘書進地採摘，他馬上會走來邊上，很認真地告知，說：

「小×，你是可以摘的。但是注意，你不要摘得太多！」

最後還調進一個老八，而且是「鐵八」，不僅「鐵八」，簡直就是「鋼八」。調他進來的意圖很明顯，不必贅言了。此人叫涂曉雷。

下面就說說他。

省委大秘書們在著名風景區昆明西山龍門合影，左一為雲南省委副秘書長周永祺。周跟隨省委一把手周興整整一輩子，算是當時雲南實際上的大內總管。另一位因偶犯當今官員純屬小兒科錯誤而「舉身赴清池」以保名節的姚某，也在本照片內憨厚地微笑著。

十九、一位「鋼八」的命運

涂曉雷，貴州開陽人。昆明工學院地質專業學生。一九七〇年畢業。地質專業屬五年制，也就是說，他剛進大學一年，文革動亂就開始了。他專業知識沒學到多少，卻因一篇時政論文而讓他名噪雲南——〈觸目驚心的「五月兵變」〉。一九八二年，即涂大學畢業後第十二個年頭，雲南與北京審判「四人幫」配套，也搞了一個具有本土特色的、對雲南「小四人幫」的公審，「小四人幫」排名第三的涂曉雷被判有期徒刑十三年，剝奪政治權力三年，其「主要犯罪事實」開宗明義就提到這篇文章。該判決書原文如下：

一九六七年六月，涂曉雷在黃兆其的授意下，編寫了〈觸目驚心的「五月兵變」〉的反動文章，誣陷雲南省軍區張力雄、朱家壁等領導幹部緊密配合蔣匪雲南特務組，進行「五月兵變」。這篇反動文章在昆明等地廣為散發、張貼，對於搞亂部隊、使大批軍隊幹部長期遭受打擊、迫害，起了很大的煽動作用。

筆者一直無緣見識該文。據知情人介紹，其實就一張大字報。一九六七年六月，正是毛澤東所謂的「全國全面內戰」鬧得熱火朝天之時。〈兵變〉一文能如判決書所言產生如此巨大轟動，想必非常聳人聽聞。大字報作者署名「三鏡」。文革之初，《人民日報》曾發表過一篇社論，開宗明義說毛澤東思想是什麼「望遠鏡」「照妖鏡」「放大鏡」之類。〈兵變〉作者便借來作了寫作組的名字。「三鏡」正好含三位作者（一說四位），之一便是涂曉雷。

涂自打調來「核辦」算，至他五十餘歲突發疾患不治，悄然離世，筆者與之相識相交，斷斷續續長達數十年，當是知根知底了。涂性格活躍，腦子極端聰明，筆頭口頭均屬硬朗，尤工算計，鬼點子特別多。涂在文革中參加「八派」造反，深得該派一號大佬黃兆其、二號大佬劉殷農賞識。「昆工」本係八派老窩，「劃線站隊」八派狂勝，該校學生（尤其派鬥幹將）紛紛調至上層機構掌權，涂自然不能例外。其時，黃兆其榮任省革委副主任、劉殷農榮任昆明市副主任，長期身處幕後的涂曉雷在某種意義上說，便成了「搖鵝毛扇」的高參級人物，直可手眼通天。他調核心機構是順理成章的事。

下面這個現象讓外間產生了一個誤解：

就年齡和身分而言，我和涂最為接近，都二十多，都是原群眾組織筆桿子，或曰「頭號理論家」，都在造反組織中處於高層核心，這些因素使他非常自然地容易與我走近。眾人毫不懷疑我和他親密無間，屬生死鐵哥兒們。只有我心知肚明，我和涂之間的差別，除了表面上的熱絡，其他的實可謂說懸若天壤。我在重慶早就被趕下了政治舞臺，甚至險陷囹圄，來雲南不過靠寫文為生的局外人罷了；而涂，他的處境在「劃線站隊」的狂勝中正如日中天；我以為我自己是個非常理想主義的書呆子，而涂，更像一個具有複雜政治頭腦的政客；每天我都規規矩矩來辦公室劃卯讀書，而涂卻是個大忙人，滿世界的政治活動幾乎都少不了他；我政治上倒過楣，家庭出身也不硬，只能「夾著尾巴做人」，而涂手眼通天，完全有理由把頭翹得高高的……事雖如此，「核辦」領導，包括經常以「造反派脾氣」對我大張譏諷的甫漢，也從來沒對涂的工作稀拉表現半點不快，恰恰相反，對他總是客氣有加，後來乾脆非常痛快地將他拉入了共產黨。

在我的日記裡，至少記錄了黨支部不下三次對我的集體談話，對於我的入黨申請可說竭盡挑剔之能事，其中最要命的兩條，一是家庭出生非無產階級，必須對其階級烙印痛加反省並檢討之；其二還是那一條：「造反派脾氣」。我很清楚，涂曉雷的父親也非勞動人民，他的「造反派脾氣」表現遠在我之上，而支部對他入黨的個別談話——而非集體談話——結論卻明確肯定：

「小涂，按照無產階級先進部隊的要求看來，組織經過討論，認為你各方面條件，都達到了。」告知此結論的是那位乒乓球打得挺棒的「絡腮胡」胡延觀。胡已經成為了我們處的處長。胡在告知涂入黨條件已完全合格之後，又補充了一句雖雞毛蒜皮卻不能不提的問題：

「小涂，大家認為你在生活作風方面，應該檢點一些！你要知道，政治上犯錯誤是沒辦法的。生活問題犯錯誤嘛，不划算。對不對？」

坊間傳聞，涂先後成功或不成功地已拍拖過多位女士——在全民生活方式極端嚴肅的背景下，這很犯忌諱——而那一段時間，涂恰恰為了取得一位蒙姓新女友的好感，信誓旦旦地向美女拍了胸口，承諾一定利用「關係」將其在邊疆鄉下插隊的姐姐調回昆明。這件事我鐵定清楚，因為涂所謂利用關係，恰恰正是利用我在保山的關係。該訊息經外間一旦演繹，馬上就變成了，涂和蒙姓姊妹關係曖昧，同時戀愛。胡延觀要求涂明確回答：

「你到底想和誰結婚？姐姐還是妹妹？必須明確向黨組織說清楚。」

涂支支吾吾，答：

「反正就她們姊妹裡面的一個……」

胡有點不耐煩了，說：

「當然只能娶一個嘛！莫非姊妹倆你都討？」

最後，涂明確他想討妹妹。事實上他後來確實討了蒙姓妹妹，而在討妹妹之前，確實很快入了黨。只是好景不長，婚後一年就遇了「四人幫」垮臺，涂因在雲南政界跳得太高，立即被鹹魚翻身的當權派宣布為雲南小「四人幫」骨幹成員被抓了起來，黨籍自然也被開除。那位花了九牛二虎之力搞到手的蒙妹妹，也理所當然和他斷然離婚。這是後話。

涂來到核辦之後，經他介紹，我陸續認識了「三鏡」中的其餘二「鏡」。

張培志。他比涂高幾個年級，先於涂畢業了。他的綽號有點莫名其妙，叫「阿斗」。他的精明清醒與《三國演義》上那個為人傀儡的「阿斗」實在南轅北轍，他很有主見。離校時，雖值八派在雲南政壇全線飄紅，但經過幾年的翻雲覆雨，他已深感政治場爭鬥之險惡虛假，遂下決心離開是非之地，去了遙遠的塞北宣化從事技術工作，幾年後，等全中國暫時風浪平靜，這才重返家鄉，且一直超然物外，對雲波詭譎的邊地政局報之一笑而已。事情的發展證明他的英明，等後來權傾中國的「四人幫」澈底翻船、紅了將近十年的「八二三」被清算，張兄早已無帳可算，四平八穩地繼續自己的技術生涯，直到晚歲安至。

還有一「鏡」就不成了：劉浩。原本老實巴腳的一曲靖漢子，他偏偏搭順風車進了省級機關，開始是革委會宣傳組，後來是省委宣傳部。以他的憨厚樸質，哪能應對得了朝雲暮雨的局面呢？加上他的運氣本來就糟透，最後，清查「四人幫」殘渣餘孽，一腳就被踹回了他的生活原點——曲靖老家，當了無業遊民，靠打短工及朋友接濟度日。幾十年後我去曲靖看他，但見陋室空徒四壁，一人煢煢孑立，牙齒脫落殆盡，兩頰深陷，完全一被生活壓得快爬下的山區老農：雖然他永遠抱著幻想，隔三差五還跑到昆明找省委組織部「落實政策」，雖然接待人員總是客客氣氣要他回去等著吧，他們會向領導認真反映卻永遠沒有回音。

當然，如果和涂曉雷相比，劉浩還得算幸運許多。涂雖然一直躲在八派大佬背後搖「鵝毛扇」，但事情到了最後一刻，他依舊成了「公眾人物」。一九八二年，雲南開審本土化的「小四人幫」，一號、二號疑犯無疑是八派大佬黃兆其和劉殷農，三號是前面說過的「絡腮胡」胡延觀（被捕時職任省委辦公廳主任）；小「四人幫」墊底者，正是不顯山不露水、什麼職務都沒有的涂曉雷。庭審現場電視播出的段落當然經過精心剪接，看不到什麼出彩之處。據去過現場的人員回來介紹，說涂在法庭的表現卻可圈可點：他面無懼色，姿態頑強，妙語連珠，與法官唇槍舌戰，常常搞得審判者無言以對。當然，判決結果事前早就由黨委定了，審判不過走走過場。幾十年後，刑滿出獄的涂對我說，公安幹警事前曾通知他，說別老是強嘴了，只要認罪態度好點，刑期是可以酌減的，可他偏偏不，就強硬到底。和他同樣強硬到底的還有胡延觀。最後二人都沒好果子吃，都判刑十三年。

據我與涂的多位同學朋友接觸，原來涂的口碑原來並不怎麼樣，說他多疑狡詐者有之，說他輕狂浮躁者有之，說他為人最乏誠懇者有之……可偏偏就他被公審那回，幾乎所有同學都豎大拇指，說涂小子，有骨氣！

出獄是一九九一年。次年便逢總設計師鄧小平南巡深圳，演出「春天的故事」，中國經濟改革再次揚帆起航，無業人員涂曉雷於是下海經商。從小生意做起，開飯館、當掮客、辦公司……大大小小、各行各業，他都幹……可惜屢戰屢敗，幹啥都不順。二〇〇四年我最後一次見過他，後來再次聽到的，便是他的死訊。大概為拉關係做業務，經常得「工作晚餐」、「工作麻將」，煙呀酒的，他本已很胖，核辦時代的瘦小子早已今非昔比，如此「工作」下去，定然在劫難逃。果然，某次麻將，他打著打著就軟綿綿梭去了桌子底下，送醫院搶救，醫生說是腦溢血：高危重症！

涂孤身一人。第一任妻子就是蒙姓美女，他剛一刑拘就斷然與之離了。第二任妻子是出獄後討的，不知何因也離開了好幾年。涂在紅透半邊天那會兒，確實動用關係把在貴州當知青的弟弟弄來雲南省軍區當了兵，哥哥腦溢血送醫院搶救時，弟弟已升任團職幹事，算是在滇唯一親人。醫生向團職弟弟介紹了病情，說乃兄病重，術後抑或死亡，抑或偏癱。

「怎麼辦？」醫生徵求親屬的最後意見，「救？還是不救？」

團職軍官思考片刻，痛快回答：

「不救了！」

已是全民拜金時代。人與人之間曾經有過的一切美好和溫馨：親情、友誼、彼此關懷……統統都被打入了金錢的冰水之中。我們無法指望涂的弟弟做一個道德模範。試想，把一個沒有任何經濟來源又無人照顧的「植物人」或者「癱子」放在家裡，而且不是三天五天，而是經年累月，受得了嗎？弟弟受得了，弟媳婦受得了嗎？弟弟的娃娃們受得了嗎？「久病床前無孝子」，更何況不過一倒楣透頂的哥哥罷了！長痛不如短痛。弟弟明確通知醫生不救了。為避免干擾，弟弟迅速將生命垂危的哥哥轉移去了一叫「大樹營」的祕密地方。「八二三」的難兄難弟們籌了一筆治療費前去醫院探望，早已人去床空，輾轉找到大樹營，只見陰暗屋裡躺著的，全是奄奄待斃、奇形怪狀的瀕危老者。涂死前的形狀更屬不堪。

下面是當事人、涂曉雷的哥兒們、「三鏡」的另一「鏡」張培志先生的回憶：

我和劉殷農等人找到大樹營，守護在他床前的是他初中同學、他的初戀情人。這位女士不但丟下她所開的飯館從貴州趕來，還帶來了兒子和未婚的兒媳。我們進去時，那位未婚兒媳正爬在床上為涂曉雷擦洗。她說：希望把涂轉到醫院，哪怕只有一線希望，但涂曉雷的弟弟已簽過協議，只有他才能決定涂曉雷的去留。當時，劉殷農就給涂弟打了電話，涂弟的理由就是沒有錢，更怕以後的醫療費是無底洞。無奈之下，劉殷農和我只有去找劉殷農的戰友。其人是涂弟媳婦的領導，當然她進這個單位也是劉殷農介紹。領導出面，情況有了轉機。十九日涂曉雷被轉往市人民醫院，當天就進行了手術，抽出六十至七十cc血（約百分之七十）。手術後他當時就醒了過來，住進ICU病房後，情況有所好轉，但不想，由於腦損傷導致胃大面積出血，二十四日去世。據醫生講，急病耽誤太久，否則應該是有希望的。

涂的到來，為我打開了一扇通往新天地的門。在這個新天地，我很快認識了「八二三」（還有「炮派」）幾乎所有的頭面人物，也瞭解了許多關於雲南文革的風風雨雨。每次省裡開會，涂都要拉著我，很有成就感地介紹某人某人的來歷、軼事、艷聞、醜聞……有時，他還會帶我去參加「八二三」風雲人物的小型派對，聽他們帶著「當今雲南，捨我其誰？」的傲慢或疏懶，縱論天下大事……

只是關乎八二三的核心機密，他對我滴水不漏。

筆者和涂曉雷合影（坐欄桿者為涂）。

軍區八號合併到「核辦」，算是明媒正娶了，工作由「核辦」統一安排。廬山會議前所謂「全民修憲」，就是我們並入「核辦」後的第一次大規模工作任務。

中華人民共和國的第一部憲法是一九五四年第一次全國人大代表會議頒布的。理論上講，憲法為立國之根本大法，誰都必須遵守，誰都受它的保護。可是中國的憲法，很長時間內只是個裝門面的東西。舉一個例子就夠了。文革大亂，紅衛兵被人指使前去揪鬥國家主席劉少奇，國家主席手上就拿了一本憲法，說他的人身自由是得到保護的，可人家根本不理他，照樣連推帶搡揪去批鬥臺上低腦袋、受侮辱。國家主席尚得不到保護，遑論百姓？

沒用歸沒用，門面總還得裝。如今，「史無前例」的文化革命不是已取得偉大勝利了嗎？「九大」不是也勝利召開了嗎？林彪「太子」的接班人地位不是也正式寫進黨章了嗎？毛澤東不喜歡管理世間俗務，不願當那個裝飾門面的國家主席，也不允許誰再設一把國家主席的交椅讓人與他搶風頭……一九七〇年三月，毛澤東正式下令籌備召開四屆人大，並修改憲法。

二十、「遷都」的故事

我查閱了工作筆記，雲南省的「修憲」活動是七月二十五日啟動的。具體由「核辦」秘書長李德俊負責實施。李德俊，北京人。據說是某大學老牌學生，後來參加共產黨，隨部隊來了雲南。他個子修長，戎裝筆挺，高高鼻梁上還架一副金絲眼睛，很有派頭的。如果上電影飾演很有教養的國民黨高官，完全不必試妝。他一口字正腔圓的普通話很有張力，高官們每次開會，周興都要確信不疑地宣布說：

「德俊同志，你普通話說得好。文件就你念！」

中央的五三號文件——我已查不到原文，估計就是關於召開四屆人大和修改憲法的——一九七〇年七月二十五日那天就是他念的，相關工作，也是他給我們布置的。現將李秘書長布置的工作內容摘錄如下：

做好這項工作，首先要認真學習貫徹五三號文件。按照文件精神，修憲要強調三突出：一、突出毛主席、毛澤東思想的絕對領導地位；二、突出無產階級專政，三、突出群眾是歷史的創造者；

這一次是七億人民修改憲法。這是古今中外都沒有的大事。最重要的，是進行一次毛主席關於國家學說的普及教育；

時間緊迫，第一階段，組織群眾討論五四年憲法，八月五日、十五日分兩次將情況搜集整理報中央；

第二階段，九月二日、九月十日，報兩次。任務：一是修改憲法的意見，二是人大代表人選的意見；

這件事由周興同志掛帥，（目前周正住院），具體工作由我、張克（當時負責組織部門工作的地方老幹部）、甫漢負責；

幾項工作：通過討論修憲和人選，進行一次毛澤東思想的教育活動。

大量的組織工作，怎麼及時準確地反集映中起來，下面請示的問題，能回答的回答。宣傳組織工作抓好。

隨時和中央加強聯繫。

群眾的意見要及時加以分析分類整理交核心小組討論。保證及時。點面結合。主要抓昆明和玉溪。抓幾個點：重機廠：由范副部長、炮兵部六人參加；汽配廠：葉秀景、馬文東、馬福明；

昆明市：梁副司令組織，負責昆明紡織廠，還有郊區生產大隊。

人大代表人選名額具體由張克負責。如果都通過了好辦。就怕推翻，哪怕推翻一個都麻煩。如無大問題，能做工作可以通過的，一定要做工作；有重大問題實在不行的，換下來，最好在本地補。女的補女，男的補男，貧農換貧農，黨員換黨員，非黨換非黨。實在不行，可在大片內考慮。更換名額怎麼辦？本單位討論的人數、同意人數、不同意人數、理由，都要說清楚。

根據領導部署，老「核辦」（二十四號的人）新「核辦」（八號的人）再加上有省政工組抽調來的三處人馬分兵合擊，除少數去了周邊地、州，其餘的基本上都向昆明四區八縣、各大型廠礦、農村公社殺奔而去。我先後去了昆明機床廠、通用機器廠、雲南汽車廠、雲南重機廠、昆明鐵路局。除了聽先期派去的「修憲工作組」彙報，聽單位領導班子彙報，還直接參加車間工人的學習討論，採集訊息。雖然這次舉國一致的活動純屬走過場，無非通過費事費時費錢，簡而言之，勞民傷財的行動來向全國百姓灌輸毛澤東天馬行空的「革命」思想，但所有基層的會議和討論絕對都一本正經，煞有介事。我的工作筆記記錄，為了提高眾人的階級覺悟，除了讓「老工人某某（九大代表）向眾人宣講」，還專門從「雲溪公社」請來一位叫龔蘭英的貧農老太太向工人師傅們憶苦思甜……云云。

「通過新舊社會對比，革命群眾的覺悟大大提高」；克服了少數人「我們老百姓不懂什麼根本大法，毛主席黨中央制定好了，我們照辦就得了」的「糊塗思想」。廣大工人表示說：「過去國民黨要百姓休談國事，現在共產黨大張旗鼓要我們工人階級討論國家大事；過去國民黨說什麼立憲，實際是愚弄群眾；現在共產黨叫大家參加修憲，真是相信我們群眾呀！毛主席、林副統帥真是偉大呀！」

文革中「犯錯誤」的人更是感動非常。他們說，讓他們參加修憲，「這是毛主席林副主席給我們最高的政治待遇啊！」表示通過這次活動，一定要好好交代問題，悔過自新，重新做人。

還有「資本家」。通過「修憲」討論，他們「痛徹」表示，說：「只有認真接受改造，挖掉資產階級思想，我們才能真正成為中華人民共和國公民呀！」據我瞭解，這些所謂「資本家」，從一九五六年所謂「公私合營」開始，早就成真正最底層的工人師傅了。這些名頭嚇人的所謂「資本家」，解放前就那麼一、兩臺破車床破牛頭刨，根本不值幾文錢，共產黨給他們的所謂「定息」，每月就塊把錢：可惜就這塊把錢「定息」偏偏讓他們頭上「資本家」帽子成了套在孫悟空頭上的「緊箍咒」，想甩也甩不掉：好些人求爹爹告奶奶向領導表示自動放棄這筆「剝削錢」，領導就是不予恩准——道理很簡單，這個「定息」沒人拿，泱泱中國，豈不就沒「資本家」了嗎？沒有資本家，還找誰搞階級鬥爭？沒有階級鬥爭，咱黨怎麼能進行領導？反正花錢不多，養幾個人隨時拿來鬥鬥挺有意思的。毛澤東最講究「與人奮鬥其樂無窮」。他喜歡保留、並不斷製造新的、供他玩弄於股掌的敵人。

總之，通過反覆學習文件、憶苦思甜、大會宣講、小會討論，廣大群眾「革命覺悟大大提高」，他們「紛紛表示要進一步抓革命，促生產，超額完成生產任務，報答黨對人民的信任」。至於對憲法的修改意見，主意自然越來越多，可謂五花八門，奇意迭出：毛主席和林副主席的領導地位一定得寫進總綱；關於所有制，建議改為「中華人民共和國只允許社會主義公有制、及全民所有制，其他什麼集體所有制、農民土地所有權，統統不要」；「舊憲法」裡寫過的「和平過度」、「三大政策」——這些肯定是不能要了；另外，文化大革命、繼續革命、打倒走資派、對資產階級全面專政也得加上；還有，世界上還有三分之二的階級兄弟在受苦受難也要寫上；咱們的新憲法「一定要寫上支持世界革命，解放全人類」；「少數民族的風俗習慣一定要改革」，等等。

修改意見越來越離譜。後來有人乾脆提出，要什麼序言？總綱？合併一起就行了。還有，憲法別寫得那麼囉嗦，最好改得和九大新黨章一樣，越短越好，最好能讓廣大工農兵都能夠全文背誦；還有更離譜的，是不少人提出遷都——首都定在北京好是好，就是離雲南太遠了！我們想念毛主席，可是路程太遠，要見到毛主席實不容易。「強烈要求把首都遷到昆明！」讓邊疆各族兒女經常能見到他老人家！

我查了當時的歷史年表，一九七〇年差點被林彪、陳伯達一伙攪黃的廬山會議會期是八月二十三日至九月六日。咱們七月底才開始奉旨行事，時間實在有點緊張。從筆記本的記錄看，基層廠礦確實也被追得屁滾尿流。按照統一布置，非生產單位、部門，一切工作讓路；生產部門，不管生產任務多緊，每天必須班後學習一小時，後來加碼到二點五小時，馬上又加到三小時，骨幹人員晚上還得繼續加班學習；生病住院的，工廠車間必須派人到病床前去組織現場學習「補課」。

即使如此，負責整理上報資料的甫漢還是叫苦不迭，堅持要求各小組「每天一報」，「書面意見整理好一個單位報一個單位，整理好一章報一章……以後再不斷補充完善」。聽說各單位爭先恐後組織貧下中農、老工人、「媽媽工」憶苦思甜，時間挨得太多，甫迫不及待以譚老大的名義發布指示：「譚政委指示了，做好修憲，主要吃透中央文件精神。基層搞階級教育是好的，可以提高修憲的責任感、有武器、有責任感，但不要離開主題，把時間拖延了。強調結合具體章節討論。」「為了提高學習質量和效率，可以辦學習班，把非生產人員集中起來。非生產人員少的，領導班子先集中學習。」云云。

作為個案，必須記錄一下我去昆明鐵路局參加「修憲」的一次活動。時間是八月五日。地點是昆明東郊楊方凹昆明分局。

事前，我們辦公室就和鐵路局電話聯繫了，前去參加群眾座談。昆鐵局一把手、軍代表親自接的電話，答應得很痛快，說：「行，你們先來局機關，我親自陪同你們去。」軍代表叫李某，此公作風雷厲風行，行事大刀闊斧，精力極端充沛，皆因充沛過度，無處發洩，後來竟把自己的女兒「自產自銷」了。一九七〇年八月五日我們去鐵路局調查修憲，李還沒犯事。我們趕到局機關，他的專車已準時停在門口等候。他對上級機關來人無任何客套，就痛快一句話：「我走前面，你們跟著來吧！」接著兩部小車便一溜煙向郊外駛去了。我們的是一輛老式「伏爾加」；李則是新款「上海」，比我們鮮亮許多。

我們同車共三人：我、涂曉雷和潘英（就是我在前面說過的昆十一中副校長瞿玉容的老公），老潘解放前參加地下黨，不知是否出身可疑，或他參加的是雲南本土共黨，一貫被正宗「南下派」壓制，他的官位一直不長進。他在「核辦」始終低調。

楊方凹是昆明分局所在地。我原本以為和去其他廠礦一樣，對方會把我們直接帶去機關或者車間開開座談會，搜集搜集訊息。孰料得車剛沿大路駛上楊方凹山坡，寬廣地壩上早有數千群眾列隊等候。倆小車剛一停下，整個廣場便山呼海嘯。「毛主席萬歲！」和「歡迎歡迎，熱烈歡迎！」的口號聲響成一片。有點外國親王在長安街接受群眾歡迎的味道。這種場面肯定最能給李大代表帶來快感；行事低調的潘代表則肯定很不習慣，他直皺眉頭，連連對我說：「搞什麼名堂！搞什麼名堂！」飽經文革亂局的我和涂，算是見怪不怪了。讓我難堪的是一突發事件：剛走進夾道歡迎的人群之中，一摸口袋，完了！我的《毛主席語錄》公然沒帶！那年月所有公眾活動、所有人等均需舞動語錄本向「上級領導」歡呼，手臂如林，紅書如林。被歡迎的「上級領導」卻公然光著雙手，成何體統？我急回頭向涂求救：涂反應極快，馬上從口袋裡掏一個飯票夾遞過來，也是紅色塑膠封皮，尺寸和語錄本差不多。我飛快接過，塞幾張廢紙，墊得和偉大領袖語錄本等厚，立即舉在手上向眾人揮舞如儀。歡迎隊伍約五、六百米長度，好歹糊弄過去了。我們跟隨李代表，威儀棣棣走上主席臺，各就各位。

接著開始發言。諸如此類的發言表態我已聽得太多，無非舊社會如何之王八蛋，新社會如何之一枝花、劉少奇如何之罪該萬死，毛澤東如何之長壽稀有；文革如何之「就是好！」「就是好！」，走資派如何之要讓中國人「受二茬罪、吃二遍苦」，等等。後來繼續越來越離譜，要求憲法寫上「打倒美帝」「打倒蘇修」「打倒各國反動派」，云云，這些發言除了「表達無產階級對毛主席、林副主席的樸素階級感情」，和「修憲」完全牛頭不對馬嘴，全是些空話、大話、廢話。會於是越開越糊塗了，臺上說套話說大話，臺下說笑話說小話，整個禮堂亂麻麻。

涂和我並坐主席臺，開始還正襟危坐，後來看整個會場各自為政，逐漸熱鬧，本不安分的涂也就不安份地向我對大會發言進行私下點評。涂非常機靈，對人對事的評論常有驚人之語。那天在楊方凹禮堂，又有人大會發言強烈要求遷都昆明。涂馬上向我點評：

「真他媽憨包！首都遷昆明就見到毛主席了？你到北京跑斷腿也摸不著門兒呢。還昆明！乾脆遷楊方凹，更方便！」

點評歸點評，事後涂曉雷和我一道整理群眾意見，他還是建議我把遷都昆明的意見上報。我說：「這些意見上報中央恐不嚴肅吧，會挨克呢！」他說：「怕什麼？叫全國百姓修改憲法本來就走過場。甫秘書不是成天要我們尋找有特色的閃光語言嗎？遷都言論最能反映廣大邊疆人民樸素的無產階級感情，這些語言肯定閃光！最後寫沒寫？報沒報？現在想不起了。」

老潘始終保持老共產黨員的傳統美德。他永遠正襟危坐，一言不發。不時還對涂和我的不軌行為儆以眼色。大會快刹尾了，涂很神祕地悄悄叫我，說咱們上廁所去！呆坐臺上聽了老半天廢話空話，我本憋得難受，馬上附議。涂一本正經向潘小聲告假，說有點拉肚子。我又附議。潘依舊正襟危坐，點點頭，兩眼依舊平視會場，只要我們去去就回，我們點頭稱是。我們當然誰也沒拉肚子，廁所確實去了，撒撒尿而已，只是沒「去去就回」，而是鑽進「伏爾加」很舒服地睡起覺來。涂曉雷先知先覺底告訴我，說等會兒大會結束，肯定是要領導講話的。「你知道雲南有句土話嗎？使憨狗咬石獅子。」我說不知道。他又說：「老潘他們這幫『機關油子』，我最清楚了，最怕禍從口出，等會兒到了歡迎首長做指示，老潘肯定槍口頂著我倆打衝鋒！咱們就躲這兒，看老潘怎辦！」

我忽想起為雲南紡織廠寫調查報告和在十一中宣布調查結論的事，原來，我已經替大秘書劉連清和大教授張德鴻當過兩回咬石獅子的憨狗呢。小涂果真聰明！大會結束，群眾四下裡散去，老潘鑽進汽車，見倆年輕人悠哉悠哉躺得舒坦，果然馬上抱怨開了，說：「你們呀你們呀！上廁所上到車裡來了。本想等你們做指示的，兩個都跑了！」老潘無奈地直嘆氣，「一點準備沒有，我真出洋相！」

四屆人大和修憲這兩件事，搞得緊鑼密鼓——該發動的群眾發動了，該作的秀作了，該給中央的報告報了……最後卻不了了之，了無下文。直到一年後才知道，正是一九七〇年八月二十三日開幕的廬山會議，毛和正式冊封的「太子」林彪因是否「設立國家主席」的問題翻了臉。而且「設國家主席」莫名其妙成了「反黨綱領」，林彪稱毛澤東為「天才」也成了彌天大罪。正是這次廬山會議，毛澤東輝煌人生最後一次、也是最慘烈的危機開始了。

二十一、老紅軍「翻案」

一九七〇年八月廬山會議、即按照編號為「九屆二中全會」開始的政治危機，使毛澤東下決心要鏟除他的政敵。開始是陳伯達，接下來是林彪。老百姓知道的僅僅是，北京又開始打起啞謎了，其餘一無所知。號召全黨全軍全國人民學哲學，識別真假馬列主義，這就成了雲南第二屆學習毛主席著作積極分子代表大會的主題。

下面就說這個。

雲南的第一次學代會人數幾何？我不甚了了；召開二次大會我已身居上層，所以記得清楚，譚政委說了，要開出規模，開出聲勢，開成名副其實的「萬人大會」。規格自然比第一次豪華得多。各專州縣區的筆桿子，競爭也比上一次慘烈得多。第一次大會，我尚屬保山專區地方選手，這一次我則是以領導機構工作人員的身分參會調研了。前面說過，第一次大會殘疾人爭鋒，個個鎩羽而歸，最終被一老一小拔了頭籌，按照規律，第二年以年齡取勝絕無可能，其他題材如昆明之圍湖造田、滇南之抗震救災，多宗題材火並，亦難穩操勝券。某日我去保山代表團駐地，竟意外發現該地原來深藏一祕密武器，這張王牌一旦打出，絕對克敵制勝，滿盤通吃。撰寫此王牌典型的是瑞麗縣頭號筆桿、縣民族中學語文教師劉鴻渝。頭號筆桿和頭號典型組成黃金搭檔，正式啟動奪魁行動，可以預料，單等大筆一揮，立即馬到功成。

經過第一次學代會歷練，我自認為已是該領域行家裡手，我確信劉老師手上這張王牌絕對無與倫比。可惜，這段時間的劉老師偏偏鬱悶得很，一見我就大訴其苦。你道祕密武器是誰？不是別人，正是瑞麗縣民族貿易公司經理——劉維路。

一提經理，大家準以為很體面的差事，想到油頭粉面西裝革履之類。劉維路完全不是那麼一回事。瑞麗縣真正地處祖國邊陲，那時縣城之荒僻冷落和內地的鄉鎮等同，用「一條馬路走通頭，七個機關八棟樓」說明絕對不差。民貿公司不過就是其中一座普普通通的兩層樓房而已。劉維路一望而灰頭土臉，但來歷十分了得：當年延安的老紅軍。更為顯赫的是，他正是毛澤東名著「老三篇」之一：《為人民服務》主角張思德的生前戰友！僅此一點就足以把人猛嚇一跳。可惜老革命文化太低，人又太過厚道，絕對無意官場行走，解放初一旦轉業來此，就只能數十年如一日，在小小邊疆縣做一個小小「弼馬溫」。

劉維路默默無聞埋沒多年，甚至第一次學代會地毯式搜尋也未發現任何蛛絲螞跡。足見世界上任何重大成果的發現和發掘——無論科學還是政治還是文化——都是需要機遇的。到了籌備二屆全省學代會，他終被領導慧眼識寶，很像馬王堆漢墓或秦皇陵兵馬俑沉睡多年、一朝重見天日，頓時在業內引起巨大轟動。如此重量級人物——完全可以想像，如果延安當年，窯洞垮塌時壓死的不是張思德，那麼「三個光輝形象」中的一位（另外兩位是白求恩和老愚公）完全就可能被劉維路取而代之——不樹為省級典型而何？

如此優質資源絕對不能浪費。瑞麗縣領導就派劉老師上了陣。優質資源、優質筆桿，事情本應探囊取物，手到擒拿，「溫酒斬華雄」。孰料得劉老師一出馬就遇到麻煩，見我就叫苦。為什麼？老紅軍完全不給賞臉。具體說，老紅軍壓根兒就拒絕採訪，不僅拒絕，而且對於已經編造好的假話也屢屢翻供。為了完成如此光榮、重大的歷史任務，劉老師晝夜跟踪，甚至給劉紅軍鋪床疊被、打洗臉水洗腳水。如此謙恭卑微甚而至於低三下四，就是希望老紅軍能配合默契，把靈魂深處最為閃光的亮點悉數抖擻而出，好讓秀才妙筆生花。

可惜事與願違，不管劉老師如何低三下四，劉紅軍就是不配合，不但不配合，而且一旦情急，乾脆對已經成文的「動人事蹟」屢屢「翻供」。舉例說明，原文已經寫好老紅軍學毛著亮點事蹟之一是，他老婆有一回鬧情緒，嫌工資低了，拒絕上班。後來，老紅軍就舉辦「家庭毛澤東思想學習班」，老兩口「帶著問題學」「活學活用」「立竿見影」——劉老師所撰典型文件如是說——重點學習毛主席光輝著作《為人民服務》，對照張思德的崇高品質，檢查自己所作所為，老婆子茅塞頓開，思想問題迎刃而解，高高興興上班去也。原稿送審，領導認為還不夠生動具體，要劉老師繼續找劉紅軍「挖思想」「查亮點」，尤其注意挖掘「家庭學習班」他和老婆到底有過何種思想交鋒？特別注意對照張思德光輝形象、做老婆思想工作讓其上班，此過程中有何生動、新鮮之細節云。本來，文章寫到前面那一步，劉老師已費盡移山心力，領導還說不行，只好又找紅軍配合吧。誰知老紅軍早已被這套作派折騰得忍無可忍，幾句話就把老師打懵了。紅軍說：「我何時和老婆共同學習過《為人民服務》？」老師問：「那你對她說些什麼呢？」紅軍答：「我就告訴她，我工資這麼高，還不夠你花嗎？鬧什麼情緒，你給老子上班去吧！她這就去了。」

讓劉老師頭疼的還有一例。原稿有如下事蹟：大熱天，公司陽溝臭氣薰天，嚴重影響飯店生意，老紅軍一人親自操鋤將污泥濁水很快掏了個乾乾淨淨。文章敘述該過程，當然少不了張思德光輝形象的鼓舞激勵之類。原稿送審，同樣因為領導覺得不夠生動具體，要劉老師繼續找劉紅軍「挖思想」「查亮點」，說清楚掏溝時到底有過何種思想鬥爭？尤其是如何對照張思德，將掏溝行動進行到底。領導說不行，硬著頭皮又去請求配合。這一回老紅軍照樣不賞臉，還是一句話把老師搞定：「陽溝那麼臭，我哪有時間去想張思德？你問我想什麼？我就想怎個早點把渣渣掏乾淨！」

讓劉老師遭受毀滅性打擊的是老紅軍最後，在最要命的關鍵事蹟上翻了「供」。

事情經過和上面大同小異。這個不夠生動具體的情節是，領導要求劉老師重點挖掘劉紅軍在延安現場親自聆聽偉大領袖毛主席做《為人民服務》報告時，心情是如何之激動云。這一回，紅軍的回答讓劉老師的經營數月的典型文件整個兒遭遇了滅頂之災。事實上，雲南省第二次學代會確實讓劉維路上了主席臺，但他的先進事蹟文件的確平平淡淡，無法引起轟動，最後只好澈底放棄。老紅軍對此問題的回答如下：「毛主席做報告那天我去是去了，聽是聽了，可我只聽了一會兒就走了。你問為什麼？我覺得一點毛主席講得一點兒也不好聽。」

天哪！

除了對劉老師一類秀才的辛勤勞動深表同情，我實在無話可說。我的任務是大會調研，然後將調研情況報告甫秘書，為他替譚政委起草閉幕式講話稿提供參考。我遭遇的，同樣是那年月難以躲避的、騙人與互騙的政治喜劇。

情況是這樣的。

我們調研人員被分為四組，分別負責昆明、滇東北、滇西和滇南四個片區。我和張德鴻教授、馬朝俊碩士被分到滇西片。代表上萬人，僅憑傳統的「雲南飯店」、「翠湖賓館」和「春城飯店」肯定住不下了。大學已停課多年，雲南大學、昆明師院、昆明醫學院等都成了會場兼駐地。大革命時代物質匱乏，全民營養嚴重不良，故而此類會議都有一華彩議程尤其鼓舞人心。全體代表放開肚量狂吃一頓雲南美食——過橋米線。我們恭逢盛典，自然也不肯錯失良機。我和張、馬三人正是在昆明師範學院大快朵頤的。是日走進校園，露天裡一字兒擺開騰騰火爐。烈火烹油，紅旗著錦，饕餮之聲不絕於縷，讓人想起梁山好漢大碗喝酒、大塊吃肉的豪邁。

某日，我們到該片區領導小組預報了我們的要求——為全面掌握代表情況，請他們安排一次有各縣代表參加的座談會。「層級不要太高，最高就公社書記吧！」張教授反覆向對方強調說，「我們主要是想聽取和瞭解基層的情況。」張老師的真正心思其實我清楚，他怯官心理非常嚴重。在土官草民面前他會輕鬆許多。

座談會定晚八點進行。張德鴻、馬朝俊和我準時來到了會議地點。滇西片含楚雄、大理、臨滄、保山、麗江、迪慶、怒江七個專、州至少四十來個縣，公社就更多了。即使每社來一人，數量就很可觀，所以選擇了一處特別大的會議室。我們準時來到，只見大樓靜悄悄空無一人，會議室房門緊閉，正以為專縣人疏懶成性，張老師上前推開房門，呀！屋裡早被坐得滿滿宕宕，而且清一色綠軍裝，一個個大腹便便——至少縣委書記以上幹部。張倒抽一口冷氣，不由自主縮回頭來，苦笑著向我和馬求救。馬本來自窮鄉，雖身居高層但從沒見過世面，其膽怯更不待言，立即縮到我後面。我已經看清滿屋子眼光都直射門口，好比在戰場上，所有槍口都對準了我們，我已別無選擇，不假思索地，非常肯定地走去前面，徑直坐了主席位，宣布座談會開始。張和馬乘機躲去了側面末座。

「開始吧！」我把筆記本放面前打開，故弄玄虛說，「毛主席說了，卑賤者最聰明，高貴者最愚們不說，只聽。」

蠢。」我繼續宣布，「同志們工作、戰鬥在基層第一線，你們最聰明，最瞭解情況。今天就你們說，我

「同志們」開始彙報起來——本來就是政治作秀會、走過場會，說與不說，說多說少，甚至說些什麼都毫無意義。只是既然作秀，就總要秀得煞有介事，秀得有水平，爭相秀出與眾不同的假話、大話、套話、空話。同樣，對於會議主持人，這些假話大話套話空話記多記少甚至記與不記都沒任何實際意義，因為我確信，這類語言由我編造起來比他們更精彩。我當時最關心的是，等會兒會議結束，總少不了領導做指示這一壓軸節目。要張、馬二人上陣是沒指望的，我休想僥倖逃脫。我必須準備這個。

我的作秀比發言人的作秀更難。因為一邊要裝出認真聽取意見，裝模作樣地記筆記，還得不時插插話，一邊還得準備最後結束的「首長指示」。今天人家為什麼不讓基層的土官草民來？我心裡明白，人家是衝譚辦這個牌子啊！能和雲南最高長官身邊的人零距離接觸，機會不多啊！怎能讓草民來占此良機？這些年政治場風雲變幻，尤其廬山一場惡鬥，他們想直接探探「行情」啊。他們當然不知道我們其實也什麼都不知道——我絕不能讓他們發現這一點。演假戲是最不可穿幫的，要不露餡。最後的「首長指示」必須要有水平，要說得雲裡霧裡，讓他們摸不透這些指示到底是誰說的？毛澤東的內部講話？林彪的內部講話？譚甫仁或者其他誰的內部講話？總之，只要稀里糊塗，便可亂中取勝。

於是，在筆記和插話同時，我開始暗中編造指示提綱。我模仿林彪「四個第一」（即所謂「人的因素第一，思想工作第一，政治工作第一，活的思想第一」）的遞進格式，提出當前學習毛著必須處理的三個關係。第一關係：學習毛主席著作和毛主席哲學著作的關係，當前要強調學習毛主席哲學著作；第二關係：學習哲學著作過程中，學習階級鬥爭哲學和生產鬥爭哲學的關係，當前要強調學習階級鬥爭哲

學；第三關係：學習毛主席關於階級鬥爭哲學中，學習改造客觀世界和改造主管世界哲學的關係，當前要強調學習改造主管世界的哲學。我的「指示」在遣詞造句上時而模仿毛澤東的大氣磅礴，時而來點林彪的危言聳聽，時而又是其他中央領導的故弄玄虛；每一「關係」論述完畢，都自編「警句」「名言」若干，比如：「共產黨人不懂得哲學，就算幹了一輩子革命，也不是自覺的革命者，而只能是一個迷迷糊糊的事務主義，充其量算革命的同路人。」比如：「哲學不是所謂專家權威們的專利嘛！什麼是哲學？無非兩條，一曰認識論，一曰方法論。」「毛澤東思想武裝的勞動人民能夠放衛星，炸原子彈，為什麼不能掌握哲學？」比如：「要學好哲學，首先要破除『兩感』，克服『兩怕』：破神祕感、破距離感。怕學不懂、怕用不上」云云。

按程序，果然輪到「首長指示」了。我已成竹在胸，還是演戲一樣故作謙虛地問問老張老馬，說：「是不是你們先講講？」張、馬二人自然推辭說你講你講。我也不推，馬上煞有介事開講了。

我說：「不叫什麼指示。聽了同志們這麼多非常寶貴的心得體會，我也向大家彙報彙報自己的學習認識吧！」我像狗皮膏藥的江湖浪人，繼續故弄玄虛，說：「如果說我們有什麼高明，只因為在首長身邊工作，聽毛主席、聽林副主席、聽中央領導、聽譚政委的教導多一點。」接著開始賣藥。賣藥前繼續賣關子：「同志們就不用記錄了（其實我正是要大家記錄）。如果大家覺得我講得不對，那是我們自己學得不好，領會不夠，如果大家覺得還有一點指導意義，那就是該是上面的精神了。」接下來就開始把前面那些三個關係胡扯亂侃一通：公然，效果好極了！

參會人員激動萬分，一致表示要回去原原本本，「傳達不過夜，學習不放鬆，執行不走樣」。我鬆了一口氣，同時在心裡暗暗發笑：「謝天謝地，總算闖關成功。」

會議結束，三人推著單車緩緩走過校園小路，張馬二人非常認真地問了：「小周，今天這講話是中央誰說的。」

真沒想到我的狗皮膏把張馬二人都蒙住了。我狡猾地笑笑，責怪說：「你們怎回事啊？這樣重要的講話都忘記了？」

二人也當真，繼續：「怎麼沒聽到傳達？」

我說：「你們呀你們呀，對待政治學習怎這樣馬虎大意？」

二人只好懇求，問這些指示到底是誰做的？

對方的認真把我逗樂了，我答：「小周我說的呀！這麼重要的指示你們都不知道，像怎麼話？」說畢一陣大笑。接著我以攻為守，責怪他們在代表面前躲什麼躲？我們既然代表譚辦，代表首長出來，怎能拉稀啊！

他們只好愧疚，繼而認真恭維我，說：

「小周，你總結得不錯！總結得不錯！」

雲南省第二次學代會熱熱鬧鬧開著政治玩笑的當兒，譚甫仁並不在昆明。將軍精力充沛。他喜歡隨時隨地往專州縣跑，視察。十二月十五日大會閉幕，他十四日才趕回來，著名的「萬人大會」在他的「重要指示」中勝利落幕。

誰都沒有想到，會後第三天，他被暗殺了。

二十二、譚甫仁驚天凶案

暗殺發生在一九七〇年十二月十七日凌晨四時五十分左右。地點是譚甫仁的宅第：昆明軍區大院三十二號。刺殺現場就在三二號院內的小地壩。譚身中三彈：頭部、腹部、右臂各一，譚血流如注，立撲於地。後，周恩來親自安排北京專家急飛昆明實施搶救，終因傷勢過重，救治無效而亡。時間是當日中午十二時許。同時被殺的還有夫人王里岩。她身中兩槍，胸部、腦部各一，當場殞命。

該案件發生的日期十二月十七日，按時鐘表示法，「十二至十七」等同於零點十七分，所以在當時正式的文檔和會議上，這個案件標稱為「〇一七案件」。

幾十年後，中國的高級幹部貪贓枉法、為非作歹者屢見不鮮，百姓對他們的非正常死亡已見怪不怪。但在「無產階級專政」非常強大、官員普遍廉潔清貧的二十世紀七十年代，這類事情卻絕無僅有。譚案雖凶案既出，讓人很容易聯想到一九三六年因列寧格勒市委書記基洛夫被刺而引爆的蘇聯大肅反。譚案雖遠沒有那麼性質嚴重，但也夠觸目驚心。昆明全城戒嚴多日，拘人無數。外間傳聞更是玄乎離奇，真偽莫辨。最流行也最荒誕無稽的版本，是說林彪密令譚何日何時將飛經昆明上空的某次飛機發炮擊落，譚事覺蹊蹺，狐疑難決，最後試著先將飛機迫降再行定奪，不料飛機著陸，周恩來竟從舷梯處款款而下，譚大驚失色。接下來的故事就順理成章了——林彪為了滅口，遂派人將譚祕密殺掉。

在當時的情況下引出如許傳聞並非不無理由，階級鬥爭年年講月月講天天講，無產階級專政如此震懾人心，兩年前開始的「清理階級隊伍」運動、前一年開始的「劃線站隊」運動、這一年開始的「一打三反」運動……全國和雲南捕了多少可疑人員？殺了多少異端份子？一九七〇年的泱泱國中、遼闊邊陲，該是「白茫茫大地真乾淨」了。再說，「雲南王」身邊戒備森嚴，為什麼輕而易舉就成全了如此驚天凶案？這次成功暗殺一定絕非普通人能夠所為，也絕非個別人能夠所為，肯定是一蓄謀已久、集團策劃的驚天大案了。

筆者當時正年輕。那年尚不滿三十，凶殺發生是夜，我正在軍區大院八號沉睡不醒呢。十二月凌晨的昆明如死城一般寂靜，軍區大院也如死城一般寂靜，從凶犯槍機射出的四聲巨響定然驚天動地。可惜我睡得實在太死，竟一無所聞。還有，那時候我還無錢購買手錶一類計時工具，獨臥小樓，每天要等同事們陸續進屋了，我才知道上班時間已到。一九七〇年十二月十七日這天早上，沒有人來上班，我澈底睡過了點。

一覺醒來，天已大亮。我急忙趕去食堂吃飯，食堂早已大門緊閉，整個大院一派冷清。食堂與三二號正對面。我看見許多軍人正默默低頭徘徊，在三十二號周圍的草坪亂麻麻搜尋，像進行什麼有趣的遊戲。那一天天極冷，寒霜染得滿地雪白，白霜上踏出的腳印一派狼籍。於是我納悶，是不是祕密圖紙丟了？雖對偵破一竅不通，但破案小說我是讀過的。像這樣搜尋案犯，不但找不到線索，原來有一點線索倒被這幫笨蛋破壞殆盡。

我又準備騎車出街覓食，這才發現軍區所有大門都已封鎖。確信是出大事了。忍著飢餓回八號，門衛對我的孤陋寡聞大感驚訝：

「你怎麼不知道呀？譚政委——出事啦！」

我終於大吃一驚。

其實，案發後一個小時，即我還在夢中高臥，軍區大院就被封鎖了。接著，整個昆明市也被封鎖了。空中交通完全關閉，陸路交通也實施了嚴格管制，車站道口過往人等均需進行嚴格盤查。根據凶案的第一位見證人，在譚家同住的姨妹王文瑩所提供線索及偵破人員的現場勘測分析數據，昆明城凡身高一米七左右、圓臉、大眼睛、微胖者，均視作犯罪嫌疑人。我被獨困在八號院整整三天。外部世界發生的一切我都無從知曉，完全是被軟禁的感覺，每天深夜都會有荷槍實彈的軍人驚吒吒闖進來，他們手臂上都扎一條白毛巾，一進來就把守住各個門口，然後氣勢洶洶要我將辦公室、臥室的門和櫥櫃一一打開。似乎凶犯就窩藏在這幢人跡罕至的小樓某個角落。

第四天恢復上班。甫秘書和劉秘書最先來到辦公室。甫臉色陰沈，一言不發，直接去了二樓的半圓形辦公室，劉秘書連連嘆氣，說：「損失太大了！太大了！……這些人，一點兒警惕性也沒有！根本沒有！一點兒也沒有！」我坐去他旁邊，陪他一起沉默。後來，其他人也陸續來了，大家小心交換道聽途說或權威傳聞，漸漸猜出了凶案的一些細節。

案發一周後我寫了一則日記：

十二月二十四日　星期四

這幾天，大家都在悲哀中。

對敬愛的首長的深切懷念和對階級敵人的無比仇恨，像火一樣炙灼我們的心。

每天上班來，大家坐一起，只能愁容相對，半天說不出一句話來。看書吧，一個個字只在眼前跳來跳去，怎看得進呢？沒有工作好做。首長已經走了，我們還有什麼事好做？

中午上班，突然看見報紙頭版刊登了譚政委逝世的消息，同時刊登了他的照片……當我聽到三十二號出事，甚至確確實實知道他已經去世的消息之後，我心裡總覺得不實在、不相信，總覺得在哪一天、哪一個早上，他還會重新走到八號來。可是，看到報紙刊出的消息，才猛然意識到，譚政委確確實實是永遠離開我們了，確確實實成歷史上的人物了！此時，心中不覺猛地一陣冰涼。

曲科長對著報上的遺像，久久凝視，沉默半日，突然往桌面猛擊一拳，大叫一聲：「完啦！」

聽到這一聲喊，大家的心快碎啦！

這個凶案從一九七〇年十二月十七日開始偵破到一九七五年夏天，經過整整五年折騰，才由復出的鄧小平派當時公安部副部長趙蒼璧來雲南快刀斬亂麻，把這早該結案的案件速速了結。至此，人們才得以把整個故事補充齊全了。

這故事發生在那個特殊年代，確屬偶然，又確屬必然。完整回放整個案件，我們已經知道這確與集團策劃、與政治陰謀之類聳人聽聞的假設毫不相干。這個純屬個人報復的凶案所暴露的，正是花裡胡哨的所謂大好形勢、強大專政外衣背後政治鐵幕的千瘡百孔，還有，掌握破案權的人，除了水平太臭，心思好像根本就沒放在破案上，而是把精力放在了案件和破案背後的、與偵破操作並無直接關係的人事糾紛上。

譚甫仁夫婦居住的三十二號院位於軍區大院中心，一座獨立的別墅宅院，高牆深院，戒備森嚴。平時有半個班的哨兵晝夜輪流站崗，案發當晚也安排有兩名戰士值班。根據現場勘測，凶手作案路線清晰，出入順利。還有，凶手作案所用的五九式手槍，當時只在軍隊幹部中裝備過，地方上一隻未發，即使公安機關也不例外……這些都足以說明偵破排查應該重點在軍隊內部進行。可偏偏不，那年月喜歡搞群眾運動，任何事情都要轟轟烈烈。於是，整個昆明市的青壯年男性在案發早上五點至七點之間的行踪，都被納入偵破範圍，每人都得詳細交代各自所作所為，包括每一細節，而且每一動作須提供兩人以上作為證明。我禁閉八號小院，也老老實實做了書面交代：幾點，我在八號睡覺；幾點，去食堂吃飯未遂；幾點，獨自一人在辦公室學毛著、馬列；幾點，學習累了去院裡一人散步；幾點，在陽臺上獨拉二胡；幾點洗腳上床，一個人唱了樣板戲《智取威虎山》選段——我的行動均無證明人，除了門口站崗的警衛戰士。

事實上，偵破開始不久，許多線索都直接牽到了昆明軍區保衛部剛提拔不久的副科長——王自正。按照正常情況，這個冷面殺手理應在最短的時間便落入法網。

王自正，河南內黃縣人。按當時說法，此前二十餘年的一九四七年，還在國共紛爭、勝負未定之時，兩軍拉鋸的內黃縣武拐村曾發生過一起凶殺案。富農分子王某實施反革命報復，曾糾集其堂弟王志政等多人槍殺了本村武委會主任武某。後，王某於解放之初被我人民政府鎮壓。首犯既歿，所有線索亦隨之中斷，案懸二十餘年再無續事。文革「清隊」舊案重提，武拐村革委便有一紙公函直寄了譚甫仁。譚明確批示，將王揪出來，審查！誰說中國人做事不講究量化規範？那時候搞任何政治運動，總是揪出「階級敵人」數量越眾多，革命成績就越偉大。於是該王被隔離在俘管所，一關就是七個多月，自由遙無定期。

這兒有兩種可能，一九四七年，王確實參與了殺人。那時國共兩黨逐鹿中原，戰亂頻仍，雙方都殺人如麻。王既已參了共軍，入了共黨，修成正果，時間早過了幾十年，如今再將他劃入敵營，投入囹圄，心裡肯定充滿仇恨；第二，也許當年的殺人事壓根兒不存在，只是有仇家嫉恨，於是捕風捉影就將一紙揭發文件往雲南寄來了——那年月為了完成整人的政治指標，這種事情本來太多——這封揭發本身就存在一個初級疑問，既然「王自政」有殺人前科，他要負案遠遁，逃避追緝，為什麼不把名字改得更澈底一點，而僅簡單地改了「王自正」？而且完全同音。

這封揭發文件最先是寄到省政工組的，這類揭發信太多，小小村委會的來信於是泥牛入海，沒有消息。河南仇家不依不饒，這才把信直接寄了譚將軍，這回就靈驗了……總之，既然是譚甫仁斷送了剛剛坐上順風船王某的前程，王某要發洩發洩仇恨就順理成章了。反正他本身就長期負責首長保衛，對三十二號的環境熟悉得很；還有，他是保管過保衛部槍械庫的。存手槍的保險櫃沒有明鎖，知道密碼就萬事皆可，而密碼他記得清清楚楚。用真傢伙發洩最痛快也最澈底；還有，他雖然身居囹圄，但一幫警衛全部形同虛設，他把那幫憨兵的行動掌握的一清二楚，而警衛對他的來去卻一無所知：甚至他成功外去殺了人，回來呼呼大睡了，警衛們還稀里糊塗！瞧：這就是強大的無產階級專政！

再說破案。各種證據事實上已經非常清楚了，甚至案發當天早上曾經見證過凶手面孔的兩個人都明確證實了，專案組依舊一再貽誤戰機，一次又一次地給凶手提供準備的機會。

第一個見證人就是前面說過的譚的姨妹王文瑩，她是在案發現場親自見過凶手的。所謂「一米七，大眼睛、胖」，就是她提供的的體貌特徵；第二位見證人是十三歲的中學生馬蘇紅。凶手殺譚得手，馬上又去了政治部大院，計劃殺害負責審查他的保衛科長陳漢中，王不知道陳的準確住處，偶然敲開馬蘇紅家詢問——時間是凌晨五時許，正好與案發時間吻合——馬清楚記得這個穿軍裝的胖子，正是自己同學的父親，當時滿頭大汗。

後來發生的事更加不可思議，愚不可及的破案人員直接把馬蘇紅帶到凶手面前進行指認。幾十年後，成為筆者朋友的馬蘇紅這樣講述當時經歷：

「他們把我帶到西壩『俘管所』。他們先讓我站到當院小樓的二樓陽臺，然後通知所有被審人員到院子當心打掃清潔。我那年十三歲，記憶很清楚，很快就認出了凶手。偵破人員問我確實嗎？我說確實。他正是王冬昆的爸爸。接著他們又通知所有被審查的人員到操場上集合排隊，讓我從隊首向隊尾走一遍，對所有人員再過一遍——我再次準確無誤地把王自正認了出來。」

幾十年後，馬對當時情景還記憶猶新。他告訴我：「那一剎那王自正的眼神我至今記得清楚：恐慌，驚訝，可怕，非常絕望！好像汗水都嚇出來了。」

時間是一九七〇年十二月三十一日的中午。這已不是簡單的打草驚蛇，完全在直接通知凶手：「準備吧，你快落網了！」接下來的抓捕行動再次出現重大問題，就不足為怪。

事後還有一個細節，王被馬蘇紅辨認之後，回到隔離室便失聲痛哭，警衛清楚聽到他的哭聲中有一句：「以後就見不到老婆孩子了！」相關人員很快把上述情況報告專案組，請求領導處置，儘快採取行動。可惜，軍區的新年會餐剛剛結束，領導們都喝得暈暈乎乎，於是痛快地說了行，按計劃執行吧！

這個除夕之夜的二十二點三十分，從王自正暗殺計劃中僥倖逃脫的陳漢中科長帶著另一位李姓幹事來到隔離室，故作淡定地對床上的王自正說：「起來！拿上你的釭子（他們想取指紋）。到食堂去一下，有點兒事。」王早有準備，他並未睡，連衣服也沒脫。

「好吧。」王下床——就在穿上鞋子的一剎那，突然從被子下摸出五九式手槍，轉身便射，陳、李二人各中一槍，應聲倒下。埋伏門外的戰士聽槍聲響起，於是紛紛提槍亂放，頃刻間槍聲大作，喊聲一片。冷面殺手眼見越牆無望，於是舉槍對準太陽穴，向自己扣動了扳機……

從十七日案發到三十一日凶手自戕，事情應該很快結束了。可恰恰不。那年月高層山頭林立，能有如此重大題材進行炒作從而把對方逼向牆角，實在是不可多得的好機會。破案權就成了一個好寶貝，於是你爭我搶，又演出了好幾年的精彩故事，到一九七五年，終於塵埃落定。最可憐曾讓雲南三迤草民歡呼過或發過抖的鐵腕巨人，他被一小小人物一槍斃命，死了，骨灰竟然不明不白放在昆明國防劇院的某一角落，一放就放了幾十年，直到二十一世紀已經開始許久，才由子女黯然取走。

幾十年後，昆明軍區已經撤銷，原址改為十四集團軍的辦公大院，所有建築都重新進行了分割和裝修。三十二號完全暴露在家屬院的通道邊上。完全為了懷舊，前不久我專門去看過。小樓依舊寂寞，檐前的花藤依舊寂寞，大門緊閉，門口貼著一張不知什麼時候張貼的紙條：「此處有首長車出入，請勿停車。謝謝！」說明這別墅還有人居住，只是驚心動魄的歷史已被人徹底遺忘。

作為歷史紀念，本段結尾再摘抄幾段日記：

十二月十八日　晴　星期五

軍區大院發生了建國以來罕見的反革命事件，昨天凌晨五時，譚政委和夫人遇刺了。敵人摸進他的住宅連開四槍，然後逃跑了。

大院實行了戒嚴——戒嚴一直持續到現在，已經整整兩天。今天晚飯後，遇到雷政委的司機小韓，他告訴我一個意想不到的不幸消息：譚政委和夫人搶救無效，已經去世。

回來路上，又遇到陳秘書，神色非常悲傷，接著，那部吉姆從我身邊駛過，汪秘書正在裡面，用手拭著眼淚……

回到八號，黑洞洞的。這兩天，一個人也沒有來。八號從來沒有過的死寂，更增加了我的悲涼氣氛。

十二月二十日

今天是戒嚴的第四天。

大院冷清清的。譚去世的消息像陰影籠罩人們心頭。連日的明亮冬天的太陽無法驅散這種悲哀。

聽說公祭儀式已經舉行過了。

今天早上，甫秘書和劉秘書回來了。劉秘書一直在屋子裡走過來走過去，心情沉痛而憤怒，只是連連說：「損失太大了！太大了！……這些人，一點兒警惕性也沒有！根本沒有！一點兒也沒有！」

甫一進門就跑步上了樓。我把這些天收到的文件收齊，送給他，問：「要看這些文件嗎？」他正獨個兒撲在辦公桌前傷傷心心地哭。他一邊擦眼淚，一邊對我說：「你放下吧。首長已經走了，我們還能幹什麼？你們想做什麼就做什麼吧。」他對我的態度從來沒有過的和藹。我差不多也要流淚了。

人民日报

中共中央委员、中央军委委员、云南省革委会主任

谭甫仁同志逝世

解放军昆明部队和云南省革委会举行了追悼会

谭甫仁同志遗像。 新华社发

新华社昆明二十五日电 中国共产党第九届中央委员会委员、中共中央军事委员会委员、第三届全国人民代表大会代表、中国人民解放军昆明部队政治委员、云南省革命委员会主任谭甫仁同志，于一九七〇年十二月十八日在昆明不幸逝世，终年六十岁。

谭甫仁同志于一九二八年二月参加中国工农红军，同年五月参加中国共产党。历任连政治委员、团政治委员、师政治部主任、旅政治委员、纵队政治委员、军政治委员、省军区政治委员、武汉部队第二政治委员、中国人民解放军工程兵政治委员等职务。

谭甫仁同志一贯忠于毛主席，忠于党，跟随毛主席干革命，几十年如一日，全心全意为人民服务，对党对革命事业，作出了贡献。

二十三日下午，中国人民解放军昆明部队和云南省革命委员会举行了追悼会，追悼谭甫仁同志。

1970年12月18日新華社發布的一則語焉不詳的「訃告」。開國將軍譚甫仁擔任「雲南王」後，被他推波助瀾、愈演愈烈的階級鬥爭，最後讓他把自己的性命也搭上了，成了當時為止中共被暗殺的最高長官。這個神秘的凶案至今仍被民間演繹出不同版本的驚悚故事。

二十三、風一樣的媽媽走了

我媽媽也是在一九七〇年去世的，只是時間在年初，就是我們剛剛為元旦社論〈迎接偉大的七十年代〉激動萬分不到一個月。這件事我沒有記錄在日記上——當本故事已經寫到歲末，譚甫仁及暗殺他的刺客都已經先後死去，我才突然決定，我必須把母親的離去補寫下來：為了紀念，更為了懺悔。我想要告訴我們的孩子們，荒唐歲月裡的中國，在所謂革命的名義下，私人生活曾被擠壓到多可憐的角落！人類最珍貴、最美好的情感被扭曲得多麼澈底！

有很多理由和記憶足以讓我為母親的離去而痛哭。但我恰恰沒有。一旦離開了她的懷抱，我就開始在共產黨的學校裡喝著狼奶長大，最後，我除了鬥爭、仇恨、服從和恐懼，人類所有的美好情緒全都忘記和迷失了。收到母親去世的電報，我沒有哭，連想哭的念頭都沒有，我只是非常冷靜地想著該如何向領導說明，並且公事公辦地向他們請假奔喪：完全按照規定，不讓他們產生任何負面的政治聯想——那時，我正準備申請入黨。

下面的日記記錄了我申請入黨時，支部成員對我集體談話摘要：

關於自己的歷史、家庭、社會關係一定要說清楚。可以從記事開始，父親、母親、親戚對自己都有些什麼影響？家庭的經濟情況，解放前三年或更早，靠什麼來源維持？到底是剝削階級或者不是，一定要有個大的界限劃分……

家庭問題，對黨要真誠老實。城市沒有劃成份。你的申請書寫過兩次，開始說是貧困人民，後來楊、華（筆者注：指支部負責人楊發樾、華錦標）找你談了，又改寫了一次，比較接近實際了。從你家庭來看，是有一定剝削的。思想上要承認剝削。兄弟姐妹多，在舊社會能維持生活是不容易的。解放後收房租，也是一種剝削……

社會關係。兄弟姊妹的情況，如哥哥，參加過國民黨軍隊，要說清楚。

……

支部委員們沒有說到我的媽媽。因為母親實在沒有什麼值得他們好說。媽媽來自農村，一輩子大字不識，典型的傳統賢妻良母。過門幾十年，她就一直不停地為這個家庭生孩子養孩子。還有，幾十年來，媽媽就是兢兢業業為眾多成員準備一日三餐。過年了，她還會用炒米和紅糖做一大堆米花糖，幾乎把整個土罎子塞滿，足夠娃娃們一直吃到快樂的年關結束。因為沒文化，除了不停地做和不停的生，她永遠生活在父親的影子之下。此生媽媽唯一一次先知先覺的政治見解——她曾對我如是說——你爸解放前一賺錢就想要買田置地，幸好被我堅決反對了，要不，共產黨來了劃個地主，不挨槍子兒也遭捆綁吊打，人財兩空。這種先見之明，完全出於她對於窮鄉僻壤樸素的疏離感和恐懼感。她喜歡城市的喧鬧和多姿多彩。遲暮之年，她很老了，成天就一個人，孤獨待在人家店鋪的櫃檯後面，默默地、饒有興味地張望馬路上車來車去，人來人往。

對於父親，她只是一個影子；對於孩子們，她卻像空氣一樣無處不在，陽光一樣溫暖如春。孩子們是她唯一的榮譽和寄託。小時候她常常牽著我的小手到門外的小街溜達，偶然與熟人相遇，對方總要問：「老幾呀？」媽媽答：「老十一」。對方馬上便嘖嘖了：「哎呀呀，有福氣！有福氣！」我永遠記得媽媽那時多有成就感。

後來我上小學，該輪到爸爸了。為了培養我背書的本領，他毫不留情地採用了「魔鬼訓練」。具體做法是，每晚要我必背一則古文作品，都是和教科書、從而與升學率毫無關連的東西，比如「唐詩」、「天地玄黃」、「幼學故事瓊林」……等等。這些讀物不知他從何處隨機弄來，無任何系統性。爸爸文化水平本來夠低，私塾一、二年級罷了，他完全是「見子打子」。最讓我搞不懂的一本教材名曰《聲律啟蒙》，什麼「雲對雨雪對風晚照對晴空來鴻對去燕宿鳥對鳴蟲」之類，直到幾十年後我才知道，那是古代撰寫對聯的啟蒙讀物。父親下達的指標是每日背誦一則，完不成任務就得受罰。懲罰手段就是用戒尺打手心，當然還包括不得睡覺。只是發生在我兒童故事裡的情節往往是這樣——夜深人靜了，媽媽見我還可憐巴巴站在父親面前發楞，總要走上前來明知故問：

「怎麼回事啊？」

然後就拉過我，說先去解個手吧！解了手再背。家裡沒廁所。馬桶就放在床後面。待我小解完畢，媽媽立即借密不透光的蚊帳為掩護，悄悄把我抱上了床——等父親發現娃娃已在帳內呼呼大睡，只能嘆口氣，不了了之。

後來我又大些了。每天都要和哥哥一起步行很遠上學。天很黑就得起床。媽媽身體不好，怕冷，起不來。她總是在前一晚便將飯在一只小奶鍋裡盛好，放置在一只玩具大小的土爐上，添滿糊碳，再下面是幾張廢紙。每早起床，我和哥哥只用劃一根火柴把廢紙點燃，用扇子煽幾下，讓糊碳著了，冷飯很快就可以吃了。

讓媽媽自豪的小鳥們一旦長大，都一隻隻飛走了，去了天涯海角。對此她只能徒嘆奈何。後來我終於上了中學。雖然沒有遠離故鄉，但她卻不能牽我的手，到街道上去繼續接受陌路熟人的讚美。我給她帶來的快樂是：每逢哥哥姐姐們來了信，趁爸爸外出不在，她總要討好地讓我給她念念這些遠方兒女的消息。信件總是被爸爸用鐵皮票夾成沓夾好，掛在牆壁上。

「孜仁，誰的信？都給我念念……」她每次都這樣明知故問。

我的回答總是非常慷慨。可是，不知為什麼，除了感覺回報母親的驕傲，我還有一種可憐她的情緒：這是多好的媽媽呀！她應該生活得比這個好啊！

記得上初三，我覺得自己應該是個男子漢了，於是非常慷慨地請媽媽第一次、也是唯一一次看電影。是我攢的零花錢，每周兩分。這次慷慨用掉了我整整一個多月的積攢：一毛錢。片名是《地下宮殿》，關於發掘十三陵定陵的記錄片。我只能請她看紀錄片，因為便宜，一張票只要五分錢。我永遠記得媽媽從電影院走出來時的快活與自豪。

再後來，我更大些，也該放飛了。我比哥哥姐姐們更幸運，考上了大學，要離開故鄉遠行。臨行那天早晨，媽媽一定要為我做飯。我堅決不同意。正是飢餓年代，家裡已絕無能補充給我的餘糧殘米，還有，火車開點太早，天不亮我就得起床。前一晚，媽媽佯應了我的要求，可第二天凌晨，媽媽已先我而起，用白開水把冷飯給我燙好，又從土罈裡撈好了泡菜……

幾十年後，我已經去過世界的不少地方，吃過不少的山珍海味，但我覺得一九六一年夏天漆黑的凌晨那一小碗開水泡飯，是此生最好吃，也永生難忘的美食。

中國人有一句俗話：「皇帝愛長子，百姓愛么兒」。在十二個兄弟姊妹中，我是排在最後的男性，媽媽對我的期望值肯定最高，可最後恰恰是我，讓她最徹底地失了望。我記得很清楚，大學畢業前夕的最後一個暑假，快結束了。晚上，媽媽突然嚴肅地和我討論分配問題。我已經是個真正的男子漢了，媽媽的口吻完全是低三下四的請求：

「畢業了，你就分回成都吧！」

我說：「不，媽媽，我要響應黨的號召，到最艱苦的地方去，比如，去西藏。」

「你們長大了，一個個都走了，一個也留不下來啊！……」媽媽很悲戚了，「你實在要響應號召，就近一點，就留在四川，不管哪兒都行。好不好？你隨時可以回來看我……」

我突然笑了起來，我覺得媽媽的要求實在太幼稚。「媽媽！去西藏和去近一點的地方有什麼區別呢？」我說。其實，我當時什麼都不知道哩。我只知道政府規定每年有十二天探親假。我說：「路遠路近，都是十二天啊！」

「不……」媽媽完全不知道該怎麼說服我。

我繼續說：「媽媽，反正畢業了，每月領了工資，我都給你寄錢。」

沒料到她突然哭了起來，哭得很傷心。這是我長大以後第一次讓媽媽生氣，也是這一輩子唯一一次看見媽媽哭，我完全不知所措。

媽媽停住哭泣。我固執的沉默顯然已讓她絕望。她終於果斷地向我宣布了，說：

「我不要你的錢！」

在那一天的日記上，我這樣寫了：「看見媽媽哭起來，我曾經難過。但我的決心是不能動搖的。要做一個革命者，要跟黨走，必須心硬一點，必須和任何私人的情感鬥爭。」

我翻找很久，始終找不到那則日記。但我肯定記得是畢業前的一個夏夜。因為，等到我正式畢業，正好是一九六六年，文革爆發了。我已沒有可能回家去和媽媽討論畢業分配的事情。接下來發生的是，我那可憐的家被人點水，抄了。媽媽抱著剛滿一歲的孫兒匆匆逃跑，被紅衛兵抓回來，遭遇野蠻搜身，甚至把她的頭髮抓得一團糟，人家說她身上藏有金條。

時間是那一年十一月，正當我在重慶文革舞臺鬧得熱火朝天，突然得到成都老家被抄的消息。不僅供奉祖宗的神龕被砸，為了抄出暗藏的金條（據說是居委會或派出所點水，又說是解放前做生意時的某仇家使壞），連地板和爐灶都撬了個底朝天。我很快帶了一床棉被便從重慶趕回成都。我看見爸爸媽媽整日價懾縮在泥地上的草堆和破絮間禦寒度日，無處藏身的饑鼠則在稻草中肆無忌憚地穿來穿去。一日三餐，只能在灶臺夷平處，用三塊磚頭圍起來開野炊一樣做飯。那一年，她已是六十多歲的人哪！面對狼籍不堪的廢墟，我還能說什麼？再說，我自己已像瘋狂的陀螺，被革命的鞭子抽得團團轉。全然不知今後前路何在？

事實是，兩年後我莫名其妙被打了「反革命」、接受審查，最後亡命天涯，根本不敢回家告別。雖然後來，我確實把補發工資的大部分，寄回了家，並且堅持定期寫信。只是我不知道，我不在家，誰會把我的信讀給媽媽聽……我等待有一天，我會回到低矮的屋檐下，藉著幽暗的天光，再次親自讀給她……

但是，她突然去世了。

收到報喪的電報，我剎那間楞了，全然不知所措。

我已經到了地方政府的最高層。雖然我從沒想過如何往上爬，但知道事情如果處理不好，隨時會跌落深淵。幾十年後，當我行筆至此，總想狠狠詛咒自己的冷漠和醜陋。我已經做了父親，我的孩子也成了家，有了自己的孩子。老老實實寫下這些來，我是想告訴我的孩子和親人，為了母親，我永遠不能原諒自己。

媽媽是一九七〇年一月二十四日去世的。我們圍坐在八號別墅院明亮的會議廳，剛剛為元旦社論〈迎接偉大的七十年代〉激動萬分，還不到一個月。

我公事公辦地請了假。我完全不知道應該為母親的離去做些什麼。我唯一能做的，就是編造理由去省委機關的財務多借些錢——這筆借款讓我賠了將近一年——我沒有對這個家做過貢獻，更沒有能力償還媽媽的愛，我只是答應過她我會按時寄錢的，可是我工作還不滿一年，她就走了。成昆線尚未通車，得經貴陽、重慶繞道而行，擠擠停停，差不多三四天功夫。旅途延宕，我有足夠時間讓自己平靜。顛簸於擁擠不堪的列車，我胡思亂想。我甚至還想起毛澤東關於哲學的講話，說什麼莊子死了老婆，不但不悲傷，反而「鼓盆而歌」，慶祝辯證法的勝利……我僥倖希望母親已經下葬，我看不見她，所有難堪和無助都不復存在……

四川天寒地凍，冷極了，靈柩可以一直停放在屋裡。父親、還有兄弟們、姐妹們，一直等我回去了，這才打開棺蓋，讓我最後看一眼媽媽早已縮得很小很瘦的遺體。真奇怪呀！我就是在這個懷抱裡長大的。而且，那兒曾是世界上讓我最感溫暖的地方。我腦子裡突然什麼也沒有了，只是一個勁兒地嚎啕大哭。我沒有心思去想辯證法的勝利，我只想知道媽媽臨走前是否提到我？是不是希望和我再見一面？

姐姐要我抹抹媽媽已經僵硬的臉和好像尚未合下去的眼瞼，我照吩咐一一做過，接下來，就把棺木永久地合上了……

起靈時天還沒亮，整個成都在黑暗中安睡。是遠鄉趕來的侄兒們抬的棺。一群鄉下漢子，很敬業地在山路上走，我就跟在後面，從黑暗一直走到天亮，走到冬日難得的暖日當頂。從杳無人跡的市街，走向有小河靜靜流過的空曠原野，走到她來到這世界的起點——成都東郊西河場鄉下。侄兒們在坡地上為她安排了一小塊長眠之地。寒冷田野裡的莊稼已經收穫，極目遠望，只有灰色的天穹，寂寞地瞅著光禿禿的土地，和遙遠的、起伏的地平線。

幾十年後，我才向小妹妹詳細瞭解了所有的情況：

媽媽是新年元旦開始發病的。說不上什麼病，孩子生得太多，長期營養不良，體能嚴重衰竭。而她拒絕吃藥，她太相信自己能扛得過去。直到過了二十三天，實在不行了，她不得不同意去醫院，正是這一天，媽媽的生命走到了盡頭，誰都無力回天。四哥是個有經驗的中醫，晚上，他極端認真地給媽媽把過脈，接著便小聲告訴妹妹，說估計過不了今夜啦！他要妹妹再待著，自己騎車先回家熬點紅參湯，爭取再拖拖時間吧！至少拖到天明再說吧！

病床上的媽媽非常安詳。四哥走了，妹妹就站門邊靜靜地待著。不知道媽媽怎麼竟發現了她，就小聲說了：「你過來吧！」媽媽要妹妹上床陪她一起睡。她說門邊風大，太冷，她怕妹妹著冷。

妹妹對我說，媽媽的聲音很小很小，但依舊透露著永恆的溫暖母愛。妹妹對她說不，「你抓緊好好睡一會兒吧！」接著上前去為媽媽把被子拉了拉，又在四面將被角掖好，別讓冷風鑽進。媽媽果然很安靜了，沒有再動。妹妹再次退去門邊，站著，突然，她發現媽媽的身子劇烈地抽縮起來，腳還蹬了幾下，乾枯的手甚至又露出了被窩，妹妹馬上又上前為她掖好被子。從此，媽媽就再也沒有動彈過。

不一會兒醫生例行查房，來到媽媽床前做過簡單檢查，馬上便將妹妹叫去隔壁，一本正經通知說：「病人已死。你們準備埋還是燒？燒，馬上轉運停屍房；要埋，就請儘快運走。」妹妹回答了一個「埋」字，接著便嚎啕大哭起來，接著瘋也似往醫院外跑去。正是成都最寒冷的冬夜，風在熟睡的黑街夜巷間肆虐咆哮。從醫院到家還很遠，她就抄小巷跑。忽見有騎車人駛來，她瘋也似站去路當心，大張兩臂阻擋，她以為是四哥呢。人家以為她是病人，減速，準備繞道。妹妹發現認錯了人，馬上讓開，繼續瘋也似地跑。

終於到了家，爸爸正好送四哥出門。提在手上的紅蔘湯剛剛煨好，為減少散熱，還用毛巾捂得緊緊，裝在籃子裡。妹妹什麼也沒說，只管大哭——什麼都明白了。提在四哥手上的籃子砸下來，鋁罐裡的紅蔘湯潑了一地……

幾十年後，因為寫作方面的原因，我曾多次去烏蒙山深處一個叫撒營盤的山村採訪。那是一個篤信基督、相信永生的民族。他們的墓碑幾乎都鐫刻著這樣的話：某人，生於某年，某年「被上帝寵召而去」。媽媽在這個充滿苦難和動蕩的世界上只活了六十四年。於是我突然想起，是不是上帝看見媽媽活得太苦，連最愛的小兒子都背叛了她，便把她提前接走了？

當年我的母親
通夜沒合上眼睛

伴我走遍家鄉
為我一路送行
在那拂曉的時分
她送我踏上遙遠的路程
送了我一條手巾
她祝我一路順風

這是前蘇聯的一首電影插曲〈母親〉。我沒有看過這部電影，但第一次聽人唱起，我就被深深打動了，並且永遠記住了它。它幾乎就是我這一生最喜歡的一首歌。我喜歡它徐緩的節奏和憂傷的情調，特別是從「通夜沒合上眼睛」低音區的「七」忽地升至到高音區「一」的的「伴我走遍家鄉，為我一路送行」，我的心總會像從密林溪谷一下子被帶向了高路雲端，止不住渾身顫栗。那是上大學時偶然聽到的。後來，每逢晚自習結束了，走出教學大樓，面前是如水的月光和滿地涼意，我就會小聲地哼唱。有時是因為懷念遠方的親人和朋友；有時因為對人生未知的渴望；有時什麼也不為，僅僅是青春期朦朧的渴望和顫抖心中的莫名惆悵……這首關於母親的歌，包含了我對於愛的全部感悟。階級鬥爭異常冷酷的年代，我不敢大聲唱它，因為它首先屬於「蘇聯修正主義」，還有，這首歌為我詮釋的全部愛與溫暖，和當時的社會主流思維那麼格格不入。我只能獨自對著月亮，對著繁星燦爛的天空，對著夜色迷離的校園小路，小聲哼吟。我希望有一天，我能夠直接唱給媽媽。而現在，一切都不可能了。

二十四、永別了，八號

一九七一年新年到了。這是周五。日記記錄，這一天天氣寒冷，八號院裡，「星星點點的黃色花蕾又在灌木叢中悄悄綻放。梨樹的落葉把小徑鋪了一地。新的春天又將來臨。」這一天，兩報一刊照例又聯合發表了元旦社論：〈沿著毛主席革命路線勝利前進〉。這肯定是一篇不知所云、無病呻吟的平庸文本，因此它到底說了些什麼內容？我們學習沒學習？討論沒討論？這些都沒有記錄。剛過去的這一年對於我們國家，肯定是非常失敗的一年。為了鞏固文革成果，殺人如麻的「一打三反」運動，用罪惡的子彈洞穿了太多為國家命運而自由思想的睿智頭顱；作為文革最重要成果的毛、林體制終於出現裂痕並很快將潰決千里；而雲南，「劃線站隊」的始作俑者和最高司令譚甫仁被三粒仇恨的子彈莫名其妙結束了生命，為這一年做了晦明不定的結論。

就我個人而言，過去的一年卻是非常值得紀念的。我終於從人生最初在困境中突圍出來，為自己確立了作為災難時代見證人和書記員的使命。幾十年來，我在世俗的文字領域雖然顯得很平常很平常，但年已遲暮，回首過去的一生，我卻堅信自己並不算庸碌，甚至因為我誠實的努力而倍感自信。那艘承載我所有信念的寫作之船，正是從一九七〇年昆明軍區八號院出航的。離開八號那一天，我心裡了無遺憾。

一月二日的日記如下：

今天早上，大家準時來八號上班，以為要學習什麼文件，曲科長突然宣布：咱們搬家！今天就搬！馬上就搬！

他的憤怒讓我們很感意外，事情怎麼會這樣突然呢？

忙忙碌碌收拾了一整天，大家把各自東西全都收拾光了：從書籍到衣物，又把公物、報紙和文件，全部封存在一個地方，上了鎖。

我的家當全部加起來就一只箱子。是託人從貴陽買來的，準備今後結婚用。花了十元錢，我一個月工資的四分之一。捆在單車後架上，比我到保山時闊氣多了。

晚上，最後一次值班——和一年多來許多夜晚一樣，八號就我一個人了。我掃了地，然後把樓上樓下的屋子全部仔細檢查一遍，最後，來到會議桌前。孤零零一人，我有點百感交集。明天就要離開了。我發現桌上有一張紙。我拉過來，寫了這樣一行字：

永別了，八號！

卷三

省委辦公廳

二十五、新居

文化大革命把共產黨官員打得七零八落，他們的辦公機構和生活環境也被打得七零八落。原來黨委的辦公廳、組織部、宣傳部、工交政治部、農村工作部、政府的部、委、辦、局，群眾團體……統統被砸得稀巴爛，文革廢墟上重新組建的「四大組」對所有黨政大事實行大包大攬：辦事組（相當於黨委和政府的辦公廳）、政工組（相當於權力很大的組織部和宣傳部）、生產組（相當於政府的計劃委員會、經濟委員會以及各職能廳局）和人民保衛組（公、檢、法全部囊括其中，現在就真沒什麼法制好講了）。雲南省革委會辦事組設立在國防路原書記處辦公樓；人保組使用原來的省公安廳；省總工會的大院反正沒用，政工組就安排去了那兒；生產組，工作門類太多太雜，通通放到了省委二號大院。

省委二號院斜對過的一號大院，則是省級官員和機關幹部的生活區。一號大院和昆明軍區大院之間是貫通昆明東西方向的金碧路。這兒解放前地處偏僻，達官顯貴於野地林間修築了不少別墅，遠隔塵囂，真是城市中的鄉村呢，解放後全被政府收繳或收購，打一片圍牆圈起來，置些嘉樹名花，鋪些通幽小徑，便很有庭院景象了。別墅分配給書記、副書記、省長、副省長作私宅；又新建「甲棟」、「乙棟」兩幢三層宿舍樓供其餘三六九等各級幹部居住，再配套些醫務室、幼兒園、食堂、理髮店、小賣部、洗澡堂……這就是省委一號大院了。文革大亂，「走資派」掃地出門，小別墅空了許多。新生紅色政權「精兵簡政」——據《人民日報》介紹，全國「精兵簡政」的先進典型河南靈寶縣，所有吃皇糧的公務人員，全部加起來僅三十六人！明眼人一看就知道這是表面文章的象徵數據。如果把實際存在的、「紅色政權」派生的、雜七雜八的「臨時機構」加起來，人數絕對遠比「舊政權」龐大許多。這些派生而出的人正發愁沒地方辦公呢，空房閒舍就派上用場了。比如：「毛主席著作印刷辦公室」（簡稱「毛辦」），以後被批對領袖大不敬，改稱「敬印毛主席著作辦公室」簡稱「敬印辦」）就設在原文教書記高治國的私宅；「敬印辦」搬走後又改了「毛主席像章製作辦公室」（簡稱「像章辦」，又以為對偉大領袖大不敬，改稱「敬制毛主席像章辦公室」簡稱「敬制辦」）。

「核辦」也是新生紅色政權匆建草成的臨時機構，沒地方辦公，也被塞進「自絕於黨、自絕於人民」的原省委一號大佬閻紅彥私宅，人稱「閻王殿」的二十四號。原省委組織部長孫雨亭，據說文革前很霸道，「路線」又站錯了，當然被掃地出門，他的私宅八號，就成了從軍區八號「請」出來的原「譚辦」人馬的辦公室。如今我們已屬明媒正娶，叫「核辦」調研組，再過半年，重新成立雲南省委，「核辦」改了省委辦公廳，我們正式冊封為「辦公廳二處」。

好，現在名正言順了。

省委辦公廳共設六個處。一處為秘書處，負責辦公廳及常委首長日常行政事務。領導的私人秘書都隸屬於本處。所謂私人秘書，就類似於甫漢之於譚甫仁——說難聽點，就是太監一類角色，可以打著首長名義行好事也可幹壞事。那時候整個社會乾淨，收受賄賂、暗納女色之類的事倒是沒有，小打小鬧占便宜的卻時有發生，如「內部電影票」、幫親戚朋友走點後門等等。最嚴重的，也有被女色勾引而不能自持從而權色交易、身敗名裂者。雖然鳳毛麟角，關於這個，下面還有詳述。二處為調研處，工作任務和原來譚甫仁在八號向我們「黑班子」交代的差不多：「起草給主席、中央的報告」、「起草省委文件和領導講話」、「圍繞中心工作進行調查研究，給領導當參謀」等等，一聽而知屬清水衙門。和筆墨紙張打交道，想幹壞事也缺乏條件，更何況本處成員都屬文人秀才。從工作性質講，一處和二處都直接為領導服務，工作關係最為緊密，因此又常稱為秘一處和秘二處。二十四號和八號同處一號大院，距離近，交流方便頻繁，後來兩家整體搬遷到書記處大樓，更是低頭不見抬頭見。

三處為機要處，負責掌管「密電碼」及往來文電。天線、電臺這些專用設備必須安排在專門地方。這可是個要命的部門。據「老機關」介紹，文革前，該處處員人人配備手槍，出門上街必須三人同行，十分神氣活現。只是文革亂世把這些神祕虛榮破除淨盡，大家只講究實際。配槍有什麼稀奇？你敢打人嗎？你出門三人同行，想泡妞找對象怎辦？而且紀律規定，上班涉密對親人也必須滴水不漏。多難受！機要處有個打字員叫楊繼紅的，若干年後她老公陳光明曾向我發牢騷，說毛澤東病入膏肓之時，初收密報，三處處長劉方春便交他老婆打字成文送雲南最高領導閱示，為確保絕密訊息不至擴散，此後所有相關毛病情的電報一律由楊一人接觸。楊本體弱，某夜風急雨驟，高燒不止，老公陳正心急火燎無可如何之時，忽聽有人急擂家門。劉處長撐傘站門口，暴雨像暴漲的山洪嘩嘩地順著雨傘往下流。他要陳通知老婆務必速速趕去辦公室加班打字。

「我老婆正燒得糊塗呢！瞧，半夜，沒醫沒藥的。」陳老公的回答可憐無助，說處長，「打字的事，能不能讓其他同志幫幫忙啊？」

劉堅稱不可。

小楊已聞聲披衣而出，劉上前對她小聲吩咐，如此這般。楊一聽，斷然對老公宣布：

「你別解釋了！我必須去！」

若干年後，陳光明告訴我，那晚上處長喚老婆去打印的文稿，正是關於毛澤東病危的密電。陳非常委屈地向我訴苦，說她老婆從來對他守口如瓶，直到毛已命懸一線，氣若游絲，他還一直以為偉大領袖身體健康萬壽無疆呢。「可是，」陳說，「後來四人幫垮臺，辦公廳搞『揭、批、查』，還是把我老婆揪了出來，說她洩露了毛的健康情況，讓幫派分子加快了篡黨奪權的步伐。念她年輕無知，最後算是只給了個行政處分——你說冤，還是不冤？」後來，陳堅決要求老婆從機要處離開。

四處叫信訪處。因為交道少，我一直不知道該處位於何方？那年月機關衙門不像如今森嚴。要上訪要告狀，老百姓根本不稀罕區區信訪處，直接就衝省委辦公廳找書記，找不到書記找主任，找不到主任找處長，再不濟，找廳值班人員也比現在裝門面的信訪處強。某周日，輪到我在廳裡值班，辦公廳直接就衝來一位奇人——著名影星楊麗坤小姐的姐姐。文革前，美女楊麗坤一影成名且名滿天下，文革肇起，自然被其所在的雲南省歌舞團批為「資產階級苗子」，後來乾脆打成「現行反革命」，最後乾脆逼成了一瘋人。乃姐修書一封要我呈報省委一把手「周興同志」，狀告文化廳不按黨的政策行事，並要求公家將病人送去石家莊某著名精神病院就醫。聽罷楊姐苦訴，我對大影星的悲事同情有加，楊姐剛走，正好周興的秘書余顯柏來辦公廳，我馬上向其轉述了楊大明星冤情。大秘書行色匆匆，來不及聽完已追問了：「信在哪兒？」我急忙將信遞過。大秘書拆開，也不看，提筆便批：「轉文化廳領導處理」我急了，忙提醒說：「人家就告文化廳呀！」余根本不想和我討論，說：「小周，你別管！你轉過去就是。這類事，現在太多！都找政委，想把政委累死啊？」

告狀信的結果可想而知。所幸，楊姐絕非省油的燈。見辦公廳告狀無果，她乾脆直接告御狀，給周恩來寫信，接著又候在一號大院「攔轎」，活生生把周興的座騎堵了下來。那年月全雲南只有四輛德國「賓士」，軍隊和地方各二輛。周興用了地方的二分之一，很好辨認。其時周興已經收到北京發下來的周總理批示，楊的上訪行動全勝而果。

五處為刊物處。任務是與北京的《紅旗》雜誌上下配套，編輯出版內部月刊《雲南工作》。領導對該刊物好像一直不予重視，人員配備也就馬馬虎虎。該處倒也聚了一幫秀才：省委黨校的幾個老師再外聘幾個文人寫手，頂多不過張德鴻那樣的書呆子，水平和權威不好恭維。處長是一叫馬儒林的軍代表，陝北人，生得牛高馬大，相貌堂堂。可馬代表完全沒有軍人的霸氣，一見人就樂此不疲地發牢騷，而且永遠那一句：「我們刊物處，不如你們首長身邊的人啊，沒權沒錢，什麼也玩不出來，就會實踐毛主席的革命詩詞『清平樂（清貧樂）』。」

最後一個是檔案處，排序六處。除了全廳開大會，交道就更少了。

省委辦公廳組建情況介紹既畢，下面繼續說我們調研組。

從軍區八號搬到省委八號。當時不興講究「口彩」，不懂「八」「發」同音同義，吉祥富貴，如換到現在，大家肯定會無限聯想，一八再八，前途肯定無限，升官發財肯定大有希望。當時絕無此感覺。我內心已經有了自己的信念、邏輯和生活方式，我覺得外部世界的變化對於我毫不重要。從軍區譚辦搬進前省委組織部長的私宅，對於我來說，只不過如物理學上說的，一個質點由一個坐標位置勻速平移到另一個坐標位置。一號大院八號給我的感覺，就是比軍區八號小，但小巧精緻。平房。所有的房間都裝飾了木板牆裙，這是我第一次看到這種室內裝飾。沒有地毯，卻鋪了綠色地氈，倒也相宜。小花園裡幾樹紅桃，一列修篁，在昆明初春的陽光下顯得特別明麗。我女朋友從保山調來昆明，涂曉雷專門為我倆在花園裡照了一張照片紀念，時已仲夏，桃花早謝了，滿樹墜滿果實。年初，譚辦全班人馬進來時的感覺，則是這房比軍區更敞亮、更人氣一些，搬完家就集體照相留了念。

因為一時沒地方住，處裡就把別墅後面的附屬平房分了一間給我。劉老當（就是派頭特足，農民一見他就如老鼠見貓一樣發抖的那位南下幹部）和毛治雄（就是做事低調但十分精明能幹的後雲南省文化廳長）也因單位調離沒住處，安排和我處了鄰居。當時思想保守，女朋友調昆明後，因沒正式登記，不敢貿然同居，我就把我的住房讓給她，自己住辦公室。

我真正成省委人了。我這個省委人理論上已屬正版，而不是前些年造反組織隨意分封的「山寨版」。於是不由自主，我便漸漸有了一種進入體制內的優越之感。成天和雲南省的最高層領導近距離接觸，和恃權傲物、老成持重、隱忍韜晦、含威不露……各色「老機關」廝混互動，真正感受到上層的生活的奇特和快意。

「物理學」把能量分為兩種：「動能」和「勢能」。動能是和物體運動速度成比例的能量；而勢能大小，則完全因位置高低不同而不同。這倒和人類差不多。成天懶洋洋、死癟癟，一點速度沒有，這種人在社會上就難混下去了；勢能則不同，它完全取決於高度，用物理公式表示就是「E等於M乘G乘H」，其中，E為能量，H就是指高度，高度越高，勢能就越大。千百年來，老百姓說當官的「有權有勢」。這個「勢」，其實也就是「物理學」說的那個勢能了。官位並不必然就代表智慧，代表速度，只不過到了那個高位自然就具有了那位置的能量。完全可以設想，如果把一個傻瓜推到高位，求他、捧他、害怕他，同樣人群多多。我真真切切成省委人了，雖然小小一秘書，但畢竟省委辦公廳：雲南最高位置，我順理成章也具有了某種勢能，找我的、要我幫忙的，少不了隔三差五就來了。我發現，那些在求助者看來千難萬險的問題，對我簡直就舉手之勞，找相關人員打個招呼就行了。我樂於助人，也很喜歡被人讚美的快感。

前面說了，房子安排在八號的別墅後面，雖然附屬房，比外面老百姓一般房還是高級了許多——彈簧門，防蚊蠅的紗門，質量很好的木地板。此外，還配備了沙發茶几之類家具。（準確地說，是我自已去找房管處索要的。「走資派」掃地出門之後，他們的家具扔下一大堆，只管要就是。也不登記），客人一進家門，都會驚奇地嘖嘖讚嘆。我還找房管人員弄來一方古雅硯臺和一套筆墨，在接受了客人讚美之後，常常賣弄地手書「墨寶」一幅相贈。毛澤東一貫擅長隱喻暗示，最高指示常與古僧論道談禪無異，還最喜歡來點古詩舊典，這正好成了我的書法素材。比如：毛想要修理一下周恩來，就給文豪郭沫若寫一詩相贈：

勸君莫罵秦始皇，焚坑事業要商量。祖龍雖死魂猶在，孔學名高實秕糠。百代皆行秦政事，十批不是好文章。熟讀唐人封建論，莫從子厚返文王。

最善拍馬的郭老馬上痛哭流涕奉合：

春雷動地布昭蘇，滄海群龍競吐珠。肯定秦皇功百代，判宣孔二有餘辜。十批大錯明如火，柳論高瞻燦若朱。願與工農齊步伐，滌除污濁繪新圖。

還有一首〈沁園春・詠石〉，聽說是陳毅元帥所寫。他為什麼寫？寫給誰看？說法不少；版本幾種，錯訛亦多。大意如下：

白玉一方，晶瑩無瑕，圓潤生光。豈怡紅公子，命根維繫，梁山好漢，天道周行；狂風不移，烈日難化，石中迸出美猴王。傳千古，掘幾多寶窟，龍門雲崗。莫道鐵石心腸，有熱血沸騰湧滿腔。任離合悲歡，不動聲色，嬉笑怒罵，皆成文章。上補青天，下填滄海，粉身碎骨自剛強。了此願，亦不枉平生，非夢一場！

最莫名其妙的是說在廬山鬧出問題的大將黃永勝，一介軍人，毛要他檢討和林彪的關係，他公然也在大會上念了唐人章碣的詩：

竹帛煙銷帝業虛，關河空鎖祖龍居。坑灰未冷山東亂，劉項原來不讀書。

這不明顯向毛發牢騷嗎？當時我們不知道，反正神祕就行。越搞不懂越好。直到幾十年後，我仍然想不清楚大家流傳這些東西是怎回事？反正大家傳，我就傳唄，只要能說明自己與眾不同，這就夠了。

三年後，正是在八號附屬平房的書桌上，我非常高興地接待和認識了一位來自滇西部隊的小兵——經過幾十年歷練，現在這位小兵已經成了共產黨的高官——同時，應他好心的強邀，又極不情願地寫過一封信，這次不是用毛筆，而是用鉛筆（我害怕因信獲禍），臨行還特別叮囑他儘快將該信燒毀。由於事前沒有預料到的原因，這封信恰恰沒燒，並且最終讓我牽連進一個據說被定義為「中央軍委五號案件」的大案，並遭遇了滅頂之災。

這是一九七四年的事。

左上：辦公廳二處喬遷新居後的合影照。前排右一為秦基偉將軍原秘書劉連清，左一為「書呆子」張德鴻，左二為筆者。後排左一為炮派「花瓶」幹部卜降奇。

右上：我的女友從邊疆調來昆明，在辦公室前的小花園留影紀念。

中下：雲南省委辦公廳秘書一處、二處的部分成員歡送軍代表撤離時留影。幾年後，這些秘書的命運如萬花墜落，隨風飄散，有飄於茵席之上者，有的則墜落於糞窟泥坑。前排：左8為譚甫仁秘書甫漢，譚死後，一直進退失據；左7為時任辦公廳副主任的胡延觀，後以洩露毛澤東健康狀況罪被判刑14年。中排右6為筆者。

二十六、權力之花綻放

繼續講一九七一年。

混跡於重新鞏固、堅強如鋼的政治權力場，我不可迴避地、不知不覺地發現了權力確實是個好東西。老百姓喜歡說「黃金有價玉無價」，權力何嘗不是如此？掌權人只要想把它變成商品，它的價值便隨時可大可小，要成無價之寶也不過輕而易舉罷了。由是，在中國這塊貧瘠的土地，權力之花開放得就尤其燦爛。

下面舉例說明：

一九七一年那會兒中日還沒建交，還不興講什麼中國日本「一衣帶水」「傳統友誼」，而且不知為何，偏偏開始大批特批「已經復活了的日本軍國主義」。順便補充，僅過了一年，偉大領袖就決定與「已經復活」的鬼子兵熱熱絡絡地建立了外交關係。配合這一革命大批判，全國上下大放東洋戰爭片，以提醒國人日本軍閥如何之可憎、如何之侵略本性不改、國際形勢如何之嚴峻、我們如何之需要「深挖洞、廣積糧」「準備打仗」云云。文革亂了幾年，中國影壇就剩下土裡巴基的「老三戰（《地雷戰》、《地道戰》、《南征北戰》）」，早膩味了。且不管日本製片商是想賺票房還是想搞政治宣傳，反正那寬銀幕、那大場面、那大製作，一看就讓人解氣。政府免費讓眾人看電影，本意是「大批判」，沒想一旦開演，只是個觀者湧湧人氣大旺。以至於「批判電影」一時成了「群眾最喜愛電影」的代名詞。政府害怕芸芸群氓「中毒」，下令各地政府務將觀看者嚴格控制在一定級別。幾年後，我下放雲南汽車廠，認識了一叫黃某某的工會幹部，按照工會主席的說法，黃是全廠長得最醜的男人，但政治可靠，就叫他來負責電影票的領取發放，發放對象規定為車間一級幹部，沒想很多車間幹部群情激奮，紛紛前來找主席告狀，告什麼？生產車間那些個漂亮的「長辮子」全都看過了《山本五十六》、看過了《日本海大海戰》、看過了《啊！海軍》，他們當官的偏偏電影票的影兒都沒見一個，這是怎回事啊？——為杜絕用電影票勾引青年女工的惡性事件再度發生，工會決定革去黃某發票特權，並想辦法託熟人走後門去省裡面多搞指標以平官憤。

我熟人也偶有找我要票看批判電影的。此事對我實在簡單，給政工組主管宣傳的哥兒去個電話就擺平，舉手之勞而已。雖然人家感激不已。

我利用關係替人幫忙最具成就感的記錄，是八二三「地頭蛇」涂曉雷也讓我成功幫了一次大忙。情況如下：

當時涂正在勾引某廠金工車間女工蒙麗曄，蒙的姐姐蒙麗萱當時正在瑞麗縣插隊當農民，妹妹本是極重親情之人，於是開出苛刻條件——只要你涂某有本事把姐姐調回昆明，我便以身相委，託付終身。涂雖在昆明手眼通天，可瑞麗遠在中緬邊界一線，鞭長莫及。忽然想到瑞麗隸屬保山，此地辦事正屬我的強項，這就有求於我了。他只說他的女朋友叫蒙麗萱者在瑞麗，務請哥兒們援之以手。

其時正值召開全省一個什麼地書、縣書會議，保山大小官員全住雲南飯店。我就帶涂直奔了地委書記韓乃光的房間。韓就是前面說過的山西佬、一口氣生了五朵金花的民族二支隊副政委。五十四軍執政那會兒他當小媳婦當得窩囊，現在位子磨正，很顯諸侯風範了。韓聽我介紹完畢，站去走廊上遠遠就大喊起來：

「老孫呀！孫清秀！孫清秀！」

事前我已問清楚了，孫是瑞麗縣委書記，也是軍人。聽得地委書記呼叫，孫屁顛兒屁顛兒地從房間裡出來，一邊小跑一邊說：「書記書記，我來了我來了！」然後畢恭畢敬在韓和我們面前站好。

韓介紹：「小周，原來我們保山的大筆桿。」接著又什麼什麼的，接著又說小涂什麼什麼，現在都是省委辦公廳秘書什麼什麼，然後道：「小涂的女朋友蒙麗萱就在你們縣插隊，你想個辦法，給調上昆明吧！」

孫畢恭畢敬地聽完，認真問涂：「你女朋友在哪個公社？」

涂答：「團結公社。」

孫書籍從包裡掏出一小本兒。小本每一頁都密密麻麻寫滿名字，都是通過各種關係找他調動的名單。我第一次發現，走後門的人原來如此熱鬧！孫書記翻到最後一頁，接著前面的名字寫上蒙某大名，然後插隊地址、介紹人姓名，然後合上黑名單，極負責任地對涂說：

「你說得稍晚了點，好像已經沒好單位了。現在只有百貨大樓和昆鋼還有指標。你願意不？如願意，我回去就辦；如果不願意，等下一批有了好單位，我馬上聯繫你……」

那時昆明社會有一句順口溜，單道為人羨慕的四個行業和受人鄙視的四個行業。最為人羨慕的行業是「方向盤（駕駛員——方便四處採購緊俏食品）」、「聽診器（醫生——方便幫朋友開病休證明）」、「菜勺子（炊事員——方便占食品便宜」和「刀兒匠（賣肉——理由同前）」，而最為人鄙視的是「修理地球」（農民）、「穿玻璃裙子」（售貨員）、「地下游擊隊」（馬路清潔工）和「叫咕咕」（老師）。如今孫書記給出的選項就兩個。百貨大樓雖然位置絕佳，就市中心，但因為「穿玻璃裙子」，馬上被涂否決；另一選項：昆鋼，雖然遠離市區，畢竟產業工人，比四大最佳行業也輸不到哪兒。涂曉雷怕夜長夢多，不能最好，但求更好也成，於是很快做出決定。「就昆鋼吧！」他回答。昆明是他的地盤，到了這兒還有什麼不好辦？孫書記連說好好。

大蒙果然很快調上昆明，而且涂果然透過一位叫張文的地頭蛇調進市區。事實上蒙根本就沒去昆鋼，只是通過昆鋼轉個手續就萬事大吉。張文本身就是一不能不說的雲南奇人，關於他，我們留待後面再說。涂和蒙的故事還非常漫長，大量精彩情節還沒有展開。這兒需要補充的僅僅是，在涂正揪著我為大蒙的調動四處奔走之時，某廠金工車間的妹妹小蒙偏偏出事了。她出事的情況如下：

小蒙對於涂的活動能量肯定是充滿信心的，當涂非常痛快答應幫助調動以圓姐妹團聚之夢，小蒙馬上修書一封把這件激動人心的利好消息報告了姐姐。沒承想信沒寄出就被好事者偷拆，而且多此一舉地交給了車間領導。那年月中國的社會生活雷同劃一，八卦甚少，這封有滋有味的書信自然讓車間領導大覺驚喜，馬上作為「資產階級生活方式」典型文件提供全車間批判。你道小蒙的書信都說了些啥？據知情人介紹，書意略云：「親愛的姐姐，看來涂頭已經上鈎了，只要他把你調上昆明，我馬上將他一腳踹掉……」云云。

小蒙其實早有男友。男友雖賤為工人，但生得一表人才，且聰明伶俐，還在廠宣傳隊拉小提琴，風流倜儻遠在涂之上，只是時運不濟罷了——幾十年後該男時來運轉，竟然做了省級高官——小蒙一意心屬該工人男友，一則說明她眼光非凡，只是她以為憑巾幗手段足以把涂玩弄於股掌之間，又太低估了涂的本領。涂並沒被她踹掉，倒是百折不撓地將她搞到手，名正言順辦了結婚證，直到婚後第二年涂以反革命政變罪被政府抓捕，小蒙才強行離婚，重新回到小提琴手的懷抱，算是有情人終成了眷屬。

和當今中國官僚貪污受賄動輒上萬、上億相比，當時的官吏們的以權謀私的小打小鬧實屬初級階段。相比之下，下面這則關於濫用權力的故事雖然也屬小打小鬧，好像還能拿得上臺面，直接用首長名義謀私利。故事主人公叫姚大富。

姚，雲南省委辦公廳一處幹部，原山東某村小教師。文革前，周興在山東當省長，不知怎麼就把他看上，遂上調山東省級機關。後來周興空降雲南任省長，又把姚帶了來。姚同志其貌不揚，矮個子，黑面皮，絡腮鬍，見人就一副和藹的嘻嘻笑容，一看而知屬善良溫馴之輩，如果要聯想《水滸》人物，你只能有一個選項——武大郎。平和謙恭的性格讓他得以從文革風浪中平平安安過來，待到省委辦公廳成立，他順利回到一處繼續當常委會議秘書。全中國都在苦難中掙扎，他的日子應當是夠可以的了，他的苦惱有二：一是經濟困難。老婆孩子加他四口人，就靠他一人工資慘澹度日。雖說早就做了省長秘書，可按照政策，依舊拿小教工資，如何得夠？二，雖然來滇多年，農民老婆依舊遠居山東，帶著倆孩子種莊稼，牛郎織女，長期分居的日子也挺惱人的——廉潔奉公的姚出了問題，皆因他肉身凡胎，六根難盡。卻說某日輪他值班，問題來了，是一個上訪者。上訪者是一冤情婦女，雖已半老，風韻猶存，更巧的是冤情婦一旦開口，竟然滿嘴山東鄉音。常言道：「老鄉見老鄉，兩眼淚汪汪。」姚很快找到感覺了。

原來，那女人大躍進年代來昆明支邊，在昆明什麼化工廠當了工人。不久「大躍進」破產，經濟大危機，國家實施「調整、鞏固、充實、提高」八字方針，大量裁減工人，山東女這就被「開」了回去。山東本窮苦，經過文革折騰更沒法活，實在待不下去了，又想到來雲南邊疆討生活，這就找到省委了。

共產黨一直說全心全意為人民服務嘛！也算得她好運當了頭，這一回真遇到全心全意為她服務的人了。姚聽過女老鄉冤情，馬上給昆明市委書記黎偉去電，稱：「周政委指示如何如何，請該廠務必將女工政策儘快加以落實……」云云。黎書記當然知道姚的身分，更知道周政委指示的分量，於是「政策」很快落實：山東女回了化工廠，恢復了二級工資格。她完全沒想到手上有了權力，事情竟變得如此簡單，更沒有想到這位其貌不揚的老鄉竟如此能耐。那年月大家生活都淒苦，沒有什麼東西表示感謝，左思右想，乾脆就上床吧！遠離家鄉的孤男寡女，兩情相悅，這就上床了。

床笫間的男女肯定是無話不談的。女人又開始訴苦，要求繼續落實政策了。她說她五八年進廠，算起資格來，如今工齡十多年的老職工了，才拿二級工工資，其情何冤！當年他的徒弟現在至少都三級工，月薪四十多呢！這個政策，怎說也該落實落實。

姚同志沿用前述戰法繼續落實政策，並且很快又落實了。同理，女工繼續感謝並且得隴望蜀，繼續要求落實。這回她想要落實的政策是：在車間當工人實在太苦！瞧人家幹部，整天穿得乾乾淨淨坐在辦公室發號施令，多滋潤！她也要當幹部。有了兩次成功經驗，姚的回答當然非常痛快。於是繼續沿用傳統戰法：給市委書記去電話，傳達周政委指示。黎書記同樣馬上去電化工廠領導，傳達並限令馬上落實周政委指示。

中國人講究中庸，做事不能太過頭，好事情可再一再二，不可再三，事情一過頭就走向反面。姚根本沒有想到老戰法這回失了靈，不但失靈，而且最後給他帶來了滅頂之災。他遭遇沒頂的情況如下：

山東女第三次要求落實政策，時間年輪不巧已轉到了一九七四年初，毛澤東又下令全國搞什麼「批林批孔」運動了。文革搞了六、七年，八億人口早學會了「打著紅旗反紅旗」，北京提出的任何口號都會被大家借來為己所用，發生在昆明某化工廠的故事就是這樣開始的。冤親女的政策落實得實在太快了些，快得有點兒離了譜；還有，該女或有意無意地露出的得意之情，讓人猜到她背後肯定有什麼權力背景和權力人。仇官和仇富從來都是老百姓永恆的心理主題，收拾官員和富人的快感從來都是老百姓樸素的精神訴求。偉大領袖之所以輕而易舉就把八億草民煽動起來將政敵們打得落花流水，正是瞅準了百姓的人性弱點。好了，毛澤東又號召鬧事了，領袖的主題是批判「林彪和孔老二」，昆明某廠的工人群眾自然投其所好，馬上把「走後門」「搞不正之風」作為林彪和孔夫子的滔天罪行，再具體一點，把山東女迅速竄升作為林孔的流毒餘孽群起而攻之，鋪天蓋地的大字報直指廠黨委：你們對廣大群眾的問題不聞不問，偏偏對一個山東女人一提再提？這是為什麼？有什麼見不到人的陰謀？文革噩夢還讓當權派們驚魂未定，面對群眾的強大壓力不能不將山東女的提幹事緊急叫停。

同時發生的，是交頸同眠的山東女對省委秘書壓力日益加大。姚兄的戰法本來太單調，說到底，就一招——以省委一把手的名義向市委一把手施壓。黎偉不知底裡，也老老實實向廠黨委施壓，壓來壓去，用老百姓的話來說，廠領導就成風箱裡的老鼠了——「兩頭受氣」。他們雖貴為一廠之主，現在搞的滿肚子冤情，也必須大著膽子，找省委一把手問個究竟了。於是某日，廠黨委來到我們辦公廳集體上訪。

事情還沒有到一把手，僅僅由辦公廳負責人一接談，姚的謊言馬上穿了幫。

實事求是地說，廳頭對姚同志「發乎情」而未能「止乎禮義」的荒唐行為處理得非常人性化，不過就在辦公廳大樓裡挪了一間屋子讓他閉門思過。其時，辦公廳剛剛利用特權把姚全家老小從山東鄉下「農轉非」，辦來昆明落了戶，考慮姚家經濟困難，還專門補助五十元巨款（多於他一個月的月薪呢！）；還有，為讓姚同志安心悔過，廳頭對姚的過失一律保密。直到某日，姚突然失踪，辦公廳這才急急忙忙把全體秘書發動起來，不僅辦公廳發動起來，雲南省公安廳還向全省發出「海捕文書」，稱某某某，外形如何，身高幾許，操山東口音，今日凌晨失踪，該某掌握大量核心機密，務請各地、尤其國境一線發動群眾，密切監控，如有線索，及時報告云云。

其實，根據廳頭去姚家現場勘測初步判斷，姚要外逃尤其出境幾乎全無可能，因為他身上的兩元多錢、幾斤糧票和最為值錢的上海牌手錶，全在抽屜裡留下了。同時留下的，還有一封給文盲老婆的懺悔信：八成兒是姚的精神崩潰，尋短見去也。

那一天，一處和二處的秘書們只要沒急事的，全都乘車去查探尋覓，我們確信姚同志要不「舉身赴清池」，就已「自掛東南枝」，所以查找重點就是金殿和黑龍潭後面的密林及大大小小的湖泊。傍晚，大觀樓派出所終於報來重要線索，說某水塘邊發現一黑色棉襖，與「海捕文書」描述酷似。於是急接姚妻前去指認，物證確認無誤。於是趁夜打撈，姚同志果然自沉於此。行文至此，筆者不能不再次感慨唏噓。瞧，姚同志不過小小失足，就自覺無顏見人，以身殉節，真是高風亮節啊，阿門！

必須說說我自己了。雖然我壓根兒還不知道權力也可以具有商品屬性，不經意間用公權力幫人辦了些私事，也只以為朋友間的正常交道罷了。受益人前來我家送禮酬謝，我甚至還會拉下臉，拒之門外。當時自以為純潔清高，結果反惹出一堆麻煩。筆者記錄下面事並非顯擺，而是想說明，社會實在太強大了，身處其中，你不想隨波逐流，不想同流合污，甚至要「出污泥而不染」，結果只能倒楣。

下面就說說這件事。

某日，重慶一陌生人來省委辦公廳找我，先出示老同學的介紹信，說來人的孩子被弄到雲南某邊疆農場務工，接下來照例叫一通困難，接下來照例是孜仁兄如今位居樞要，幫朋友把小孩調回重慶想必小事一椿，拜託拜託。我非常客氣地向來人介紹了我所知道的情況，說全國各地來雲南當農民當農工的很多，重慶知青、成都知青、北京知青、上海知青，加上本省知青，已達數十萬，此事非常敏感，誰都不敢踩此雷區。再說，我初來乍到，這方面的關係亦不太熟，不好辦事。我甚至介紹說我的兩個重慶親戚也在邊疆當農工，暫時也無法解決呢。我建議他先下去把情況弄弄清楚，回來後再行商量，見機行事。他同意了。

約莫過了半月，陌生人從邊疆回來了。情況果如我所說，形勢嚴峻，一時全無解決可能，他特來我家告辭。告辭就告辭吧，他偏偏一進門就往桌上擺來一包禮物——幾盒「合川桃片」，還有幾把「北泉掛麵」，說「意思意思」。

我至今記得清楚那一剎那掠過我腦海的憤怒。「你這是什麼意思？」我也不知道為什麼會突然就把自己的情緒變成了行動。我拉下臉，不客氣地說：「你是我同學的朋友。朋友之託，我肯定會當我自己的事來辦。這樣一送禮，我和你就成做生意啦！」把人當成商品首先就讓我挺委屈，再說，這些重慶特產他來時不送，偏偏回來才送（估計這些食品壓根兒他們就沒能送出手），完全就把我當成處理品了。

「你馬上給我拿走！」我宣布。

我女朋友當時也在一旁，她對我一反常態的憤怒頗感吃驚。見家鄉來人被搞得下不了臺，便上前勸慰，說：「我們老周肯定不會收你東西的。你們大老遠帶來，拿回去也麻煩。這樣吧——」她提議，「你想要送給雲南誰，讓老周代送，好不好？」

陌生人如釋重負，馬上說好，接著對我女友說，主管邊疆農場（當時叫農墾兵團）的雲南軍區政委雷遠高，正是當年在重慶和八一五關係超鐵的五十四軍首長呢。聽說他還是雲南省委常委，能否把這些掛麵和桃片代為轉送？我說可以，接著送客。

事後某週日，我把這些勞什子夾在單車後架上去了雲南軍區。雷確是省委常委。前面已經介紹過，五十四軍的人後來都轉向支持了炮派，雷當然不例外，雲南省委常委的結構和我們辦公廳工作人員的結構一樣，老炮觀點屬絕對少數。前面也說了，我本人心中暗暗也是同情炮派的，只是不敢暴露罷了。雷遠高每次來開常委會，會間休息都喜歡來我辦公室找我小聊一陣。我害怕在同事面前暴露自己觀點，總是儘量在公開場合對雷迴避——我去送禮那天偏偏見了鬼，剛進屋，剛把麵條和桃片放在桌子上，辦公廳送文件的機要員就來了。該機要員屬「鐵八」——雷看出我的尷尬，問我怎麼回事？

我說：「他回辦公廳肯定要告我的狀。」雷說：「怕什麼？」淡淡一笑，說：「吃飯吃飯！」我坐下吃飯了，心情很久好不起來。

第二年，中央點名雷遠高為林彪安插在雲南的死黨。雲南死黨共四人，雷排名老二，而我，果然被其牽連。我的被牽連肯定是因為那位送文件的機要員告了密。因為辦公廳領導要我交代的，正是那次送禮。那一剎那，我突然嘲笑了自己。合川桃片和北泉掛麵不是挺好吃嗎？我幹嘛有那麼大仇恨？再說，那年月生活本來就匱乏，我為什麼要拒絕送上門的美食？清高反倒惹來麻煩，可嘆！

上：「八二三派」一號大佬黃兆琪（右3），文革前為昆明工學院研究生，後以「四人幫」在雲南的爪牙之名獲罪，判刑14年，出獄後不久即死於肝癌。右4為「八二三派」二號大佬劉殷農。文革前為昆明市公安局幹部，同樣因「四人幫」在雲南的爪牙之名獲罪，亦被判14年。

下：這是雲南文革亂局一張難得的舊照。時間是1967年2月，周恩來在北京接見雲南各派大佬。前排左5為周恩來，左4為公安部長謝富治。第二排位於周恩來和謝富治之間者即為「八派」首席筆桿涂曉雷。照此合影，其時雲南政局晦明莫辯，毛澤東心腹大佬周興灰頭土臉縮在最後一排左2，而後來被打為「叛徒」「國民黨雲南特務組首領」的中共中央候補委員趙健民，竟然大搖大擺站在第一排右起第一。

二十七、曲弦的奇蹟

這一章故事專講曲弦。

前面說了，曲弦出身書香門第，家學淵源，父親是著名生物學家，本人是河南大學老牌畢業生，雖然身披戎裝，其實依舊典型一書生；同樣，雖然投筆從戎，隨共產黨獵獵軍旗南下，革命資格夠老的，但在人民解放軍這個以勞動大眾為主的群體中，知識分子的他混了幾十年，職務也不過是昆明軍區政治部小小的教育科長。一九七一年，這個小小科長偏偏創造了一次讓雲南秘書們大吃一驚的人生輝煌又最為莫名其妙的一段奇蹟。

事情肇因還是一年前廬山的政治群峰間發生的那個著名事件：毛澤東發表〈我的一點意見〉，宣判中共歷史上鼓吹「毛澤東思想」這一概念最為給力的理論家陳伯達為「假馬列主義」的「政治騙子」，並號召全黨共批之，全民共討之。一九七一年二、三月間，雲南省委按中央統一部署，召開了一個昆明軍區和雲南省的「批陳整風」幹部會議，三月四日，第一書記周興在會上發表長篇演講，從理論和實踐兩個方面，對「假馬列」大張撻伐。講話高屋建瓴、旁徵博引，既有滔滔宏論，又有實際操作，效果好極了。更讓人意想不到的精彩是，周的講稿一經上報中央，偉大領袖看了，於是欣然命筆，馬上批示了：「很好，照發。」這個講稿於是一下子變成了中共中央「中發（一九七一）三七號」、「批陳整風」的指導性文件，下發全國學習實施之。周興的這個講稿，正是雲南省委辦公廳二處由曲先生主持起草的。

當時文件起草的情況一般都是這樣的：根據會議的重要程度，安排相應的處領導領銜，再遴選如我輩小兵數人作為會議秘書組工作人員參會調研，然後小兵們根據領銜主筆的安排，分頭寫出各段草稿，交由審閱，主筆提出意見我們修改，如是反覆多次，最後由主筆統一整理、修改、潤色、定稿。二處起草的文件多為主要領導講話、給中央及毛澤東的報告，還有雲南地方政策等。這個「中發（一九七一）三七號」文件的寫作過程亦如此。曲弦領銜，扈從小兵具體為誰則難以回憶，師範大學那位書呆子張德鴻參加了，則肯定毫無疑義。因為這個講話為了迎合偉大領袖引經據典的嗜好，也根據毛講話的引典中鑽頭覓縫地尋找微言大義：這就輪到考據學家來大顯身手了。

周興的講話講了四個部分：一是周本人根據統一口徑結合自己的回憶對廬山會議情況作介紹；二是按照毛主席〈我的一點意見〉，對陳在會上拋出的所謂「反動綱領」、即「〈恩格斯、列寧、毛主席關於稱天才的幾段語錄〉」進行引經據典的批判；三是說陳伯達這個「長期隱藏在黨內、幹盡了反革命勾當的可恥的叛徒」「貨真價實的老牌反革命」，他「罄竹難書」的「累累罪行」；四是學習問題。全文第二部分牽扯到陳伯達「反動綱領」列舉過的恩格斯、列寧、毛主席的多處著作、名詞，又是《路易・波拿巴特政變記》，又是《馬克思致庫格曼書信集》、又是〈列寧寫的序言〉、又是「蒲魯東派」、〈馬克思主義的三個來源和三個組成部分〉，實在大有文章可作。藥方一帖，各有各的煨法。政壇可不一樣，同一本書同一句話，卻只允許一種解釋，背離權威概屬邪門歪道，必須格殺勿論。下面這個結論也是歷史反覆證明的：誰官大、權在誰手上，誰就有對理論的最終解釋權，握有真理。前些年，陳伯達貴為中央文革小組組長，《紅旗》雜誌主編，他對革命理論握有絕對的最終解釋權。如今一倒臺，這就輪到埋汰他的人來解釋了。在一九七一年三月昆明軍區和雲南省的「批陳整風」幹部會議上，擁有最後解釋權的，當然就是雲南黨政軍一把手周興，再具體點，是幫周興背後捉刀的曲弦，還有曲弦背後的槍手張德鴻云云。本來，收拾一個毫無還手之力的異教徒是很輕鬆的，再說，這一次的曲張組合（還有誰？想不起了）發揮得又極佳，這樣的文稿不能不打動遠在京城的毛澤東了。最精彩的，是毛澤東不知道怎麼說了一句古詩：「杞國無事憂天傾」，署名周興的講話文稿馬上就賣弄了一大段：

這是李白在一首題目叫〈梁甫吟〉的詩中的一個詩句，講的是一個「杞人憂天」的故事。杞，就是春秋時的杞國，現在的河南杞縣。故事是說，杞國有個人，怕天掉下來，怕地塌下去，愁的不吃飯。後來有人給他解釋，他就高興了。毛主席引這句詩，是說陳伯達要奪主席的權，奪林副主席的權，奪黨的權，完全是痴心妄想，是根本辦不到的。我們無產階級的天下是亂不了的，廬山是炸不平的，地球是照樣轉動的。毛主席引這個故事，是對陳伯達這一小撮階級敵人的鄙視，是對我們極大的鼓舞。

這一段正是出自張的手筆。反正當時工農幹部多，說古用典很容易將其糊弄。通查毛澤東的講話，這一招從來使得爐火純青，得心應手。筆者竊以為，毛肯定是在周興的講話中看中了這一點，故而馬上批轉：這一轉可就不得了了。陳伯達乃中共中央理論喉舌《紅旗》雜誌原主編，該陳既遭整肅，北京立馬換一根「無產階級的金棍子」上場：大名鼎鼎的「四人幫」之一，姚文元。「金棍子」重組《紅旗》，於是普天下遍尋筆桿。就因為那個三七號文件，曲先生很快被北京鎖定。中組部一個電話，他的調京事便成定局。據說，雲南省邊疆落後，惜才如金，曾試圖對中央調令一拖二頂三賴皮，理由實在太初級：曲是軍隊幹部，地方無權做主，此舉馬上招來中組部長楊德中一頓訓：「軍隊？軍隊怎麼啦？軍隊照樣屬黨中央管！」沒轍了。雲南方面只好乖乖歡送。

中發三十七號文件是五月十二日頒發的，曲弦調動的時間已到八月底。我至今還保存著當年我們二處歡送曲赴京的紀念照。照片上標注的時間是八月二十八日，其實從一月前北京調令下達，雲南方面的歡送程序就正式啟動，我們辦公室就基本上難覓科長踪影了。有人請吃啊，有人請喝啊！雲南地處偏遠，好不容易出一個京官，而且是《紅旗》雜誌，據說還是三人小組成員之一，如此顯赫高位能不嚇死人？不趁機聯絡聯絡感情而何？那時全社會生活困難，經濟拮据，斷無酒樓飯莊一說，歡送宴幾乎都在自己家裡自力更生操辦。曲乃好好先生，宴請者都是戰友上司、達官顯貴，他能拒絕嗎？不能。我們和他雖說同室上班，相處日久，可這一回，要與他合影留念卻頗費周折，預約許久，好容易才在八月二十八日那個中午，匆匆忙忙去昆明百貨大樓對面的「立新照相館」讓眾人遂了願，接下來又赴宴去也。

曲先生離昆那天，場面更是蔚為壯觀。幾十部小車，浩浩蕩蕩往通向機場的小路一字兒排去，其熱鬧鼎沸堪與西哈怒克親王來訪比肩。我們雖為辦公廳同事，亦全然近身不得，就坐一輛大巴，遠遠跟著隊伍尾巴殿後，緩緩慢慢，曲折蛇行。那年頭坐飛機人煙稀少，每日裡不過三兩航班而已，巫家壩機場廳可羅雀，場可羅雀，那一天卻滿滿宕宕一下子湧來如此眾多大小官員，日後昆明機場寫史，此事斷不可漏。作為朝夕相處的同事，在那種場合，我們想單獨握手話別已不可得，只能遠遠地望他登機而去。

我和曲共事已三年有餘，深知他為人很書卷氣，低調、正直、真誠，對於官場事多有不慣。我甚至完全相信，在那個翻雲覆雨時代，他不會為此意外提升而翹尾巴，忘乎所以。幾十年後看照片，他臉上的微笑平和而敦厚，當是證明。我甚至還相信，曲先生肯定是倦於那些沒完沒了的無聊應酬和熱鬧場面的，只是礙於情面，不得不敷衍罷了。

後來的事實證明了我的猜想。

三個月後，我隨一個農民代表團去山西大寨和河北遵化參觀，路過北京時曾專門去沙灘二號大院看望了曲弦。曲住在一間單身宿舍裡，房子很狹窄，他孤零零一人，加上氣候陰冷，顯得非常落寞。他一邊捅火爐一邊客氣地和我說話，說在北京工作視野寬廣，經常參加會議甚至國宴，常能見到中央首長和外國元首；又說了，每次《紅旗》雜誌清樣的大字本送毛澤東看後，如有批示，姚文元就會用塑膠薄膜袋小心裝上，煞有介事向大家展示，如此這般。在雲南省委機關我年齡最小，人微言輕，因此誰都不戒備我，曲更如此。在昆時，他喜歡在我面前發牢騷，對官場紛亂表現一些超然的、無可奈何的憤怒。那天臨別，曲先生又一次那樣表情淡漠，冷不丁兒地對我說了一句：

「北京的鬥爭，比我們雲南，複雜得多呢！」

我暗暗吃了一驚。這是說北京呀！矛頭所指，不用明說，都是些權傾天下的權貴！我不敢往下深究。事情到此已經夠了。他顯然憋得太久，見了故人，不吐不快罷了。在北京的政治叢林，我相信他非常孤獨。

幾十年後才知道，曲調北京前後，毛澤東的政治「泰坦尼克」，正遭遇巨大的冰山襲來，他必須用盡全力讓自己的船繞開危機並擊碎對方。他一本正經地告誡高官們「三要三不要」（要搞馬克思主義、不要搞修正主義；要團結、不要分裂；要光明正大、不要搞陰謀詭計），同時大砍「三板斧」：甩石頭，摻沙子，挖牆角，攪亂親密戰友的陣營。曲先生興致勃勃赴京就任那段時間，毛恰恰正緊鑼密鼓在南方巡遊。在他的專列上讓隨員、大員、司令們一起唱〈國際歌〉、唱〈三大紀律八項注意〉，要眾人「一切行動聽指揮，步調一致才能得勝利」。那時，他欽點的接班人林副統帥的兒子林立果，正和他的黨徒們，準備用火箭筒攻打他乘坐的專列。

這些，我們一無所知。我只覺得曲的京官生涯一定很無奈。後來發生的事情果然如此。四年後，一九七五年，曲先生不知找了些什麼理由，終於又回雲南了。其時，我因為一樁莫名其妙的「反革命」大案牽連險些兒身陷囹圄，後被發往底層做了普通工人，與上層機關再無往來。關於他的消息都是輾轉聽來，說他以老伴身體不好，自己不適應北京氣候等等為由，在姚文元面前死乞白賴，最後不知怎就成功了；又說，臨別時，姚主編語重心長地對他交代，回了雲南，他還是《紅旗》的人，還得隨時向中央（也即姚本人）報告那邊的情況，云云。

麻煩事出在一年後。「四人幫」垮臺，全中國人人喊打。在第一時間我就估計，這一回曲先生肯定難脫干係。事實上，他確實被揪了出來，罪名是他定期或不定期向姚文元打「小報告」，實乃四人幫安插在雲南的釘子也，此人不抓而何？這就抓了。而且判了三年。「四人幫」安插的釘子才判區區三年，唯一的解釋是，他確實打了小報告，但是他的小報告肯定全是些雞毛蒜皮，無關大雅，判三年，不過像徵性懲戒罷了。聽了這些訊息，我再次相信了自己的判斷——曲先生肯定還那麼書生氣。依他的為人，姚文元要他報告，他能不報嗎？不能。他在雲南生活多年，結交不少，他能得罪人嗎？不能。唯一的辦法就是虛以委蛇，交差了事。這樣就交出來一個三年牢獄之災。

事後三十多年，我們雖同處一城，但各自為生活奔忙，一直無緣謀面，直到二〇〇八年秋天，我無意間在河南大學校友會的名單上發現了他，便如時去了他們的聚會上尋找。正在人群中穿梭，突聽有人在身後不斷地喊，音細如蠅：「小周！小周！」回頭看，呀，我們雙方都老了！他已是八秩老翁，行動不便，靠手杖支持。而我，也年逾花甲，白了雙鬢。他依舊笑得那麼平和敦厚。二人執手相向，剎那間道不盡的別情舊緒。

後來就去了他的家。是在軍區一座很不起眼的老幹休所。房子很舊很窄，無任何裝修，用他的話說，這是原生態民居。老伴早已過世，女兒也出嫁多年，間天來為他做一次飯。一人獨居，他的屋子凌亂冷清。他正在讀斯多葛主義哲學家馬可・奧勒留的《沉思錄》。這位稀奇古怪的羅馬皇帝崇尚宿命論和禁欲主義，主張安於在社會中所處的地位，恬淡寡欲——馬可・奧勒留認為只有這樣才能得到幸福。除了腿腳無力，曲先生的眼睛看書已很困難。我拿起這本他新買的哲學著作翻翻，再一次從顯得太小的印刷字上觸摸到了老書生不懈的理論激情和精神嚮往，並為之唏噓。

最後，我困難地向他問起案件的事，他輕鬆一笑，毫不掩飾地說了：「人家說，北京，《紅旗》雜誌，恁好的位置，人家削尖腦袋，想去還去不了呢！你幹嘛會主動要求回來？說不通嘛！你肯定是四人幫安插回來的釘子嘛！」他笑笑，說人家非要這樣說，我怎解釋得清？我說是的，這個問題實在難以對人家說清楚。

上：1971年廬山會議陳伯達垮臺。中共宣傳喉舌《紅旗》重新組閣，由四人幫酋姚文元在全國搜尋「筆桿子」。雲南省委辦公廳二處處長曲弦被相中，並有幸成為編委三人組成員之一，可謂風光無限。圖為歡送紀念照，前排帶眼鏡的軍人即為曲；曲旁邊的軍人即為已經因首長被殺而失勢的譚甫仁心腹秘書甫漢，甫漢旁邊即鄉下農民人見人怕的劉清選。二排右二為著名八派大筆桿涂曉雷。後排左一為名噪一時的省委辦公廳主任胡延觀。中國「撥亂反正」，雲南與北京配套開審本土「小四人幫」，涂、胡二人均忝列其中占卻四分之二名額。後排右二為筆者。

下：善良的書生曲弦深感北京政局險惡，找藉口重回了昆明。可惜等到四人幫垮臺，他依舊難逃厄運。圖為幾十年後筆者與曲重逢留影。歲月老去，蒼顏華髮，雙方不勝感慨唏噓。

二十八、命運大洗牌

毛發動文化大革命，幾乎單槍匹馬地向自己假想的政敵、向他自己創造的龐大的官僚體制挑戰，必須依靠人數更為龐大的平民百姓，為了鬥爭取勝，他不得不作出兩個選擇也不得不面臨兩個後果，一是，用他自己的話來說，他必須讓眾人來揭露自己營壘的「黑暗面」，這樣一來，曾經永遠都「偉大、光榮、正確」的黨不能不顏面掃地，不再神聖；第二，毛必須把政治鬥爭的武器交給百姓。百姓一旦懂得了政治操作是怎麼回事，勢必會用政治操作技巧來對付長期對自己進行操作的對象。上方任何煞有介事的、包裹著動聽詞彙的、貌似神聖的指令，在他們看來，不過是一種具有特殊利益和目的的謊言罷了。他們更學會了在上峰冠冕堂皇的口號之下，做自己的事，利用動亂提供的機會，以革命的名義為個人命運奔忙，改變處境。那年月的政治亂局，確實給人許多改變命運的機會，成全了許多不安分、懷抱夢想、甚至懷抱野心的人：不管這些夢想和野心偉大或渺小、高貴或猥瑣、值得尊敬或應該鄙棄。那年月，崇高的理想和狂妄的野心、合理的冒險和賭徒的瘋狂，本身就有點說不清道不明。

下面舉例說明。

某S，昆明師範學院學生，年齡與我們差不多。這一代人有個共同的特點，就是從小喝著階級鬥爭的狼奶長大，後來又在文革動亂閱盡政治的腥風血雨和朝雲暮雨，神經被加工得特別敏銳。如果再加上些賭徒習性，不可避免就會為社會釀出些醜聞或者災禍。非常不倖，這些因素，恰恰在S兄身上兼而備之，本已熱鬧的雲南故事注定要因為他們而格外生出些枝節來。S畢業後分在某軍事院校任教官，本不錯了，可與出人頭地的心理期待想去甚遠，自然鑽頭覓縫想出點什麼轍子。

事情發生在一九七三年秋天。經過一年多休養生息，一輩子喜歡找人折騰的毛澤東漸漸從林彪事件的噩夢蘇醒。中共「十大」開過了。毛有點走火入魔地把三十八歲的工廠武鬥指揮王洪文捧上接班大位，為確保上海灘小混混日後能坐穩江山，毛必須要對危難時分幫他收拾殘局（不可避免要對他製造的文革亂局進行修補）的周恩來動動手腳了；其次，必須再來一次大規模的政治運動，善用隱喻的毛澤東，開始的口號是「批陳整風」，接下來是「批林整風」，這一回變成了「批林批孔」，幾月後，到了一九七四年，乾脆更加明確地在批林批孔之後加上一個「批周公」。與群眾運動配套的精神口號，由當年鼓動紅衛兵的「造反有理」變成了指導全黨的「反潮流」。

神經過敏的S兄嗅出一點什麼了，於是決定提前下注。政治投機和賭場投注本質上是一樣的，都是賭博，要麼一本萬利，要麼血本無歸。某S具有這種特殊氣質。他迅速串聯另一教官及雲南大學學生某，撰寫大塊文章急投《雲南日報》。被政治風浪折騰成驚弓之鳥編輯收到此稿，乾脆來個矛盾上交，將文稿清樣直接送了省委宣傳部長梁文英審處。梁，太原師範三十年代畢業生，學生時便參加過薄一波的「抗日決死隊」投奔了共產黨，資格夠老的，只是個幾十年本性難改，滿身書卷氣，對毛澤東意圖同樣一無所知。梁將大塊文章照單全收，還來個「歪鍋配歪灶」，在文稿上逐句批注，連打問號，批得密密麻麻。批畢，文稿發回，要作者改過再來。

孰知經過戰鬥洗禮的S兄「反潮流」勁頭十足，不但對大人物的指點嗤之以鼻，且愈戰愈勇。他先是說動《國防戰士》報將文章見報，然後再向老梁頭發起第二波衝擊，有如文革肇始，姚文元的〈評新編歷史劇「海瑞罷官」〉先在上海《文匯報》面世，再向《人民日報》叫板。梁老革命性格同樣執拗，對S的妄想再次斷然否決，甚至乾脆宣布該文「修改都無法修改。別的報紙登了，我們不一定登！」逼上梁山的S哥一不做二不休，直接通過《解放軍報》舉報老梁頭壓制偉大的批林批孔運動——已是次年春天，毛以批孔為名整肅「周公」意圖已犖然於眾——《解放軍報》將揭發文件上報第一夫人江青，江立轉新科黨魁王洪文處置，王不敢有誤，立批雲南省委「認真研究，檢查處理」。沒承想老老一部長，被年紀輕輕的宵小之徒一記暗箭便擊中要害，稀里糊塗遭遇了政治厄運：他被逼在省委常委會檢查；在報上被不點名批判；就任伊始的「批林批孔辦公室主任」職務也馬上被撤。記得是日天氣晴和，雲南省委、昆明軍區黨委和昆明市委專門在東風廣場召開群眾大會，大張旗鼓動員全民批孔。某S登臺演講，痛批老梁頭，可謂風頭出盡，爆冷成功。

在雲南軍人群落中，還有一個更不安分、更想爆冷、甚至爆狂冷的，結果就更糟，最後差點兒搭上老命送上斷頭臺，他鬧了一個所謂「中央軍委五號案件」，遭致了二百多人蒙難。筆者也因此牽連，險入囹圄。關於這個，我們留待後面的章節敘述。

乘社會動亂改變命運的，除了無服務社會實際能力卻一門心思投機鑽營者，也有雖滿身本領卻被長期埋沒的。恰恰動蕩年月讓他們破土而出，得以來外部世界伸枝抽條，大顯身手。四川美術學院學生朱炳就是一個。還在重慶上學那會兒，他就是院內的兩大尖子之一，深得大師真傳，色彩畫得尤其漂亮，皆因家庭出身太高，祖上是四川開江縣什麼舉人，畢業後發配雲南，在昆明搪瓷廠畫洗臉盆畫痰盂，要說多枯燥有多枯燥；住的就更沒法提——貧民窟。在西壩河邊一古民宅擠了一個七八平方的角落蝸居，真的個無立足之地。立足之地已經被一只土爐和幾張小凳占領了。每天下班回來，老婆——也是四川美院高材生，專攻花卉，在毛巾廠畫毛巾畫床單——把火爐提到門外約三、四平米的公用小天井裡把煤球燃得煙薰火燎，屋裡就可安頓客人在床邊坐下了。

好，機會來了。前面不是說圍湖造田嗎？不是說被毛澤東思想撫育的昆明人類征服自然已經取得偉大勝利了嗎？當然就要舉辦展覽。像學代會找秀才一樣，這一回得找畫家來出風頭：這就找到朱了。那次展覽會與朱炳同臺出臺的都有誰？說起來肯定把你嚇一跳——丁紹光，曾被入選十四世紀以來世界百名藝術大師排行榜，名列第二十九，還是唯一入選的華人藝術家。上世紀九十年代，連續三年被選為聯合國代表畫家，當時還在雲南師範學院教可有可無的美術課。定居美國的丁大師富可敵國，曾砸出天價和麥可・傑克遜爭購豪宅。當年，有個香港回來的工友看了朱炳的畫，曾無限感慨，道：「朱師，你這手藝，在香港，你吃都吃不完呀！」

必須說說張文了。上一章節不是說到涂曉雷讓我帶他找保山地位書記韓乃光、韓又通知瑞麗縣委書記孫清秀，要孫把涂的女友蒙麗曄之姐蒙麗萱調來昆明嗎？麗萱很快調來遠離市區的昆明鋼鐵廠，接下來，神通廣大的涂為討好麗曄，壓根兒就沒讓姐姐去昆鋼受過苦，不過空轉個手續就把她弄進城了。到哪兒？市中心，位於省體育場的「五一二廠」。那時的「代號廠」均屬於機密、絕密級別的國防單位，非常神氣的，可這個「五一二」卻寒磣得很，縱有萬般想像力也沒法猜到。涂曉雷拉我陪他去五一二廠商談大蒙調動事宜，我第一次見識了工廠原來可以這樣搞笑。該廠廠長就是後來聲震雲南的張文。他的廠房，不在別處，就用油毛氈搭建在運動場跑道旁邊，我非常懷疑他就是個光桿司令，因為我和涂和他交談了整整一兩個小時，一個工人都沒見到。

張文卻對他的工廠充滿信心。前面我們已經介紹過了，省革委曾搞了個「敬印毛主席著作辦公室」簡稱「敬印辦」的，還搞了個「敬制毛主席像章辦公室」簡稱「敬制辦」的，這些都是張先生的自拉自唱的創舉。文革前，張不過是省體委普普通通的聯絡員，就是運動員要到哪兒打比賽了，他就打前站，安排食宿交通之類的東西。張精力充沛、激情四射，腦子特別靈，到了文革亂世，他理所當然脫穎而出，「得會風雲上九重」了。「敬印」「敬制」之後，他不知怎麼就被人家把他趕走，而他注定是個最能折騰的人，馬上又使出新招。當時毛澤東不是叫眾人走「五・七道路」嗎？運動員也不例外，全弄鄉下種莊稼了。張文就給領導提出了一個合理化建議，說毛主席「五・七指示」不是要大家「學工」、「學農」嗎？大大一體育場空在那兒，我們何不辦個工廠，讓大家「學工」，離家近，又符合主席指示。領導一聽有理，何樂不為？反正你張文喜歡折騰，就你當廠長吧！「五一二廠」就辦起來了。

幾十年後，雲南省體育場已成了昆明人舉辦大型活動的熱鬧之地、除了各種運動會，國內外歌星表演、甚至世界園藝博覽會，江澤民也在此主持開幕式，宋祖英也來開幕式亮嗓唱歌。七一年那時可是冷清得不行，遍地長滿青草。張文就在冷冷清清的看臺旁搭了一油毛氈棚，說出來你肯定不會相信，油毛氈棚裡公然正在拉單晶矽！這種訊息技術的基礎產品應當在高清潔度的密閉車間加工的，張文偏偏有本事在那種破地方動手！他很得意地讓我和涂參觀那個密封的玻璃罩，大講未來的光輝前景。玻璃罩子裡面果然有一根紡棰形的玩意兒在不停旋轉。我們當時還不知該訊息產業為何物，幾十年後，我已經知道這個破破爛爛的小廠，已經成了中國訊息行業著名的上市企業「雲南南天資訊產業集團」。

不管張如何興高采烈的描繪，我們都不感興趣也不敢相信，以為是痴人說夢。涂曉雷是要說他女朋友姐姐的事，他只關心能否安排？張的回答比瑞麗縣委書記還痛快：「她願不願意？只要他願意，你拿來我馬上辦！」接著從兜裡拿出一張黑名單，名字很長一串。

涂不放心地挖苦他，說：「你是否有能耐？別給我把時間耽誤了！你辦廠的錢在哪兒？人員編制在哪兒？」

張大笑，說：「虧你還在省委辦公廳當秘書。連這都不懂！你看看我要的都是什麼人？」他對著名單一邊指點一邊解釋。某某某：專家；某某某：教授；某某某什麼什麼的；某某某在哪兒……他什麼都知道，好像比省委書記知道的還要多。我第一次見他後，我就有個感覺，在鐵腕治下他搞企業尚如此遊刃有餘，到了資本主義國家，他注定該是一個大王了，說不定全世界都會在他面前發抖。

張特別提請我們注意，這個你們該認識吧？那個你們該認識吧？原來，都是些領導的小孩，管政工、管經濟的，全都有。某大公子，現在在某地鄉下，某千金，在某五七農場……這些家長誰不想把娃娃調回來？誰不想娃娃來我這兒好過？只要把當官的擺平，還什麼幹不了？

「懂了吧？」他說。

張文後來果然大成氣候。記得有一年運動，搞「路線分析」，收拾「地下黑工廠」，曾準備把它作為破壞「計劃經濟」的典型收拾，文件都寫好了，正要下發，有人小心提醒當官的——有點像《紅樓夢》葫蘆僧提醒賈雨村——是不是查一查，果然，張文的所有手續都有某領導、某領導的批示，有根有據；再一查，他調進的每三個人裡，便有一個大學生而且是老牌大學生！後來乾脆就算了，支持一下吧，不但沒收拾，還倒給錢，正式下達科研任務。先是全運會短跑計時器，成功！接下來又搞亞運會游泳計時器，又成功！再接下來，還是成功、成功、成功。一九七五年雲南表彰九個「工業學大慶」先進單位，五一二赫然在榜。

下面繼續說辦公廳和我自己。

一九七〇年秋天廬山會議風波之後雲南省委辦公廳工作的主題、在我工作筆記中出現頻次最多的，是「批陳整風」。毛澤東曰：「我黨多年來不讀馬、列，不突出馬、列，竟讓一些騙子騙了多年，使很多人甚至不知道什麼是唯物論，什麼是唯心論，在廬山鬧出大笑話。這個教訓非常嚴重，這幾年應當特別注意宣傳馬、列。」陳伯達本是毛捧起來的理論權威，現在要把他批倒批臭，眾人當然就要奉旨「認真看書學習」。

讀書和聽課，成了那一段時間機關幹部的重要功課。對於我這個本急於學習的人，可說是正中下懷。出版社也充分利用這個機會蠢蠢欲動，除了《馬克思恩格斯全集》、《列寧全集》一類圖書之外，相關的其他書籍也大量出版。我們辦公廳二處的圖書室裡已不再是單一的、紅彤彤的《毛澤東選集》、毛主席「論什麼什麼」之類了，費正清的《美國和中國》、斯當東的《英使謁見乾隆紀實》、李約瑟《中國科技史》……這些，都慢慢填充進辦公室、也包括我自己空蕩蕩的書架。省委常委們定期請雲南大學的名家教授來辦公廳講雲南歷史之類的東西，我們也跟著旁聽。講後稿子交機要員打印成冊，廣為散發。我自然少不了一份珍藏。

恩格斯的《反杜林論》、列寧的《唯物主義還是經驗批判主義》一類深奧難懂的著作，則不知為什麼從軍校教員裡請人來給我們上大課。實事求是地說，講座水平實在不怎麼樣，我的興奮點全在於文中那些希臘神典一類知識，比如什麼「斯芬克斯之謎」：「早上四條腿、中午兩條腿、晚上三條腿」、比如什麼赫拉克勒斯打掃「奧吉亞斯牛圈」，等等。正是這些，讓我培養起了對西方哲學最初的興趣，以至於幾十年樂此不疲……

幾十年後披露的史料說明，中國社會秩序按部就班進行的那段時間，瞎胡鬧的林立果和他的黨羽周宇馳、於新野、李偉信一伙，正在密謀策劃他們的暗殺計劃。行動綱領《「五七一工程」紀要》（「五七一」為「武裝起義」諧音）在上海祕密策劃的具體時間是一九七一年三月二十一日。同年八月，我們辦公廳二處的曲弦先生赴京榮任《紅旗》雜誌負責人，林、周一伙的暗殺行動已箭在弦上，似有神靈護佑的毛澤東則正神出鬼沒地巡遊南方，並且馬上就要回到北京向自己的前接班人開刀，接下來，建國來最大的一次政治地震發生了。

二十九、我所經歷的林彪事件「餘震」

一九七〇年九月十三日凌晨，林彪趁機夜遁，方向是北邊的強敵蘇聯，因為至今仍說不清道不明的原因，飛機半途墜毀於外蒙溫都爾汗，大火將林彪夫婦、兒子和同夥共六人，燒成一堆殘骸。要想封鎖溫都爾罕的爆炸聲肯定上帝也無能為力，毛澤東能夠做到的，僅僅是用一切手段把這團大火包裹，儘量讓它的燃燒得慢一點，再慢一點。

十四日一早，周恩來就用保密電話親自向各省最高長官通報了情況。雲南省委書記兼昆明軍區政委周興也接到了同樣的電話，總理通報了情況後要求書記馬上下令雲南陸軍接管所有空軍控制的機場。周興向省委領導轉行通報的情況是這樣的：

總理告訴他說：「人跑了。」

周問：「誰跑了？」

總理答：「就是做報告那個人。」總理的潛臺詞是「九大」做政治報告那個人，不用說就是林彪了，但他沒把事情點透。

周興的政治想像力一時短路，還難以延伸得那麼遠，於是又問：「哪個做報告的人？」

總理繼續提醒：「就是你批判那個人！」

周興想了想，那一年他批判的最大的名人，不就陳伯達嗎？

「喔……」周興終於回答，「明白了明白了。」

其實他什麼也不明白。周興放下電話——他後來說——只感覺一頭霧水。陳伯達一介書生，和軍隊全不沾邊，和空軍更不沾邊，他跑了幹嘛要興師動眾調兵遣將，讓陸軍接管機場？要把事情聯繫到寫進黨章的「接班人」、「副統帥」、毛澤東的「親密戰友」，他的想像力一時還沒有那麼豐富。

那時雲南正開著兩個全省性的重要會議，一個是軍區的所謂「政治邊防」工作會；一個是全省教育工作會，會議結束都需要周政委發表講話。「政治邊防」會議，辦公廳二處派出劉連清為周的講話主筆；教育工作會，則派我與會調研（想不起主筆為誰了？）。這件事確實給周興出了大難題。那年月的講話稿，動輒就毛主席怎麼怎麼指示，接著又林副主席怎麼怎麼指示，如果真是林彪出事，且總理還親自打了招呼，你還在講話裡林彪怎麼著怎麼著，不是嚴重政治問題嗎？尤其所謂「政治邊防」，這正是林彪首倡的口號，開這樣的專題會議，闡述林彪指示的重要性無論如何是繞不過去的，就像講儒家而不提孔子，講聖經而不提耶穌一樣。

時間是九月十五日，「政治邊防」工作會面臨閉幕，周的講話必須馬上定稿。那天他來了我們辦公室，先是讓劉秘書把草稿給他審看。他左看右看，什麼意見沒提，最後只一本正經地提醒了：

「你們引用林副主席這些語錄，都校對過了嗎？如果拿不穩的，就省掉吧！」

「都反覆校過了！」劉的回答非常肯定，「沒錯的。」

周猶豫，出門去，片刻又推門進來。「那麼——」他又交代：「你們再看看稿子。要注意：引用主席語錄和林副主席語錄，數量和比例一定要掌握好。」片刻，又說：「林副主席的數量不能超過主席啊！」

「沒超過，沒超過的。」辦事認真的劉回答永遠肯定，「我們逐條計算過了。」

「那好，那好……」周興終於退出門外了。

我們正狐疑今天到底怎麼啦，周興第三次又推門進來了。這一次他直截了當宣布：「這個稿子我看，行了，到時候照念就是。只是——把林副主席的語錄再稍微減少一點，行不行？記住，就這樣！」劉秘一頭霧水了，忙說行的行的。

大約二十日前後，中央欽派的機要員終於來到省委一號大院，敲響了周興的院門。那時全國禁航，機要員是坐火車來的。周興正重病臥床，秘書問北京來人能否代收？中央機要員說不行，必須本人簽收。北京來人遂直接被領來病床前把文件交了周興本人。這就是九月十八日發出的中共中央一九七一（七十九）號文件。文件一開頭就赫然一段：

> 中共中央正式通知：林彪於一九七一年九月十三日倉皇出逃，狼狽投敵，叛黨叛國，自取滅亡。現已查明：林彪背著偉大領袖毛主席和中央政治局，極其祕密地私自調動三叉戟運輸機、直升飛機各一架，開槍打傷跟隨多年的警衛人員，於九月十三日凌晨爬上三叉戟飛機，向外蒙、蘇聯方向飛去。同上飛機的，有他的妻子葉群、兒子林立果及駕駛員潘景寅、死黨劉沛豐等。在三叉戟飛機越出國境以後，未見敵機阻擊，中央政治局遂命令我北京部隊立即對直升飛機迫降。從直升飛機上查獲林彪投敵時盜竊的我黨我軍大批絕密文件，膠捲、錄音帶，並有大量外幣。在直升飛機迫降後，林彪死黨周宇馳、於新野打死駕駛員，兩人開槍自殺，其餘被我活捉。

對林彪叛黨叛國事件，中央正在審查。現有的種種物證人證業已充分證明：林彪出逃的罪惡目的，是投降蘇修社會帝國主義。根據確實消息，出境的三叉戟飛機已於蒙古境內溫都爾汗附近墜毀。林彪、葉群、林立果等全部燒死，成為死有餘辜的叛徒賣國賊。

從一九五九年林彪上臺，尤其是一九六六年文革開始長達整整十多個年頭的造神狂熱中，八億中國人每天用宗教儀式恭祝毛澤東萬壽無疆，同時都需恭祝副統帥林彪「身體健康，永遠健康」，如此顯赫的準神，突然製造出只該出現在偵探小說的震撼故事，已經不能用匪夷所思來形容了。

作為核心機構的工作人員，我們依舊蒙在鼓裡，只是種種蜘絲馬跡讓我們不能不小心翼翼地猜測遙遠的宮闈背後可能出現的巨大異動。二十一日，我在雲南飯店參加教育工作會，那天的《雲南日報》上，我發現了一個鮮為外人關注的細節。那是轉載《解放軍報》的大塊文章，占了雲報整整一版，題目大約是關於慶祝國慶二十二周年的宣傳提綱，我在文末發現了一句口號：讓我們緊密團結在「以毛主席為首的黨中央周圍」如何如何。這類口號當時司空見慣，大家早就說得順口溜溜。問題是，那些年的標準版本應該是：「以毛主席為首、林副主席為副的黨中央」，為什麼如此重要的權威新聞文稿，偏偏把這個「為副」漏掉了？需知，這疏漏是絕對不能馬虎大意的、重大的政治錯誤！

我馬上找來《解放軍報》查看原文。呀！沒錯，照樣是團結在「以毛主席為首的黨中央周圍」如何如何！照樣沒有「林副主席為副」！看來絕對不是編輯和印刷環節出了疏漏，確是林本人出了問題。那年月，高級幹部今天順風明日翻船這類事並不足怪，問題是林彪，毛花了那麼大代價、甚至不惜誅殺無數同創江山的開國重臣、不惜把全中國的經濟推向崩潰而死力推上「太子」位的「親密戰友」，他翻了船，肯定事非一般了。

開會期間和我同居一室的是《雲南日報》資深記者韓曙光，鬍鬚絡腮，挺厚道的中年人。那晚都躺上床了，我憋不住悄悄向他說起那句殘缺不全的口號，不料，他說他也發現了，他也暗覺蹊蹺，二人心知肚明，到此為止，心懷狐疑睡覺。睡不著，我過一會又若無其事提醒，說我原在邊疆搞新聞，每到節日前夕，新華社總會把毛主席的標準像、及他和「親密戰友」林彪的合影照製成塑膠膠版提前寄來，你們《雲南日報》是否也如此？他說是的，透過其他方式傳來的照片製出版來效果不好，他們也是提前收新華社郵寄的塑膠版。我趁機小心慫恿，說你回去打聽打聽如何，看今年的膠板寄來沒有？他說好。我們像道行高深的僧人雲裡霧裡地說禪論經，誰都沒敢把事情點破，而誰都知道對方想說什麼。

老韓是辦事認真的人。每從報社回來，他都會向我通報他打聽的新情況，而每次的新情況都一樣：領袖像及領袖與「親密戰友」的合影像沒有寄來。國慶越來越近，按照常規，膠板再不寄到已來不及了。接下來又一個訊息給我們敏感的心發來新的證據。中央正式通知，以後（首先是今年）國慶慶典方式實施改革，不再舉行大規模群眾大會和廣場遊行，我的第一反應非常肯定——林彪出事了！北京此舉，顯然是要迴避副統帥缺席的尷尬！

我和韓預感的事每日都在進展。彷彿等待災難降臨，我們急於證實卻無法證實，甚至向任何人求證本身就是災難。

某日晚，我女友來飯店找我，我就陪她一道去市街散心。雲南飯店位於昆明軸線東風路，兩邊排列著昆明的著名大樓和商鋪飯店。不遠處是昆明市政府的接待點春城飯店，飯店樓下有一照相館，很大的。那一年央級雜誌《人民畫報》七月號是江青的專輯。最好的攝影器材和最蹩腳的技巧在第一夫人的作品裡表現得淋漓盡致。照相館的經理肯定是個喜歡趕時髦的傢伙，他把這期畫報上的蹩腳作品全都翻拍得很大放在櫥窗裡兜攬顧客。畫報最為震撼的要數「林副主席學毛選」，副統帥以髮毛稀疏的禿瓢出鏡。老百姓平時能看到的林彪的所有官方照都戴帽子，一旦亮出光頭自然特招風又特滑稽。自打文革開始，老百姓對於臉色蒼白、手裡總是搖著一本語錄、跟屁蟲一樣在毛後面喊「萬歲」的傢伙從來沒好印象。他的湖北普通話沙啞而且聲嘶力竭，聽起來讓人噁心。大家只是怕當「反革命」強裝恭敬罷了。
一九七一年國慶前夕的那個晚上，我和女友看見照相館櫥窗前一大堆人圍觀，我倆好奇，上前遠遠看了一眼就退了出來。我憋不住指了指照片，小聲說：「這個人可能出事了。」不料我未來的老婆大吃一驚，旋即警告我，說一句：「你反革命！」我無奈的笑笑，只說：「你不信算啦。」

很快，有一天，涂曉雷把我拉到花園裡，異常興奮地向我宣布：「你知道吧，林彪真的這個了——『麥格』！」「麥格」好像是什麼抗日電影裡日本鬼子說的話。經常被老百姓用來開玩笑的「鬼子話」還有：「米西米西的」「死了死了的」「大大的好」等等。「麥格」好像是「死」的意思。涂說話間，還非常得意地模仿電影《山本五十六》裡日機被美軍擊中瞬間，山本大將手按軍刀，沉著赴死的動作，接著快活地哈哈大笑。前面說了，涂曉雷所屬「雲南八二三」派長期與「二野」為主的昆明軍人交好，對於調來雲南「摻沙子」的林彪嫡系「四野」鐵軍五十四軍一直心懷耿耿，「四野」大佬出事他們當然最高興。涂的鐵哥兒們、「八二三」派一號大佬黃兆其當時已榮任省委常委，按照中共中央一九七一（七十九）號文件關於「林彪叛黨叛國問題」「目前只傳達到省、市、自治區黨委常委以上的黨組織。」的精神，黃肯定是知道真相了，而涂所知道的情況，也就絕非空穴來風，多日的猜測終於塵埃落定。我心裡早有準備，得知此消息得到證實，我莫名其妙大大鬆了一口氣。

雖然和四野鐵軍關係不錯，但我對林彪本人卻長期沒好感，不為別的，就那一幅馬屁精模樣，還有造神年代他的種種過分誇張的言論舉止。林氏拍馬不僅肉麻，還完全把中世紀的宗教用語、咒語、妄語……還有宗教儀式一股腦兒搬了過來。什麼「大樹特樹」、「絕對權威」、「四個偉大」、「一句頂一萬句」、「九大行星圍繞紅太陽轉」、「三忠於」、「四無限」、「忠字舞」……新提法層出不窮，一句比一句絕對，一套比一套滑稽。

按文件精神：「林彪叛黨叛國問題，根據內外有別、有步驟地傳達的原則」，事情又不知過了幾月幾日，文件終於傳達到了普通老百姓。我的一個校友叫劉昌文的，從雲南回四川內江農村探親，路過昆明，他對我介紹了他們家鄉農村傳達的情況細節。那天，生產隊會議室由荷槍實彈的民兵把守。傳達前先宣布紀律，所有人等，必須一字一句認真聽來，不准交頭接耳，不准左顧右盼，特別強調婦女社員不得帶娃娃，不准打毛線、衲鞋底，還有不准如何如何，然後才開始念文件。農民對於宮廷鬥爭、路線鬥爭本來稀里糊塗，氣氛一緊張，又不准問，文件所說故事就更稀里糊塗了。回得家來，長輩一本正經問我同學：「莽子（劉同學的小名）！北京到底出什麼事了？怎搞得緊張兮兮的？」莽子問：「你們到底傳達了些啥啊？」回答：「說是林副主席帶了妻子一群（妻子葉群），坐三撮箕（三叉戟），在蒙古被瘟豬兒幹（溫都爾汗）了。」聽到這兒，劉昌文哈哈大笑。我們聽了劉的介紹，也哈哈大笑。

三十、大寨之行

一輩子喜歡與人奮鬥的毛澤東這一次肯定是亂了方寸。他需要休整休整才能再次出拳。中國人的社會生活終於能夠喘口氣了。

作為中共一個地方性的最高辦事機構，雲南省委辦公廳眼下沒有什麼特別緊要的工作要做了。輕鬆一刻給了我做一次長途旅行的機會，陪同一個代表團去全國農業先進典型——大寨，及大寨所在的山西昔陽縣參觀。

這是是一個龐大的代表團，由迪慶、麗江和怒江三個地、州的農村公社及生產隊幹部組成，幾近百人。總領隊是大名鼎鼎的九大候補中委、被新華社電訊稿譽為「雪山雄鷹」的藏族英雄七林旺丹。雲南省委辦公廳派出三人做秘書服務工作，包括筆者、修改憲法時和我同時在昆明鐵路分局群眾大會上出過洋相的軍代表潘英，另外還有刊物處的一位朱姓哥兒們。

昔陽縣已被宣布為全國第一個大寨式的縣，因此整個縣城，實際已成了個供參觀用的大展覽館。所謂參觀學習其實就是公費旅遊。每天來此進出、操不同口音的人熙來攘往，絡繹不絕。來人之多大大超出一個小縣城的接待能力。招待所一律水泥地鋪。雖說已榮膺大寨縣稱號，供水卻緊缺得一塌糊塗，不僅洗臉成問題，招待所的被子也長期無水可洗，髒得能刮出一層油污。最苦的是招待所服務人員，每天早上四點就得起來為客人準備早餐，半小時一輪，一直要吃到九點，最後一批客人用餐結束方能休息；十點過又得準備午餐，又是流水席，又是半小時一輪；一直吃到下午，最後一批客人用餐結束還不得休息，又開始準備晚飯……伙食亦粗陋無比：每頓都小米飯；菜永遠一盆粉條煮白菜，加幾片豬肉點綴。在南方人看來，如此飲食完全處於人類初級階段，僅高於茹毛飲血罷了。

我們領隊的級別高，又是兄弟民族，大隊伍到達當天，陳永貴就單獨設宴招待了七林旺丹。作為代表團秘書，我們也有倖作陪，近距離感受了名震華夏的大寨英雄「飲似長鯨吞百川」的好酒量。面對不斷傾空的「茅臺」酒瓶，以豪飲著稱的藏族英雄也自愧不如。陳永貴問我們的安排，旺丹答道，根據事前統一安排，計劃在此學習一週。陳馬上大氣磅礴地宣布，說：「我們距離很遠，感情很深啊！你們雲南貴客，既來之，則安之，就留下來，多看看！至少二十天！」陳的熱情讓樸實憨厚的藏族領隊深受感動，馬上感激不迭。

不料向代表們傳達這個決定，會場馬上開了鍋。大家全都叫苦不迭，說雲南老山溝，出來一趟多不容易啊！我們就想多看看祖國的大好河山！最重要的，咱們下面還得去北京，祖國的心臟！哪還有時間啊？「昔陽這破山溝有什麼好待的？」大家私下抱怨，說飯菜這麼糟，睡的髒得比我們山溝不如，洗臉水都沒有……「看看不就行了？二十天，憋死人啦！」有代表還慫恿我去總領隊那兒通融通融，能否少待幾天。我知道七林旺丹脾氣，別看平時不聲不響，一旦有了主意，固執得九條牛也甭想拽回來。我謊稱代為疏通，暗中卻從沒去討沒趣。

大寨確沒什麼好看的。完全就是一比一的模型展覽。導遊帶著大家上山溜灣兒，無非背誦些書報上介紹過無數次的陳詞舊調。比如，到了第一個景點，導遊用教鞭指指，道：「大家看，這就是虎頭山。

虎頭山七溝八梁一面坡，原來全是窮山惡水呀！全靠陳永貴同志帶領大家艱苦奮鬥，終於把山修好。你們唱歌就知道了：『一道清河水，一座虎頭山，大寨就在山裡邊』就個說是這兒——走快點走快點！後面參觀的人來了！」又走一段，又用教鞭指指：「這就是狼窩掌，又稱『黑老山溝』，大寨七條山溝中最大的一條，一下雨就發洪水，所以溝裡沒耕地，陳永貴同志帶領大家三戰狼窩掌，就是戰的這兒。為了教育下一代，大寨人還專門留下一段，取名『教育青年溝』。大家看，就那兒，就那兒——走快點走快點！後面參觀的人來了！」又到一個地方，又用教鞭一指，說：「這是友誼坡。友誼坡，為啥叫友誼坡？當年敬愛的周總理陪同阿爾巴尼亞貴賓謝胡來大寨參觀，兩位領導走累了，就坐這兒休息了十分鐘——走快點走快點！後來的人來了！」……

後來又看了豬圈羊舍雞窩什麼的，這就下山了。雖說這兒山的高度和險峻與雲南相比，完全不在一個檔次上，但吃得差，北方天氣又冷，到虎頭山繞一大圈下來，肚子還是開始咕咕叫，實在有點想念粉條煮白菜了。正要返回招待所，導遊突然興沖沖宣布，要大家就地休息。「報告同志們一個好消息！」他大喊大叫，「等一會，陳永貴同志要接見大家哪！」肚子咕咕叫的朝聖者們只好忍饑挨餓原地等候。跟在我們後面「走快點走快點」的參觀者陸陸續續也下山來了，按照吩咐，也都在廣場地壩兩邊等待接見。記不起過了多久，反正廣場地壩早已人山人海，導遊終於以更加興奮也更加嘶啞的聲音大聲宣布：「陳永貴同志來啦！陳永貴同志來啦！」

很像世界杯賽場球星單刀赴會，宋世雄在現場解說時的吶喊：「球進了！球進了！」解說員本是該村農民，和陳永貴低頭不見抬頭見的，聽這聲嘶力竭吶喊，好像陳壓根兒就不是同村老鄉，而是從天而降的菩薩。「大家快鼓掌歡迎！」解說員帶頭把手臂舉得高高地示範，「大家鼓掌歡迎！」

果然，陳永貴一干人等從遠處緩緩走來。解說員唯恐漏了鏡頭，飛快地跑上前去，跟屁蟲一樣跑去陳身後，用教鞭一指，像解說一件古董藏品，大呼：「陳永貴！陳永貴！」呼畢，原地不動，等跟在陳後面的一老太太走上前，又用教鞭一指，繼續大聲解說：「宋立英！宋立英！」依舊原地不動，等第三位走來，用教鞭再指，解說：「賈承讓！賈承讓！」還是原地不動，繼續指，繼續大呼：「郭鳳蓮！郭鳳蓮！」……等最後一位走過，解說員又氣急敗壞跑去前面，陳永貴身後，繼續揮鞭指點：「陳永貴！陳永貴！」「宋立英！宋立英！」「賈承讓！賈承讓！」……全是那年月報上叫得漫天價響的名字，因為太響，所以都是政治明星，所以他們的排序必須嚴格無誤。

陳永貴一干人等剛陪外賓下地回來。接待任務太多，他們的下地完全是象徵性的，無非拿把鋤頭做幾個動作，擺幾個姿勢照照相，這就下山來接見全國各地的革命群眾。陳永貴曾單獨設宴招待我們，狂喝茅臺酒喝得一醉方休，他在廣場地壩上接見全國觀眾時認出我們，於是專門走來雲南代表面前，和身穿藏袍的雲南少數民族代表一一握手，說了些「距離很遠，感情很深」之類的問候，和晚上酗酒的樣子，判若兩人。

按照標準配置，參觀內容確實只夠三五天，因有陳永貴特別關照，縣政府只能想方設法組織我們到處遊動，跑遍昔陽的山山水水，讓遠村野寨的村幹部不厭其煩地、連篇累牘地按照事前編好的套話給我們介紹如何之「戰白天，搶雨天，一日三餐在田間」「日戰大寨田，夜戰新農村。」云云。日記記錄，我們是十一月一日離昆出發的，到達昔陽是五日。北方時已嚴冬，氣溫降至零度以下，按老傳統，這時段該是冬閒季節，婦女該圍著火爐描紅綉花，爺們兒該在炕上嘮嗑小酌，交換來年農事的夢想了。可昔陽農民因為要向大寨看齊，情況就澈底變了樣。我們所到之處，看見的都是男女老幼齊上陣，坡上挖土，溝裡治河，特別老的和特別小的，就坐在地裡剝苞米還是幹什麼。北地空曠，無遮無攔，風只管在黃土高原肆虐呼嘯。我們坐在車裡尚覺寒冷，坐在曠野裡一定很難受的。真想上去和他們問候問候啊，可事前我們已被告知，為了不影響社員們的工作，參觀代表是不准前去和他們談話的。如果說我對野地裡受凍的社員滿懷同情，那麼某日，當我聽到某村幹部的介紹，心裡簡直就有些憤怒了。那位幹部非常自豪地告訴觀眾，說某家的小孩生下來長到兩歲了，還沒有見過父親。為什麼？天不見亮，孩子還在酣睡，父親就戰大寨田去了，回來繼續夜戰新農村，娃娃早已入了睡鄉。我之所以為這些無辜的父親和孩子抱不平，因為我發現，虎頭山上那個由陳永貴主政的大寨大隊，他們身價既已到了要全國人民學習的份兒上，那麼他們現在所做的一切，幾乎更多是在作秀。比如晚上，參觀人群一旦離去，解放軍就悄悄出動了，用炸藥炸土，然後用推土機幫助他們推出一個個所謂「小平原」，而到了白天，又把這些推土機全部藏了起來。回到昆明，有朋友問我大寨觀感，我直截了當地告訴他說，我看到的是一個大的「勞改營」。

那次旅行餘下的時間，代表團匆匆忙忙去了北京、遵化，回程還去了長沙和湘潭韶山，瞻仰毛澤東當年舊居，回昆明已快年末。

辦公廳依舊沒有什麼要緊的事要我們辦，新年伊始，辦公廳又讓我扛上行李去省委農場勞動一月。對於這樣的安排，我毫無怨言。反正單身漢，剛剛結束北方南方萬里行，反正我一時還歸心難收。省級機關農場位於昆明北郊筇竹山下。每天的任務都是挖地、鋤草、把糞便從廁所舀起來，再從水溝打水混合，挑去澆菜地。滇池邊的春天來得很早，田埂上各種野花相繼開放了，春寒料峭，晚上我們就籠一盆火，大家圍坐小屋談天說地，很是快樂。我的小本子上，至今還保留著好些鋼筆速寫：「從農場遠望西山、空曠天頂的白雲、從滇池吹來的風把一排柏樹刮得斜斜的……」我還記寫了住地對面的草棚裡的農場釀酒房，晚上，橘紅的火光靜靜投入小水塘，等到薄暮月初升，風來了，把火光和月影一起揉碎，我注明了各景物的色彩，回來後畫成一幅油畫，一直保留至今。

文革期間，隨處可見滑稽至極的文藝演出。

三十一、甫漢的悲劇

短暫的快樂時光很快結束。筆記記錄，我重返辦公廳是二月三日。再查萬年曆，那一年春節是二月十五日，自從文革以來，中國的這個代表著傳統、團圓、歡樂和美食的節日就被澈底「革命化」，即取消了。那個二月的日子了無印象。一九七二年二月讓全國轟動了一把的是比「革命化春節」重要得多的一件大事。二月二十一日，中國人民傳統的頭號敵人、「美帝國主義」的頭子尼克森總統到北京訪問來了。毛澤東剛剛從欽定「接班人」製造的巨大麻煩裡緩過氣來，又開始製造轟動效應了。

從一九四九年中共執掌大陸政權二十多年間，在官方宣傳裡美國從來不幹好事、專幹壞事，是「亡我之心不死」的死敵。現在中共領導人突然和它的總統握起手來，毛澤東還在那間全中國人民都熟悉的書房和對方大談友好大談哲學。對於習慣聽從共產黨教育從而習慣了從意識形態思考問題的中國人，很可能會非常意外：當局有必要抓緊給眾人進行免疫預防，各省馬上按中央統一部署召開了地委書記會，傳達學習「毛主席的革命外交路線」。

如果從意識形態角度解釋，這件事肯定是非常見鬼的，但文革已鬧騰多年，百姓已「曾經滄海難為水」。中國這塊政治土壤，連林彪這樣的離奇怪事都蓬勃生長，還有什麼其他怪事不可能長出來呢？大家已不止是見怪不怪，簡直就非常麻木，何來官方害怕的負面效應？再說，政治本是一種操盤術，所謂意識形態、革命口號什麼的，不過是政治操作的工具罷了。還有，誰不知「北極熊」正在中國北方陳兵百萬，虎視眈眈？誰不知蘇美兩個超級大國爭霸世界、正鬧得劍拔弩張？中國古人早有智慧，提倡遠交近攻，坐山觀虎鬥。改善中美關係，閒看鷸蚌相爭，坐收漁人之利，這實在是再合理不過的事情了。強了一輩子的毛澤東這步棋實在高瞻遠矚，英明偉大，老百姓還有誰想不通？

根據我工作筆記的記錄，這次地書會議的主要內容是學習貫徹周恩來的指示，一共七問題：（一）這次中美會談的意義；（二）國際形勢問題；（三）尼克森問題；（四）臺灣問題；（五）各國反映；（六）做好國內工作；（七）關於個人崇拜問題。

前六個問題當然與改善中美關係有直接關係。至於第七個問題是怎會事？筆記本無據可查，現在也實在想不起了。此事至少可說明林彪靠造神上臺，在中國掀起了一場瘋瘋顛顛的、把毛澤東搞得下不了臺的鬧劇，現在隨著林的消失，對神的崇拜也得降降溫了。整個社會需要重歸理性，穩健派的代表周恩來需要重新走到前臺收拾亂局了。周的溫和形象越來越受人歡迎，他的這些指示貫徹起來也沒什麼好爭吵的了。堅決擁護黨中央的偉大戰略部署！思想很快高度統一！好吧，地書會議勝利結束，這就給黨中央、毛主席寫報告吧！由省委辦公廳副主任甫漢統籌，把老金、小毛和小周我叫到一起交代任務。

必須先補充說說甫漢。前面說過，譚甫仁被殺，甫漢靠山不存，他的身價頃刻間一落千丈。領導給他正式的封號是辦公廳副主任，具體管什麼則說不清道不明，用他自己的話說，就是：「我現在的官是越做越大，權力越來越空。我不管事吧，對不起這幾文工資；找事管吧，人家又說我黑手伸得太長。」這話很能說明他心理的不平衡。曾聽人說，譚死後他曾多方託關係想重回北京原單位——工程兵部，但奮鬥多次卻毫無結果。大家私下分析，憑他這些年在雲南的處世態度，估計原來他在北京也不會有好人脈。如果再不想辦法改變處境，他注定只能待在雲南受一輩子窩囊氣。靠山已去，他想改變處境，唯一的辦法就是發揮優勢，抓緊展示才華。辦公廳其他事情他可以管不了，但讓他寫文章總是辦得到的，這樣，凡省委開重要會議，他都主動請纓，擔任文件起草工作。

前一年，有兩樁事情讓甫漢深受鼓舞。一是一九七一年一月八日，濟南軍區政治部一篇主題為「反驕破滿」，名叫〈關於學習貫徹毛主席「軍隊要謹慎」指示的情況報告〉的文章報到毛澤東那兒，很快御批曰：「我軍和地方多年沒有從這一方面的錯誤思想整風，現在是進行一場自我教育的極好時機了。」接著該文作為「中發（一九七一）三號」下發，而名不見經傳的執筆者則一朝發達，上調《解放軍報》當了總編輯。第二個例子對於甫漢的刺激顯然更大：曲弦。曲本人直接就是甫的部下，曲「一封朝奏九重天」的事情就發生在他身邊！甫漢對於自己的才華注定是自信的，他相信拷貝「曲弦奇蹟」並非難事。

貫徹「毛主席革命外交路線」的地委書記會議，負責起草給毛主席、黨中央的報告，甫漢再次主動請纓。老金、小毛和我，被點名作他的助手。

前面已介紹過了，小毛全名毛治雄，即做事低調但精明能幹的後雲南省文化廳長，而老金，金強敏則需稍多介紹。金，上海人，身材魁梧，敢說敢幹，聲如洪鐘，思維敏捷又固執己見。他的性格和人稱「娘娘腔」的上海小白臉完全不能同日而語。解放前夕，共產黨大軍南下西進，在中國東部地區招收了一批知識青年以備接管政權之用，名曰「西南服務團」，強敏兄就成了進軍雲南的成員之一。文革前他已是公安廳中層幹部，據說還是未來廳長的接班人。他調來辦公廳很快就被委以重責，不斷擢升，先是「批林批孔辦公室」什麼職務，接著辦公廳副主任，再後來，滇南有群體鬧事，把全省攪得沸沸揚揚，政府專派大型工作組進村安撫，金強敏當了工作組大組長。

貫徹「毛主席革命外交路線」那時，金強敏還沒有升，成天還利用工間休息和小字輩們一起打乒乓、下軍棋，為一些政治理論問題和我們吵得面紅耳赤。

卻說甫漢先拉出一個提綱，然後讓老金、小毛和我按照提綱安排分頭各自寫出草稿。總體規劃是四個段落：一、這次會議的基本情況和意義；二、中美會談問題；三、臺灣問題；四、我們的工作。分給我的是臺灣問題。我們三人寫出初稿後交甫審查，由他提出修改意見再分頭改；接著再交甫，甫看後我們再寫……具體反覆了幾次已記不起了，總之，甫漢最後還是不滿意。「算了，我自己來吧！」他告訴我們，「你們都休息去！」完全一副孺子不可教的口吻。事實上確實也沒時間了，那是一個週末，第二天，週日晚就得開省委常委辦公會討論該報告稿。

甫漢的辦公室在八號小樓後面最隱蔽的轉彎處。星期天，我和小毛整天在辦公室待命，甫要什麼資料我們馬上提供。只是他好像什麼也沒要，我們偶爾主動前去詢問均遭極不耐煩的回絕。他埋頭苦幹，物我兩忘，好像午飯都沒有吃。完稿已是黃昏，沒時間折騰，他收起稿本便讓老金陪他前去二十四號赴會。甫乃河北平山漢子，個兒高，走起路動作緩慢，我看得出來，他很自信，想必今晚志在必得。譚政委死後處境不佳，他一直想如曲弦那般通過一篇文章改變命運，這心思在整個辦公廳都不是祕密。看見他和金走出院子，我對毛治雄預言：「等甫秘書又放一枚原子彈吧！」接著就開始神吹海聊，永恆主題就是秘書文人的出路，而話題最後的落腳點總是二十四號院即將開始的省委常委會，甫漢精心炮製報告將得到如何首肯，然後順利呈送北京，經領袖御覽，隨即批示照發，然後如此這般……

那段時間省委一把手周興出差在外，常委會都由二把手、軍區司令員王必成主持。前面說過，譚將軍主政雲南那會兒，王不僅對譚老大畢恭畢敬，而且對譚的秘書亦不無巴結，叮囑他的秘書尹升高，他的所有講稿都須讓甫漢過目，他指示：「甫秘書改過的稿我就不看了。我照念就是。」毛和我都堅決相信，司令員對甫的水平是絕對信得過的。今天的文稿討論，無非走走過場。我們甚至想到雲南又一人榮任京官的熱鬧。

我倆正說得高興，忽然發現甫、金二人正從門外回院——算算時間，事情再順利，時間也不會如此短暫呀！我們急迎上前，呀！甫的臉色難看極了！簡直有點嚇人！不待開口詢問，金強敏已經用眼神阻止，輔以暗中擺手。我們慌忙打住。甫夾著公文繞過小樓直接去了他的辦公室，跟在金的身後重進小樓，我迫不及待問：

「怎回事？原子彈沒放成？」

金把沉重的身體往椅上一靠，滿臉無奈，一聲嘆息：

「完啦，沒我們的事了！」

接著，他向我們介紹了文稿審閱的全過程。

省委常委辦公會的程序是這樣的：由秘書一處根據呈報文件的重要程度和緊迫程度排序，定出會議議題和時間，同時又根據議題需要，通知相關職能部門人員來會，這些人員一律安排在休息室等候，像病人在候診室候診。議題按事前安排次第進行，某議題討論完畢，參會職能人員退出；輪到下一議題的人員再進去……那天辦公會最重要且緊迫的議題當然是討論給中央、毛澤東的報告。甫漢和金強敏最先放進去。主持人王必成通知甫漢先念稿，甫這就念了。甫秘書念得很認真，語調抑揚頓挫，張弛有度。誰料才念到三分之一，王司令突然用他的湖北普通話將甫打斷，問：

「還有多少沒念？」

甫有點詫異，試探回答：

「才一半……」

「才一半？」王完全非常霸道了，斷然宣布，「你寫得又臭又長嘛！」

甫傻眼了。整個會場也跟著傻了眼。靜場片刻，王說：

「上個月那個××會議（恕筆者記不起了），省委給中央那個報告就寫得不錯嘛！」他問甫，「那個報告是誰寫的？」

甫漢老老實實報告：

「那個報告就是我寫的啊！」

王當然希望那個被他稱道的報告絕非甫秘所為。甫漢的回答應該讓他失望的。但王決不失望，他馬上毫不猶豫地打了回去：

「怎麼是你寫的？」

接著反問：「你為什麼不讓周永祺寫？」

前面已經介紹過了，周永祺是當今雲南一把手周興的貼身秘書，從五十年代開始就不離不棄，一直跟著周興，如同甫漢在北京一直跟著譚甫仁。事情很快明白了，如今雲南地界的老大是周興，王司令要表示緊跟一把手，當然就得改換門庭，巴結周永祺了。轉這個彎是不需要商量、也不需要時間的。

甫實在無法接受這樣的侮辱，終於鼓足勇氣，問了：

「王司令，還要繼續念嗎？」

「不念了。」像下達作戰命令一樣乾脆。王宣布：「退回去！讓周永祺寫！」

時間不早，既然已經沒事，我們也該回家休息了。行前，我又悄悄繞到後面，遠遠張望。毛治雄問我：

「看什麼？」

我說：

「你瞧，甫秘書一個人在屋裡哭呢！」

這是我第二次看見這位個子高大的中年漢子哭泣——第一次是譚甫仁被暗殺——如今，他企圖用一篇文章改變命運的念頭終於破產了。朋友們每論及此，總會感概，說他如果會做人，譚甫仁健在那會兒別那麼霸道，情況肯定不至於糟糕如此。

不管甫漢怎麼地得罪過人，但和王司令的蠻不講道理相比，這件事他實在太冤屈。第二天，幾個著名的大牌秘書來辦公室替他打抱不平，說：「咱們罷工啦！實在太欺負人了！」

後來周永祺來接手報告文稿，走進我們的辦公室：他顯然發現大家都知道了事情原委，也連連嘆息，說：

「這個王老頭！這個王老頭！」

三十二、「泛藍」與「泛綠」之爭

大革命年代，中國人衣著顏色單調劃一。代表混亂世相最後權威的國防綠肯定是最神氣的，不僅職業軍人穿綠裝，其他階層，尤其年輕人，都以有一套贗品軍裝為榮；文革前最神氣的服裝則是筆挺中山裝——或曰「毛服」——面料則一律藍色華達呢，那時候毛澤東以降，所有官員都流行那般著裝。

一九六八年，大陸各省、市、自治區領導大換班，曾非常激動人心地宣布過：「全國山河一片紅（除臺灣省外）」，上上下下的「新生紅色政權」，幾乎無一例外都軍人掌權。軍人都穿綠軍裝，所以綠色一時壟斷了整個中華大地流行色，如今林彪坍臺，文革運動中被打倒的地方幹部需要落實政策，「解放」出來，重新執政，藍色中山裝又漸漸浮出水面。代表文革的激進派軍人和代表穩健保守的老幹部開始了新一輪博弈。

雲南省委的重要會議一般都在圓通山麓的連雲賓館和翠湖賓館召開。林彪倒臺次年，往昔會場上綠色的一統天下改變了，變成了綠藍參半局面。就餐時分餐廳裡的局面，絕對藍一桌、綠一桌，壁壘分明；會場議事討論，觀點更是爭鋒相對，互不相讓：這就是一九七二年我所經歷的雲南省計劃工作會議。

在計劃經濟時代，每年年初舉行的「計劃工作會議」，是國家及各地區最為重要的會議之一。經濟工作的大政方針、投資規模、項目安排、資金分配……這些，都需要在這次會議上確認。中國講究

「政治經濟學」，關於經濟的會議，必然少不了政治色彩，而且必然是「政治掛帥」，尤其文革年代。

一九七二年度的全國計劃會議是一九七一年年底至次年二月十二日在北京召開的。根據筆者的工作筆記，將時任雲南省革委會主管經濟工作的副主任魯瑞林的傳達照錄幾段如下：

這次會議主要批判林彪一伙的反革命罪行、修正主義路線、《五七一》（指所謂林彪反革命政變「綱領」《五七一工程紀要》）、反對毛主席革命路線、對國民經濟的破壞。討論了計劃。交流了經驗。著重討論了六個問題。

一，加強黨的一元化領導問題；二，政治與經濟的關係問題；三，統一計劃、全國一盤棋的問題；四、落實政策（特別是幹部政策、知識分子政策、老工人政策等）；五、體制下放；六、正確處理農、輕、重的關係問題。重點是第一個問題。

一月十日，先念、登奎、國鋒、秋裡同志開了一個小型會議，動員批林，指出批林要從路線上來批。提出了「他們的根本問題是，地主階級的反革命修正主義路線。林彪代表的是地主資產階級，是沒落的階級」還傳達了主席的批判：如「頂峰」，主席就說不合乎辯證法；還有「活思想」。思想都是活的。無論無產階級和資產階級的思想，都是活的，哪會有死思想呢？還有「立竿見影」，從物理現象上講是可以的，解決思想問題，怎麼「立竿見影」？此外，還有說他是「空頭政治」，他才不空哩。他「實得很」。（毛）還講到，關於「大軍工主義」，是不是不這樣提，有什麼錯誤就批什麼錯誤。

有的提「唯意志論」，蘇修也說（我們）「唯意志論」，搞不好容易混淆。還是按主席提的「唯心論的先驗論」。

強調要大膽使用幹部。幹部、知識分子、老工人，都要大膽使用。現在有的是使用了，但是讓他們去賣飯票。

會議期間，總理聽取了彙報，作了多次重要指示。強調在計劃安排中，要更加重視農業、輕工業的發展。安排好農輕重的關係；強調要加強企業管理，要縮短基建戰線……

事情很清楚，以批判林彪路線為題目開路，實際上是對文革時代所有極端做法都要進行清算。毛澤東被林彪事件搞得方寸大亂，灰頭土臉，不得不讓周恩來出來收拾殘局了。

雲南省的會議是緊接全國會議結束後十天，即二月二十二日召開的。從上述傳達可以看出，這次經濟計劃會議，政治問題，即對林彪反革命集團的批判，顯然是討論經濟工作的必要的、「務虛」的前提，其餘的關鍵詞都與此緊密相聯。關鍵詞尤以落實政策一條最為搶眼：落實幹部政策、落實知識分子政策、落實老工人政策……這些人——我們暫且稱為「泛藍」吧——政策一旦落實，那些對地方事務一竅不通卻偏偏喜歡由著性子瞎幹的軍人和靠造反起家的文革派——我們暫且稱為「泛綠」吧——自然就得靠邊了，至少，總得把印把子多少交點出來。

根據全國大會披露的情況，軍人擅權最遭眾人垢病的正是對經濟工作的無知，卻偏偏愛瞎指揮。比如，全國會議傳達中便有對江西第一書記、中國人民解放軍福州軍區副政委兼江西省軍區第一政委程世清的如下揭露：

程說六十條（指：《農村人民公社工作條例（草案）》。這是大躍進破產後，毛澤東為調動農民的積極性，恢復和發展農業生產，於一九六一年而主持制定的一個文件——筆者注）已經過時，大搞並隊，砍自留地。程還說手工業、運輸、工商業都是資本主義尾巴，統統打擊，把這些人趕下去，把舊房拆了，蓋新城。回來無房住，南昌到處搭蓬子。拆賓館磚頭。毛主席說程，不學馬列，不懂政策，是暴徒……

那麼雲南省，這些年「綠派」掌權下的經濟工作，最遭眾人垢病的則莫過於勞民傷財，在面積本來就日益縮減的「高原明珠」滇池上修築了一條六公里長的堤梗，圍出了三萬畝根本沒法種莊稼的水糟地——這件餿事隨著事情的始作俑者、昆明軍區政委、省革委主任譚甫仁被暗殺也就了斷，無從追究；還有一件餿事也特惹人爭議，就是讓著名的雲南汽車廠每年搞一千輛大卡車：此事本來就是在江西「程膽大」那兒學來的。本為雲南地區生產汽車配件的骨幹廠轉而生產整機，從專業角度講，設備、技術、配套，甚至工裝、模具等等，都需要相當精心的準備和改造，可為了向毛主席表忠心，做政治秀，領導們便顧不了那多了，人家「大膽將軍」程世清幹得，我們雲南為何干不得？於是「革命加拚命，拚命幹革命」，「有條件要上，沒有條件也要上」，領導們讓工人們手敲錘打，兢兢拌拌，生拉活扯，硬是造出了性能和外觀都讓世人不敢恭維的「昆明牌」汽車。單說外型吧，據該廠「活學活用毛澤東思想白手起家造汽車」的先進事蹟介紹，外觀設計把「老工人和工程技術人員」困擾了許久，最後不知經何高人點撥，眾人豁然開朗。毛主席接見紅衛兵那會兒，不是喜歡乘坐敞篷吉普嗎？對啦，大卡車外形就照敞篷吉普樣式設計！讓邊疆人民一看見咱們的「昆明牌」，就想起毛主席他老人家坐過的敞篷吉普，多麼幸福！在這兒，工業設計的工藝要求沒有了，工業產品的實用功能沒有了，產品標準、技術指標……統統沒有了。反正在政治上怎麼能搞得響亮就成。幸好當時生產資料匱乏，什麼都靠計劃配給，如果換到現在，憑「昆明牌」那爛德行，雲南汽車廠百分之百破產。

據有關人員回憶，如此創意並不屬於譚政委，具體分工到雲南汽車廠抓點的，偏偏是譚的接班人周興。「藍營」的氣，自然集中到了他身上。周興雖長期從事地方工作，也長期穿藍色「毛服」，但那幾年的社會經歷和關係，他顯然應劃歸「綠營」，算是「泛綠」吧，而且還是「綠營」掛帥人物。

一九七二年春雲南省計劃工作會議，就是在這種背景下開始的。

主會場設連雲賓館，所有地、市、州及各廳、局、委、辦主要領導一律出席。代表根據級別高低分別集中居住在連雲賓館和翠湖賓館，吃飯地點亦然。之所以特別強調吃飯，因為政治觀點上的分道揚鑣在吃飯時表現得最為分明，綠綠成堆，藍藍聚首。自打一九六六年那場風暴突襲，「藍營」人士紛紛落馬，灰頭土臉若許年，如今終得揚眉吐氣，大家不趁酒宴飯局彈冠相慶而何？「綠營」呢，雖說雲南邊境和京城遙隔萬里，林彪搞「五七一」，八桿子也打不著，可這些年確實是他們在胡鬧呀。昆明圍海造田不就是他們搞的嗎？一千輛破汽車，不就是他們搞的嗎？昆明市委書記叫梁中玉的，十四軍軍長，和江西的「程大膽」最是相仿，提了一個聰明又荒唐絕頂的「三綱」口號：「政治上以階級鬥爭為綱，工業以鋼為綱；農業以糧為綱」，以糧為綱是「圍海造田」，以鋼為綱就是在城邊上憑空搞起一個根本沒有礦山的、開無米之炊的「昆一鋼」……「藍營」要在全省的計劃工作會上看笑話揭短，題材實在太豐富。

我依然被安排在秘書組，任務依舊是搜集會議情況，準備給首長寫講話稿。這一次的秘書組長是胡延觀。組員依舊是我，加上毛治雄。我們每天各組遊走聽會，這次參加「綠營」，下次參加「藍營」，看笑話的，聽；發牢騷的，也聽。但實際的情況是，好像我們泡在「藍營」的時間更多於「綠營」。個中原因，皆因我們的頂頭上司、已升任省委辦公廳副主任的胡延觀，他的觀點明顯傾向於「藍營」。

前面說過，我還在軍區八號，即所謂「譚辦」幹活那會兒，有兩個「核辦」的大筆桿常來「摸行情」的，一個叫周永祺；還有一個寬顏大臉，絡腮鬍，談鋒尤健的，就是胡延觀。胡自打解放初參加工作便給時任西南冶金部部長郭超當了秘書，郭調冶金工業部任副部長，他也跟了去；郭於文革前調雲南任副書記兼省計劃委員會主管經濟工作，胡延觀也不離不棄，繼續跟來雲南當秘書。那時候，毛澤東已開始注意到接班人問題了。胡以對郭的忠誠和個人的精明能幹，自然成了接班人最佳人選並擬提省計委副主任。那時他還不到三十，真可謂少年得志了。

胡雖然準備接班，但偏偏還沒正式接班就鬧了文革，他有倖沒算上「當權派」，未被歸入被打倒之列，非但沒被打倒，而且憑他的肚才口才文才，居然贏得兩派群眾組織共同的青睞，「八二三」和「炮兵團」鬧得你死我活，胡同志偏偏能過得左右逢源，遊刃有餘：對此，胡延觀本人肯定是感到挺自豪的。事後，筆者就親自聽他說過，兩派任何新動向、新消息，沒有我不知道的。最重要的是：事情發展到最後，劃線站隊，胡公然把隊站「合」了，成了「八派」紅人，也就是說，在軍代表執政期間繼續得以重用，調來「核辦」做了臺柱棟梁。現在好了，批林彪，落實政策，重新謀劃國民經濟……胡又能名正言順地以經濟專家身分，和重新出山的「藍營」人士一起來收拾爛攤子了。

會議期間，胡精神亢奮，行動活躍，完全有點「捨我其誰」的豪壯。每到一組，胡已不僅僅聽會，而且非常專業且旗幟鮮明地大談特談自己對雲南經濟問題的針砭判問，他的觀點總能切中時弊，且少不了對軍人的嗤之以鼻，總是贏得驚魂甫定的「老當」們一片叫好，接下來同仇敵概，彼此互動，情緒愈演愈烈。實事求是地說，在我這外行看來，胡的觀點應該是很不錯的，比如他用大量的數據闡明，雲南這個幾乎完全靠公路運輸的邊疆大省，本來汽車的配件供應就很緊張，可為了作政治秀，偏偏把配件生產停了，生拉硬拽造了一千輛質量大成問題的汽車，同時卻因缺乏配件造成了數倍於一千輛的汽車爬窩！胡出身「泛藍」，和與會的「藍營」人物有天然的融洽與默契，對於這些年荒唐經濟的共同仇恨，使他簡直就成了會議「藍營」的領軍人物。他動員代表：「大會發言，你們就這樣說！」

某日，我們三人正在秘書組，周興推門進來要我們彙報情況。當然該由胡組長主報，我和毛偶作補充。這時我突然發現，平日在會上氣吞山河的胡，一旦彙報起來卻含糊其辭，吞吞吐吐，和他在「藍營」老幹部面前的表現判若兩人——直到後來我才懂得，這也是官場必通之術：向領導報告情況必先小心試探，然後投其所好，擇其喜好者而報告之——可惜，這一次大約太興奮吧，胡有點忘記了節制，怎麼很快把汽車問題捅了出來。周興的臉色頓時晴轉陰，胡很快發現首長情緒不正，他應該想起了，那一千輛破車，正是周政委的心肝寶貝兒啊！他發現不小心捋了虎鬚，馬上得把頭縮回來，後來的彙報就有點言不由衷、支支吾吾了。胡只管雲裡霧裡地說，說得周政委終於不耐煩，把他打斷了。

「怎麼回事啊？我說你胡延觀呀，你說了老半天，我一點油水都沒撈著！」周站起身，顯然非常生氣地宣布，「好了。今天下午——你們都和哪些人交談過——你們把他們全通知到連雲賓館開會，我要親自抓典型，找靶子！」說罷拂袖而去。

我們三人相視苦笑。突然，周興又推開門了。這一次他沒有進屋，只站在門口，非常認真地交代一句：

「胡延觀！你千萬不要對他們說我找他們有什麼事！」

胡馬上回答一定一定。

下午的座談會在連雲賓館大會議廳舉行。方形會議廳依次擺了幾圈沙發，能容納近百人。蒙在鼓裡的老當們興沖沖準時赴會，全都想來此大幹一場。我是知道底細的，坐後排觀看眾人愚蠢的興奮，心中只覺得忐忑難安，真不知好戲如何開臺？情節如何發展？故事如何收場？周興進來時，大廳已坐得滿滿當當，一見首長臉青面黑，全場頓時噤若寒蟬。周走去正中位子坐下，將本兒和筆往面前的茶几一放，只說一句：

「你們誰先開張？」

半天無人應點，他又說一句：

「今天我當學生，你們當先生。你們誰說呀？我聽！」

看他一臉殺氣，誰敢吱聲？恰好郭超，就是前面說過的、胡延觀的頂頭上司，當過冶金部副部長後又調來雲南的前省委副書記兼計委主任進來了。郭的來會引得全體都把眼光轉了過去，像等待一位救星。今日所有參會人員中，唯有郭是可以與周抗衡的重量級人物。

周興頭也不抬便砸出一句：

「郭超，你遲到了！我正點你的名呢！」

那口氣完全像班主任在訓斥不懂事的娃娃。老郭卻沒有半點脾氣：「歡迎首長批評！」他說。郭超個子高，走起路來像一匹疲憊不堪的駱駝，手提一只破包，身上中山裝洗得發白。他毫不動氣地用眼睛望望本已擁擠的會議室，「歡迎首長批評！」他繼續說，然後找一個角落坐了。

大家只巴望他能來放個頭炮。可惜郭坐下就坐下，根本沒任何跡象顯出他準備說話。滿場繼續鴉雀無聲，沉默像一座看不見的大山壓得人喘不過氣。又過許久，終於有勇敢分子爆發了，開始發言。眾人吃驚的目光立即像射燈一樣轉過來，都想看看這位膽大李逵到底為誰。呀！原來主管財貿的廳長，叫顏竹如的！顏拖了約莫半小時才打了頭炮，至少說明：第一，他實在憋不住了，第二，他的發言肯定經過了反覆的掂量推敲。

「周政委！」他字斟句酌開始，說：「我覺得，這些年我們雲南省的經濟工作，主要問題，就是農、輕、重的關係沒有擺正，有干擾……」他的發言由全國會議的精神破題，首先高屋建瓴，站住腳跟，然後便逐步發揮。想必是能勢如破竹，讓周政委心悅誠服了。

誰料才把第一句說完，周政委毫無猶豫將他的嘴封堵了：

「你說什麼？你是不是又要說我的一千輛汽車干擾了你們？是不是！」

聽那霸道口氣，誰人敢吱聲？全場都被嚇破了膽。

「有點那個意思——」顏苦笑著。他已經破釜沉舟。

周毫不猶豫地再次打回去：「好，我今天就和你辯論——」

顏馬上卻場，屏聲斂氣。全場又鴉雀無聲了。

周繼續向前挺進。

「我偏要看看，到底是我的一千輛汽車干擾了你們，還是什麼干擾了你們？」周乾脆澈底把對方嘴巴堵死，「老實告訴你，我對你那個財貿工作，意見大得很！」

「首長可以批評嘛……」

顏顯然是澈底放棄了，周得理不讓人，繼續勢如破竹。

「可以批評？老實告訴你們，你們這幫人，我就知道，黃鼠狼給雞拜年——沒安好心！你顏竹如主動跳出來，好嘛！我就找你辯論——」他的反駁絕對居高臨下，「什麼農、輕、重關係沒擺正？說穿了，你們就是想把我辛辛苦苦搞出的那一千輛汽車砍掉嘛！你們要砍，就明來明去地說嘛，找藉口幹什麼？躲躲閃閃幹什麼？還說得冠冕堂皇！我周興是不怕的。文化革命這樣的大風大浪我都不怕！我怕個ＪＢ！」

一個高級幹部公然在如此正式場合甩出只有市井百姓才喜歡使用低俗不雅之詞，說明他的憤怒已生溫沸騰，勢難阻擋，周興的情緒一旦激動便難以自已，他翻來覆去地罵，妙語連珠地罵，不著邊際、酣暢淋漓地罵，從「老子怕個ＪＢ」罵到「我不怕，我可以和你們辯論，我們坐到黃河邊去辯論（我不懂他為什麼要反覆提「黃河邊」？待考）」；從「有人想搞右傾翻案」罵到「我就敢和你們辯論一萬年，一直辯到共產主義！」會議兩點鐘開始，六點鐘結束，周興的獨角罵至少持續了三個多小時時長。罵得性起，周興突然意外甩出了一句：

「老實告訴你們，你們誰在會上說些什麼，我全知道。今天我就是要來抓代表人物！」

接下來的一句更要命：

「今天上午胡延觀就告訴我了，就你們這幫人在會上吹冷風！」

天啦！胡延觀恰恰正坐在周興背後。全場眼球頓如箭弩齊發，全部射向這個毛鬍子。我記得非常清楚，平素一貫感覺良好的老胡在那一剎那，臉上有多麼尷尬，他肯定恨不能馬上就鑽到地下去。幸好周政委的罵陣還沒收兵，大家的注意力這才又轉回頭來。

年高德劭的周興雖然精力充沛，畢竟是六六歲的老人了，三個時辰已經過去，他從「『形勢好，吃不飽』是林彪的口號」，一直罵到哀嘆「我嗓子不行了，這輩子演不成梅蘭芳了」，繼續罵下去實在有點兒力不從心，這時終於有了一人站出來圓場。你道勇者為誰？李文。周興在山東當省長的時候，李文當煙臺地委書記。周來雲南，把李也帶來了：先是當農委主任，文革後又當昭通地委書記。他對周的脾氣可謂知根知底。虎鬚是不能捋的，順著野物的毛抹抹倒是可以。時過三鐘，李文確信周的火氣應該出得差不多了，這就細吹細打上了場。我已經記不起這位地委書記具體說了些什麼，好像是有關一八〇億斤糧食的事。那幾年，除了一千輛汽車，周興念念不忘的第二個主題詞就是實現產糧一八〇億。昭通地委書記心平氣和開講大好形勢，都是農業，和汽車風馬牛不相及，周興滿肚子的怒氣果然很快平順了。

晚飯時間已到。散會！

周興餘怒尚存，黑著臉離開了會場。俄頃，眾人才如夢初醒，稀里嘩啦起立散場。胡延觀知道告密者身分已經暴露，抓緊跟在周身後出門。剛下樓梯，忽聽得後面一聲吶喊：

「胡延觀，你站住！」

老胡停住，回過頭來。顏竹如正站在梯頂，怒氣衝衝責問：

「你說，你為什麼要向周政委告我們的狀？」

胡環顧四周，他好像要向誰求救，可惜沒任何人準備搭救他，獨自無奈地苦笑苦笑，自我解嘲說：

「老頭兒糊塗了！老頭兒糊塗了！」

說罷，獨個兒向門外急急跑出，像被通輯的逃犯。

林彪垮臺後，各地開始重整秩序，工會、共青團、婦聯一類組織開始重建。圖中右為文革前的勞動模範、雲南新組建的省總工會主席彭貴和；左為副主席、原某廠工人領袖劉志宏，中為「地震英雄」金桂仙，18歲便榮任雲南省委常委。

三十三、關於胡大秘書的話題

如果完全從私人角度講，我對胡的印象應該是很不錯的。

他聰明，多才多藝，簡直就是個通才。他記憶力極好，雲南有多少畝水田？多少畝旱地？氣溫按緯度、按海拔高度如何分布？某年，雲南的糧產、工業產值、基建規模……多少多少，他背得滾瓜爛熟，張口就來，儼然雲南國民經濟發展數據的活字典。他喜歡用毛筆寫東西，而且專學鄭板橋，他的「六分半體」寫得還真像那麼回事；如果和他說川劇，他馬上就會把《花子罵館》、《作文章》之類的折子戲的唱段給你娓娓道來，如數家珍。

他有一個非常勤勞的父親（還有母親。母親好像身體不好，所以我們總是看見他父親）長年跟他。他一參加工作就跟著，從重慶跟到北京，再從北京跟到福建，又從福建跟到雲南。和父母同時跟他四處輾轉的，還有從遂寧老家帶出來的數十個罎罎罐罐，裡面全是原汁原味的四川特產——泡菜。數量眾多的寶貝泡菜罈被老胡用了整整一間屋子加以安頓，僅從這一現象就可以看出他們家的日子過得有多麼精打細算。胡家人多，父母老兩口、他們兩口、還有三朵金花。雖然老胡兩口兒工資不低，但七張嘴巴每個月的花銷不菲，這都全仗老父親吃苦耐勞，把全家日子安排得熨熨貼貼。他父親一副典型的四川農民形象，光頭，身上永遠圍一條大廚師的長圍腰。胡提了辦公廳副主任，搬進省委書記處原書記高治國住的別墅院，院子大，花木早已衰敗，胡老爹就把園子全開成菜地，種上白菜、絲瓜、西紅柿……一派自力更生，豐衣足食景象。胡父精打細算又總是把家鄉菜餚做得有滋有味，在物質普遍匱乏的大環境下，胡家簡直就是一個其樂融融的孤島。我這單身漢，總愛被請去他家吃老父親做的米涼粉和川味菜餚。

其實，胡對小字輩的關照不完全局限於我這四川老鄉，他對個別下屬的關心有時甚至到把人慣壞的程度。下面舉例說明：

某R，是Y縣一鄉下女孩，「四清」運動成了積極分子。「四清」是文革前毛澤東大規模收拾黨內幹部的嘗試，有人乾脆說是文革預演。當時老胡帶領省委工作組正在該縣運動，胡於是發現了此村姑並將其定為培養對象，運動結束便直接提了幹部，派去M縣做了縣團委副書記什麼的。R本來水平不高，長相也難以正面評價，黑而且矮。地位既高而又不具備女人應有的優勢，其擇偶標準必然就高難成低難就：當然絕非無人好逑。可偏偏第一任男友鬧翻之後正遇文革驟起，當了造反派的男友就對作為當權派的女友採取了過激的報復措施，據說把她遊了街，罵了「破鞋」。R實在沒法待下去了。事過幾年，正好遇到老胡去M縣瞭解農村「三秋」，又見老領導，R止不住痛哭一場。老胡心地善良，最不能見女孩流淚，馬上一句話：「好了，M縣待不下，就到昆明來吧。幹什麼？省委辦公廳唄！」

這樣，R和我做了同事。她文化太低，在秀才成堆的地方怎麼存活下去實令人堪憂。當然，接下來的事情說明這種憂慮完全是沒有根據的。有頂頭上司胡延觀關照，她活得挺好，最後甚至比老胡還好得多——下面我們也會看到。

她不就文化低嗎？不要緊，就先管管菜園子吧！前面說了，我們二處所在的花園被開成了菜地，種些青辣椒西紅柿什麼的。鬆土施肥，除蟲間苗……這些活計原來是由同樣文化水平極成問題的中國人民大學《資本論》研究生馬某主持。老馬最快樂的時光就是每天都用小木棍一寸一寸地撥開泥巴捉拿土蠶，再一邊詛咒一邊處死。比她文化水平更成問題的接班人到來，使老馬如遇知音。那天，我有幸見到二人工作交接的場面。老馬把農具一件件從小屋搬出來，然後極其認真地交代：「這是鋤頭！」「這是尿桶！」「這是扁擔！」「這是糞勺！」……數量、質量、功能逐一道來，交代得二人都十分享受。

就服侍那麼一小塊菜園，工作實在不飽滿。時間太富裕了，怎麼辦？當時R已年屆三十，按外觀條件，最終成為「剩女」的風險已越來越大。於是胡領導指示，乾脆抓緊找對象吧！

後來的事實說明，R來省委機關相當長的一段歷史時期就做了一件事：找對象、結婚、生娃娃，而尤以找對象難度最大，次數最多，從而耗時也最長，而且創造出很規範的周期律。由胡副主任（或由胡託人）介紹——男女雙方進入情況、會談——R及時向胡領導彙報會談結果，由胡分析得失，提出指導意見。進入下一輪會談（第二論會談開始，R總是首先向對方明確傳達領導指示：弄得男方非常被動甚至尷尬。如此戀愛任何人談起來都肯定吃力）。如是反覆多次，好事告吹（不用介紹，同事們馬上就能從R的臉上讀出結果：她本來發黑的臉上，馬上會浮出一片土蠶般的灰綠）——胡副主任讓她回農村老家去散心數日——R在家調整好情緒，回昆明繼續奮鬥。我們處的同志們一致認為，胡領導對這一黑臉村姑的關心，縱是親生父親，亦不過如此了！

記不清經過幾輪幾回幾個週期，有大理鶴慶籍某男子開始與R女士拍拖，折騰經月，好事終於大局初定，胡副主任已通知同志們湊好分子錢買好禮物，暖瓶、臉盆、高腳痰盂之類，單等婚禮開鑼。那是一個週末，暫無公事，大家就圍坐一起烤火，話題都聚焦於老姑娘馬拉松戀愛的吉凶喜憂。胡領導事前已經告訴大家，那天下午，R與男方已去海梗公園就細節問題做最後一輪會談，結果馬上就會出爐。那天天氣冷極了。昆明人都是去過海埂公園的，湖邊的曠原地勢開闊，遇了十冬臘月，寒風勁吹，真不是談情說愛的溫馨去處……同志們圍著火盆，一邊為R頂風說愛而深感憂慮，又同時祈禱她今日裡便心想事成——不料，R卻突然幽靈一般走了進來：她臉色陰沉著，黑裡再泛灰綠……大家頓時全明白了結果，不覺暗暗念佛。R見胡領導不在，悄沒聲兒又走了出去。俄頃，胡果然來到火盆前坐下，說已讓R回家去了，接著便把雙手在火上搓了又搓，悻悻地發起了牢騷：

「真是沒救。沒救！談戀愛，怎能啥都說呀！真是莫名其妙！」

我們不敢細問。臉色陰沉的胡又搓了半天手，這才告訴大家，說「海埂會談」本來進行得挺順利的，可R突然主動向對方透露了，說她有「夾汗」，即外地所說的「狐臭」，對方一聽，大驚失色。形勢急轉直下，男方當即決定散伙。

胡問R：「幹嘛這個你也告訴啊？雲南氣候本不熱，這毛病你不說，誰知道？等到你們結了婚，問題暴露了已成內部矛盾，一起去求醫問藥不就完了？夾汗又不屬於疑難雜症！」

我們問胡：「R怎回答你？」

胡依舊滿臉恨鐵不成鋼的無奈。

「她說，我是共產黨員，要襟懷坦白啊！」胡只是個搖頭嘆氣，「真是莫名其妙！襟懷坦白，襟懷坦白，莫非當了共產黨員，床上的事也要到處坦白！」

這件事肯定讓胡領導感覺特別失敗。為了挽回面子，後來他甚至通知政治處開出介紹信，正式派員去對方單位外調。該鶴慶籍男子如此玩弄堂堂辦公廳女幹部，是否屬於階級報復？雖然搞得對方單位有點哭笑不得，但事情既已涉及到雲南省最高權力機關，他們還是極其負責地找男方談了話，又極其認真地正式回覆了省委領導，稱鶴慶人素有如下潔僻，最恨「夾汗」。當地老鄉數千年一直視「夾汗」和「痲瘋病」為同等可怕之頑疾。男當事人很委屈地向本單位領導坦承，說即使我同意了這門婚事，我父母、家人也不會同意啊！今後我怎過日子？胡副主任找辦公廳的鶴慶籍幹部問過，對方男子所言確實不虛，這才作罷。

幾年後，四人幫倒臺，胡作為雲南的「小四人幫」被揪了出來，R斷然上臺揭發批鬥了胡。據參加批鬥會的朋友告訴我，說R在會上確實義憤填膺，聲色俱厲，指著胡的鼻子教訓道：

「胡延觀，你知不知道？你這幾年幹的事情都是犯罪呀！」

參會朋友問我：

「你不是說R挺沒文化的嗎？我看她上臺揭發，嘴挺溜的啊！」

我只能苦笑。人類的許多不正當行為皆因文化缺失而引起。R的悲劇恰恰在於，她從農村一傢伙就直接到了省委最高機關。對於她個人、對於社會，這類事往往就是一種災難。

「連雲賓館事件」曾讓我對胡的印象跌到了谷底。我以為作為經濟專家的他，對雲南問題的看法無疑是正確的；他犯的錯誤其實是天下聰明人都愛犯的一個通病：喜歡表現自己而不善於隱藏自己，於是透明而不夠狡猾，熱情有餘而老成不足，於是不經意間就把自己澈底暴露而把別人又澈底得罪了。

這個聰明人真正的災難是後來「四人幫」翻船，雲南的「八二三」權力一朝覆亡。

一九七六年十月十六日，我的日記上這樣一段記錄：

下午騎車（筆者注：當時我已被弄去雲南汽車廠當電工）回家，正遇省委禮堂報告會結束——毫無疑問，這是傳達關於王、張、江、姚一伙問題的報告會。「老當」們興高採烈地向我逆流而來。

大街上已正式貼出大標語、大字報：打倒王、張、江、姚。人山人海，排著隊觀看。自從文化革命以來，還沒有這樣熱鬧的場面呢。人們心裡有說不出的高興呀！

在省政工組大門口的牆壁上，赫然貼著一張大字報，題目是：

「胡延觀這隻老狐狸，這次你跑不掉了！」

不久，胡果然被揪出來了。重新掌權的老當們下手很快，批判會結束，當場就向他宣布了逮捕令。手銬亮錚錚的——現場觀看逮捕過程的人事後告訴我說——連接兩隻手銬的鐵鏈細而且長，很像樣板戲《紅燈記》中革命英雄李玉和使用的道具，雙手有充分的自由度來加以表演。胡延觀沒有任何戲劇動作可供表演。正是那次批鬥會上，被他寵壞了的R義憤填膺控訴了他「反黨反社會主義的滔天罪行」。

羈押至八十年代初，胡被雲南特別法庭正式審判，罪名是「向幫派分子洩漏毛澤東健康狀況的最高機密，讓他們加快了篡黨奪權的步伐」。「經合議庭決定」，判處有期徒刑十三年，剝奪政治權利三年。判決書摘要如下：

雲南省昆明市中級人民法院刑事判決書

（八二）昆刑字第二〇號

……被告人胡延觀為了篡黨奪權，顛覆政府，利用其在黨內的地位和權力，把黨和國家的重要機密，提供給黃兆其等人。一九七六年二至三月，胡延觀將省委領導幹部對待所謂「打招呼」會議的不同態度密告黃兆其，陰謀分裂、搞垮省委。一九七六年四月底，利用「理論討論會」煽動層層揪鬥各級領導幹部。同年六月胡延觀將江青反革命集團製造新的動亂，造成雲南黨政機關癱瘓及工農業生產遭到破壞的有關文件，提供給林××，嫁禍省委，林又通過江青反革命集團的聯絡據點，轉姚文元及遲群，妄圖改組省委。尤其嚴重的是：一九七六年六月下旬，胡延觀竟把毛主席病中的特級絕密電報提供給黃兆其、劉殷農，示意他們要「注意鬥爭策略」。黃兆其、劉殷農得知此一重要機密後，於七至八月多次開會策劃，抓緊時機，進一步加快了他們的奪權行動……

作為本章的尾聲，需要補充的是：胡家被掃地出門了。一大家子從省委別墅院搬出，到了人民東路、好像是與他老婆單位有關的宿舍居住。那時我早離開省委大院，他家的新址恰恰和我相隔不遠，有一件事莫名其妙開始折磨我的好奇心：他們家現在一定很窄吧？那麼，跟隨他們南北轉戰幾十年的泡菜罎子該往哪兒放？

我終於得到邀請，前去登門造訪了。那確是一間非常窄逼的屋子，胡的雙親、老婆，還有三個已經成年的漂亮女孩，都分別擠住在鐵皮的雙臺床上，屋內幾乎連下腳的通道都留不出來。

回得家來，老婆問我：「你沒問他們的泡菜罈子嗎？」

我說我不敢問啊。

又問：「為什麼？」

我答：「怕人家傷自尊心嘛！」

胡延觀一九九一年出獄，每天都要沿盤龍江跑步，然後在岸邊樹下練幾套拳腳。我下班路過，常能與他江邊小晤。他的身體竟然出奇地好。我問他健康秘訣，他總是記憶力非常好地向我背誦《紅樓夢》的〈好了歌〉和它的題解：

陋室空堂，當年笏滿床；衰草枯楊，曾為歌舞場；蛛絲兒結滿雕樑，綠紗今又在蓬窗上……因嫌紗帽小，致使鎖枷扛；昨憐破襖寒，今嫌紫蟒長：亂烘烘你方唱罷我登場，反認他鄉是故鄉；甚荒唐，到頭來都是為他人作嫁衣裳！

三十四、故鄉又見故人

我和老婆在烽火連天的一九六七年認識，輾轉五年，應該結婚了。我們的婚事安排得非常簡單，沒有任何儀式，花十幾元錢買些水果糖各辦公室派發，而大家就送我們溫水瓶、洗臉盆、痰盂……然後我們就把被子衣物什麼的搬到一處，就算結婚了。然後匆匆忙忙回成都和重慶我的老家和岳父母家。母親來不及看見兒媳婦就已經離世。年邁的爸爸看見當初的小「調皮」終於領著一個陌生女孩走進低矮的老屋，心裡定然非常快慰。

妻子已經懷孕，妊娠反應異常嚴重，不能進食，最後還開始咳血。父親用民間土方煨水讓兒媳婦喝。回了重慶情況更糟，我就天天背她去老遠的醫院輸液。我就在這種狀態下接受聞訊前來的我同學和她同學的祝賀。

必須要說說我和何國光、吳慶舉的重逢。

何，電機系五年級學生，瘦高個兒，生性耿介、憤世妒俗，上世紀六十年代的典型「憤青」。雖為工科生，他卻對政治和文學興趣尤甚。文革風潮過去許多年，我每回重慶與他見面，或乘車、或步行，他依舊喜歡在公眾場合大聲疾呼，針砭時政，包括對現任中央大員評頭論足。他太關注政治了，到了一九七六年毛澤東仙逝，政治理所當然就開始關注他，此後才慢慢收斂些。

吳慶舉大學期間則和我同在重慶大學業餘文工團，他為樂隊長，我為美術隊長。最要命的是，震動四川的「八一五事件」正由他和我領銜發動。皆因本人出身可疑，眼見事情鬧得太大，便抓緊急流勇退了，吳出身貧下中農，腰板硬著呢，於是狂歌而上，終成重慶政治舞臺上呼風喚雨的領袖。慶舉充滿激情，總是渴望建立功勛，成就流芳千古的事業，這念頭使他性格變得堅毅，又常讓他生活在神聖甚至虛幻的理想中。

畢業時吳擔任了主管畢業生分配的「校分辦」副主任，得以有條件讓自己獲得一個如願以償的好職位：重慶鋼鐵廠大型軋鋼車間技術員。重鋼是歷史悠久的國營大廠。慶舉曾帶我去參觀了他們的大軋車間。那臺龐然大物六五〇軋機，甚至是張之洞搞洋務時進口的。據說國民黨撤離大陸時曾企圖把它炸毀，結果鐵疙瘩太沉，炸藥只崩壞了一小角落，用水泥補補，依舊為社會主義工作得好好的。

慶舉順利地到大型廠礦、產業工人中間落了戶，並很快結婚：算我們三人中最早的。何國光則其次，也分到了重慶最著名的國防廠作了技術員，跟著也結了婚。妻子是我校足球隊隊員馮縱的妹妹。大舅子文革中參加八一五戰鬥團，最後在南充地區的一次武鬥中喪生。我在我的第一部回憶錄《紅衛兵小報主編自述》裡這樣記錄過馮縱之死：

> 武鬥隊員馮縱，校足球隊隊員，父親是重慶市中醫界的超級權威人物，家境優裕，小伙子故而一臉白白淨淨，靈毓清秀，帥氣逼人。如果當時他不去穿那一身愚蠢的贗品軍裝，不扛著衝鋒槍到素無怨仇的川中丘陵遊蕩，繼續留在校園裡，他絕對該是大學女生夢中的多情公子。可惜，歷史不可迴避地讓他去了，不可迴避地讓他爬進了那片紅苕地。紅苕地枝蔓橫生，茂密的葉片兒被他的贗品軍裝撕扯得嘩啦啦響。只是地勢太開闊，而他個子又高，還來不及成功隱蔽，一枚子彈已

經準確無誤地射中他的胸膛：就一枚。彈孔應該是正穿了心臟，大動脈頓時血噴如注——撲臥他旁邊的劉抗生如是說——他只蹬了蹬腿，像臨死前的青蛙那樣，接著就不再動彈了。

何以同學的名義去看望死者馮縱父母時認識了他的妹妹。慘烈的重慶武鬥讓我們學校二十四名同學丟了性命。以後，結伴前去看望死者父母家人，一起分擔悲慟，一起等待時間稀釋悲哀，成了留在重慶活著的同學們一種道義責任。何國光屬於承擔責任者之一。馮縱妹妹的美貌賢淑讓他很快墮入情網。何在給我的來信中不止一次說到他的相思之苦：那時馮在鄉下當農民。慶舉正是學校武鬥隊「政委」，對於馮家的感情和責任自然更深更多，凡有人前去探望，他總要陪同的。文革萌生的吳何友誼，在受難者的家裡變的愈加深厚。

畢業分配時，重慶是許多同學填寫自願的首選之地。他們選擇和已經逝去的回憶繼續生活，和具有相同記憶的同學常常見面並繼續咀嚼已被擊碎的夢想，不知道是幸還是不幸？這種生活也許確會使友誼長青，同時也最容易使尚屬年輕的心，繼續耽於理性缺失的青春幻覺和偏見而難以自拔。我不一樣。遠離幫助我讓那些滾燙的記憶冷卻，新生活逼迫我在陌生環境中重新摸索。從政生涯讓我變得麻木，而對於文學的喜愛已經像乳母一樣把我摟懷中，讓我安睡。

我們就這樣重逢了。

真誠的友誼讓重逢沒有出現顯得誇張的狂喜。所有喜悅都發生在內心深處，甚至刻骨銘心的愛情、新婚的快樂和家庭，我們都沒有談。這一代人的成年禮是文革的群眾聚會和槍林彈雨。對於我們，愛情和婚姻僅僅是一個程序。現在這一程序既然跳過去，我們應該做別的事情了。

乘船渡過長江，我們去了南山。國光岳父的家，準確地說，文革受難者馮縱父親的家，就在那兒。上山時天已昏暗，接著天空飄起不期而至的密密細雨。夜雨灑滿無邊松林，又沿著密密松針滑落，在蜿蜒的石板路無休止地敲打出滴滴答答的聲響。來到馮家，三人全成了落湯雞。馮老安詳地躺在竹椅上和我們說話。這是一個飽經憂患的老人，笑咪咪的，說話平和從容，細若游絲，臉上看不到一點兒喪子之痛。馮的母親一語不發，只在旁邊靜靜地看我們。對於飽經滄桑的老人，剛剛過去這頁歷史比我們更容易翻過去。

第二天天色放晴，我們一早就告別二老，去攀登南山山頂。已是初夏，我們坐在最高處的文峰塔下眺望重慶，無語東去的浩浩長江和剛剛被夜雨洗滌乾淨的半島山城，顯得明麗清朗。我們躺在草地上說話。記不起說了些什麼了，反正都是些嚴肅的話題，比如世界怎麼了，祖國怎麼了，我們怎麼了⋯⋯沒有結論，也不可能有結論，只有內心自然的宣洩和彼此的理解。我們還寫詩相贈，無非是些「何日相逢？紅遍天下，旗滿九州」之類的豪言壯語。我知道，空洞的詞彙背後，我們胸膛裡都隱藏一顆不安分的心。

第二年，慶舉就入了共產黨。後來還被市委點名去南桐礦區做了工作組副組長，處理那兒沒完沒了的群體性麻煩。那段時間，慶舉的來信總要說起重新開始的政治生涯，說工人們對他的期盼和擁戴，他再次亢奮起來。

那時正是林彪摔死，毛澤東進退失據，周恩來對整個中國局面大張旗鼓進行整頓的年代。重慶南桐礦區的整頓正是這支政治交響樂許多聲部中的一段小小旋律。吳慶舉的順風船剛剛起航，偏偏批林批孔運動又開始了。這是一九七三年末的事。中共「十大」開過，毛澤東始而號召「反潮流」，接著公開亮出「批林批孔批周公」的旗幟，對周恩來整頓秩序的成果進行反擊。沉靜了一年多的中國社會重新亂套。重慶公認的「八一五」領袖周家喻和「反到底」領袖黃廉聯袂登場，再次向重慶當局發難。吳慶舉和周家喻本是同根生，大學同窗，文革同派，而這一回，周的發難把吳逼到了角落。吳不能割斷他賴以立足的造反派精神血緣，尤其像害怕瘟疫一樣害怕「右傾」「投降派」之類的帽子加頂，可是他又得與正向他投以青睞的重慶當局保持一致。進退失據，除了懷抱琵琶半遮面，他別無選擇。他曾給我來過一封信，說他在解放碑貼出了大字報：〈我選擇戰鬥〉。這張大字報寫了些什麼？我至今不得而知。那時我知道的，偏偏是化名「李一哲」的三位廣州年輕人，他們那份橫空出世的大字報：〈關於社會主義的民主與法制——獻給四屆人大和毛主席〉。在早已不習慣傾聽不同聲音也壓根兒聽不到不同聲音的國度，廣州小伙子的吶喊，注定讓在迷信和忍受中沉沉昏睡的中國人振聾發聵。在偏居西南一隅的山城重慶，我相信周、黃一伙不管怎樣向市民大呼小喊，充其量不過是為了個人或小幫派失去的某些榮譽和利益，與當權派們討價還價罷了。曾被人稱為「小諸葛」的吳慶舉，這回更慘。他只能在兩座利益山頭間的小路上彎彎曲曲擇路前行。

尤其不倖的是，他身上流淌著的既然是造反派的血液，隨著中國亂局的持續發展，他必然會以與周、黃採取相同或相似的政治姿態，繼續捲入其中而無法自拔，後來「批鄧」，他的政治身分注定讓他無可避免地要跳進周、黃的同一條戰壕。

對於慶舉近乎狂妄的的自視甚高，國光也頗有微辭。他和吳不一樣，他性格平和，絕無文革高峰體驗的病態留戀和心雄萬夫的侈望。他憤世嫉俗，完全因正義感和良知使然。在重慶後來的政治亂局中，他沒有與好朋友吳慶舉為伍，他的文學才華被派系林立的重慶另一幫「社會英雄」綁上了另一駕戰車：

他參加重慶機械系統「老造反」和醫藥系統「老造反」組織的一個小組，開始「反潮流」；後來，毛澤東風燭殘年，江青一伙大鬧國中，他們又參加了那場五音不全的「批鄧」大合唱。

其實我非常清楚，不管是慶舉還是國光，他們和四人幫八竿子也打不著。就個人情緒來說，他們對那位個性扭曲的領袖老婆非常不屑，甚至仇恨，只是既已綁上了戰車，戰車已在「四人幫」主導的道路狂奔，要跳下來就很難了。一九七六年七月，離開澤東歸天只有短短兩個月。我出差上海，非常意外遇到何也在那兒出差。一個梅雨綿綿的迷離之夜，我們相約在黃浦江邊一個不起眼的小店喝咖啡。我才從北京來，對於「四五慘案」之後京城火藥桶一樣的社會狀態刻骨銘心。我向何說了京城見聞，最後，我在對種種蛛絲馬跡做了分析之後，明確告訴何，說長則半年，短則三個月，毛肯定崩駕殯天！那時候，江青一伙肯定不會有好下場！我告訴他，你們就千萬別跳了。我還要他轉告吳慶舉也千萬別跳了。如果實在胸中有氣，你們非鬧不可，就再等待三月到半年吧！時間不會太長。他答應了。

可惜，回到重慶，戰車沒有剎車，反而越開越快。我總是擔心小群體利益的塵沙會迷失朋友的眼睛，從而陷入偏見甚至誤區。

我擔心的事情最終發生了。

一九七六年十月十四日，我的日記上有這樣一則很短的記錄：

早上，到車站接何國光，他來昆明出差。

真奇怪，在重慶，他還算是「山頭」上的人，公然對政治消息如此不靈通。我對他講，江青出問題了，他大吃一驚，半信半疑。後來張德謙來我家，再後來李霽宇也來了。說的都是相同的情況，還說，汪東興出面，把江、張、王、姚抓了起來，他始相信。急忙寫信，叫他的弟兄們千萬別把大字報貼出去了。

那天，離我在上海猜測毛不久於人世，不過三月；離毛澤東真的辭世，不過一月。我從車站把他接出來，我問的第一句話是：

「北京出版《毛選》五卷的決定，你看了嗎？」

「看啦。」他答。

「感覺如何？」

「形勢大好啊！」

我替他提著行李，隨熙熙攘攘的人流往站口走去。

他說他們已經準備好一批大字報，馬上就要陸續拋出去！

「什麼大字報？」我詫異了。

「批鄧的呀！」他志在必得地回答我。

他的無知讓我幾乎叫起來：

「天哪！你們怎在讀報呀！」

已經出了站臺，我把他拉到一邊，小聲說：

「你不覺得江青他們出事了嗎？」

他有點緊張：

「真的？」

「還搞政治呢！這麼重要的訊息，你們怎沒讀出來呀！」我一聲長嘆。

我已經當了整整一年多電工。毛去世後的那一個月，幾乎所有最底層的師傅們都和我同樣敏感地關注北京的一舉一動。十月八日那天的《雲南日報》剛到，我抓著就跑了廁所，我想獨自蹲在那兒研究頭版頭條：「中共中央關於出版《毛澤東選集》和籌備出版《毛澤東全集》的決定」。就像一九七一年九月林彪出事，《解放軍報》國慶節前的宣傳提綱那句末尾口號被我神經質地抓住把柄一樣，那天我也被文中一個提法意外驚呆了：「出版《毛澤東選集》和《毛澤東全集》的工作，由以華國鋒同志為首的中共中央政治局直接領導」。怎沒提江青呢？主管宣傳的姚文元為什麼也不提？

我確信北京出大事了。

何國光這個「政治山頭」上的人，公然一無所知！

我把何剛帶進家門，張德謙就來了。張是我的大學摯友，分配在昆明鐵路局做宣傳幹事。那年月在鐵路上跑車的列車員，是中國速度最快的信使。德謙一進門就異常興奮地問我知不知道江青一伙被抓了？

「是嗎？」

我沒法控制自己的喜悅，為了事情的本身，也為我成功的預測。

接著，張興高采烈向我們轉述了列車員傳回的「四人幫」被抓過程，像精彩絕倫的偵探故事。張說完馬上又騎車走了。他要向第二個同學報告歷史性的大喜事。

張剛離開，《昆明鐵道報》編輯李霽宇——幾十年後，李榮任雲南省作家協會副主席。他性格溫和而內心熱烈，一生關注政治——又騎車來了。他更加興奮，報告的細節更加具體，比如抓捕當時，不可一世的前第一夫人怎麼倒在地上打滾耍賴等等，好像他親眼所見。

何國光真的嚇壞了，他要我馬上找一張紙給他寫信。我危言聳聽地警告他，說：「現在是特殊時期了。你寫信的措辭，千萬要謹慎！」

「好的。」他像在外面闖了禍的孩子，對我說：「寫好了，你先過目吧！」

我把何在昆明強留了幾乎兩週，一直等他親自看見四人幫的垮臺讓昆明人如何興奮快樂，全民勝利的局面已經不可逆轉；讓他真正認識他和重慶朋友們的做法多麼可笑，才把他送上了回程列車。他果然躲過一劫。拉他入伙的「老造反」們面對北京發生的突然事變，紛紛情緒失控，逞一時口舌之快，都公開或私下說了「宮廷政變」「右派政變」之類言論，統統被抓了起來。而何，在昆明已經接受了顯然不可逆轉的中國政局，回到重慶，喜歡激動的他終得三緘其口。

吳慶舉沒這樣幸運。他陷得太深，遭遇勝利者清算絕無懸念。他成了和他毫無關係的江青之流的殉葬品。他在「群眾專政」的準監獄裡「全託」（隔離審查）了整整一年。

還是繼續說一九七二年。

我利用婚期一個人回了母校。大學早已停課。整個校園空空蕩蕩。我徑直去了蒼樹迷離的松林坡。天上下著密密細雨。二十四位死去同學的墓尚未掘除。潮濕的紀念碑臺爬滿蒼苔。四周靜悄悄的，只有嘉陵江在山下無語東流。我在碑臺前獨坐良久。幾年來，我已讀了許多書，在雜亂的紙頁上寫下了許多習作，在一九七二年初夏，松林坡頭潮濕的紀念碑下，我終於決定開始一部長篇小說的寫作，把動亂歲月一代人青春的朦朧、追求和苦難正式記錄下來。幾十年來，這部書稿的名字和內容先後變更了許多次，最後甚至面目全非。開始叫《狂飆曲》，後來叫《著了魔的年代》，再後來叫《今生有約》，再後來叫《漂流的船板》……書的規劃過於龐大，以至我至今不知道有生之年能否完成。為了文革四十周年祭，我乾脆以回憶錄的形式了卻了這一樁幾十年的夙願。國外一家名叫「溪流」的出版社把它以平面媒體形式出版了，同時國內網路廣為流傳。這本回憶錄叫《紅衛兵小報主編自述》。哎，我終於能夠讓願意探密歷史的孩子們，能在文字叢生的網路和書籍曠原，撥開蕪雜的密林和寂寞的草叢，找到早已被毀掉的紀念碑，觸摸到它濕潤的苔痕和殘破的字跡……

阿門！

筆者與文革難友吳慶舉、何國光重逢於重慶南山。中為吳，右為何。

三十五、問題成堆的邊疆民族政策

我面前放著一大沓早已蒙塵發黃的工作筆記。我喜歡用活頁紙，每過一段時間便按內容和時間拆裝重訂。筆記本保留最完整也最厚，是一九七二年至一九七四年期間落實邊疆民族政策的內容。

雲南地方的特點，首先是邊境線長，和越南、老撾、緬甸三國接壤，國境線長達三千三百公里；其次是少數民族眾多：按當時的統計，全省共有二十四個民族加兩種「人」：「基諾人」和「苦聰人」——他們是否具有構成獨立民族的特徵當時尚無定論。這些特點注定這個地方的各項政策和政府的工作方式必須根據實際情況加以調整。事實上，雲南政權被共產黨接手後十多年，邊疆的社會生活就是這樣穩健而且平和地走過來的。

文革一來就不一樣了。北京患感冒，全中國都狂打噴嚏。一九六八年秋天雲南「新生紅色政權」一成立，幹所有事情都得以革命的名義，這就開始不講道理了。「平西王」譚將軍來滇不過三月就宣布了要搞「政治邊防」。他說雲南原來搞的，都是「禮貌邊防、修正主義邊防、和平過渡邊防。什麼和平過渡？過渡就是過渡到資本主義……不發動群眾，不搞階級鬥爭，怕跑人。壞人跑了就算了！邊疆光搞提高文化、搞生產。離開政治鬥爭、離開階級鬥爭去搞文化、搞生產，哪能行？」他氣勢恢宏地發布號召，說：「就是要搞階級鬥爭。邊疆也一樣。沒有什麼特殊的。不搞階級鬥爭搞什麼？……把群眾發動起來，叫他們去搞。要分土地就分土地，要分浮財就分浮財，怕什麼？……要辦政治邊防，就是要搞階級鬥爭。」另一個老幹部馬上亦步亦趨，鸚鵡學舌：「雲南是西南最後解放的，反革命、殘渣餘孽、蔣介石反革命王朝，還有龍雲、盧漢等反動勢力，這些傢伙都跑這裡來了……和平解放，這個地方的民主革命、社會主義改革運動，歷來是不澈底的。這事一搞，就怕引起土司、頭人不滿，不得了！實際上是右傾機會主義，就是劉少奇、鄧小平的指導思想，是反革命修正主義思想，就是搞階級調和……第一次革命沒有解決這個問題，文化大革命要解決這個問題。」

次年三月，昆明軍區和雲南省革委密鑼緊鼓召開會議，正式啟動建設「政治邊防」的程序，具體規定了：「對於封建土司、頭人，要發動群眾從政治上把他們鬥倒鬥臭，原有的生活補貼一律取消」；規定：「這些人在省、專、縣集中的，要送原地交群眾批鬥，然後和清理出來的其他壞人一起遣送內地勞動改造」；規定：「一九五六年邊疆民主改革，有一五九萬人口的和平協商土改區，由上面派去的工作組內定了階級成分；還有九五萬人口的直接過渡區，沒有劃階級成分。為了搞清邊疆階級陣線，有必要在清理階級隊伍中解決劃分成分問題」；規定：「地、富所有的大牲畜、大農具等主要生產資料收歸集體所有。對沒有改造好的地主、富農（包括反動土司、頭人），在鬥爭中要政治帳、經濟帳一起算。」……

筆者從重慶剛到保山，恰恰就是上述整肅令大開殺戒之時。本文開始的章節裡曾零星記錄過我親眼所見的殘忍而荒唐的邊疆故事。現在，置身全省的最高機關，專門參與邊疆民族現狀的調查研究和政策落實，對於事情全貌，瞭解就更為清晰了。從我的工作筆記看，時間跨度有兩年多，調查研究的地域，幾乎覆蓋了整個雲南；動員的領導和普通工作人員，從軍隊到地方，都直達最高層。下面是當年筆記本的部分摘要和說明，大約能以一斑而窺「政治邊防」的全豹了。

四月二十七日　民族工作座談會

段華明（段是原德宏州委書記，剛「解放」出來——筆者注）發言：

瑞麗縣出現過兩次大的外逃。五八年，外逃近一萬五千人（占當時全縣人口四十八％）；二五三個民族幹部，外逃二十七人，占幹部總數百分之十點六；自動離職不願當幹部的七十一人，占百分之三十八點五。

六十九年春到七十一年春，外逃四千五百多人。民族幹部兩百零六人，外逃三十三人，占百分之十六；自動離職五十二人，自殺十人，共八十六人，占百分之四十一；

南坎（指瑞麗對面的緬甸城鎮——筆者注）解放初只有一千多戶，現有六千多戶，都是我們這邊跑過去的；木姐（亦為瑞麗對面的緬甸城鎮——筆者注），解放初只有四十多戶，現在一千多戶。

例：弄島（瑞麗邊境鄉鎮——筆者注）建設政治邊防，辦「重點人學習班」搞「一打三反」，時間四個月。參加人數十五，學習過程中外逃四人；學習班結束，除一小學教師和一知識青年，其餘九人全部跑光；

姐勒大隊「重點人學習班」學員五十五人，全部挨批鬥，捆綁吊打四人，學習過程中外逃六人，自殺一人。學習班結束後剩下的全部外逃。

曼岩寨，解放時九十七戶人，五八年跑掉十四戶，回二戶。七十至七十一年，外逃三十六戶，其中全家外逃二十二戶；一家外逃一至二人的十四戶；當秀大隊，解放至現在外逃農民及幹部共一千一百人，占全隊人口百分之八十。回來三百多……

路西縣法帕公社四個大隊一九一一戶，一二九九五人，外逃一七八戶、三七三人。風平公社兩個大隊一〇六七戶、六五二〇人，外逃九一戶，一九八人。全出一九戶、共八六人……

政治整肅必然導致經濟上的大滑坡，人們生活再度走向困頓：

四月二九日　民族工作座談會

普貴忠（大姚縣）介紹：

生產規模體制偏大。山區五個公社，二十四個大隊，最大的九七戶，最小的一四戶，地廣分散。只有兩個大隊支書好一點。可以幹點勞動，其他整天就只能跑路。月工資六十元。

大隊體制十年九變。群眾暗中實際已分了。宣傳隊前去動員，群眾說：我們散都散了，你打八道箍都箍不起來。

（滄源縣）六八年實現合作化。割資本主義尾巴，說自留地是私有制根源。交一顆竹蓬，破一份私心。交公字牛。全縣交了一萬九千多頭。大寨活，慢慢磨。嘴上有油的工分多。六九年產糧二六八九萬斤，七十年下降到一七二二萬斤。

公餘糧：六六年每人徵購七九・二斤占收入百分之十二點六；七十年每人六十一點六公斤，占百分之十二點八；

群眾口糧：一四六個隊在三五〇斤以下，八十個隊三五六至六百斤，六個隊六百至八百斤。

五月二日。猛臘縣。

生產水平低，生活困難。全縣苗隊五十八年全部外遷。六十二年又回來。六十七年辦社。苗寨一二〇戶，收入每人年三十五元，糧食兩百一十二斤。最低拉龍寨，十三戶，六十人，每人三二元。明集體，暗單幹。猛臘公社景粟大隊八個生產隊，三瑤、五僾呢，全山區。只有一五畝水田，其餘刀耕火種。景粟生產隊，集體開荒一百畝，私人開二百畝。隊長說：我不想當幹部，是宣傳隊叫幹的，如果允許單幹，明年請你來，我煮肉煮酒給你吃。

群眾說：我們像麂子馬鹿躲在山上怕見人，還可以自由說瑤話。我們不欺負人，是你們漢族欺負我們……

共產黨執政之初，曾經和少數民族有過令人難忘的蜜月。風靡全國的《山間鈴響馬幫來》、《猛龍沙》、《摩雅傣》、《神祕的旅伴》、《蘆笙戀歌》、《景頗姑娘》……這些電影描寫的、發生在漢族共產黨人和少數民族山民之間的故事曾催人淚下。雲南山林民族歌頌毛澤東和共產黨的民歌更是膾炙人口、傳唱遐邇——我們有充分的理由說明他們對於新政權的感激是樸質的，真誠的。

可惜，從一九五八年開始，一連串假理想之名進行的荒唐行徑：大躍進、人民公社、大食堂、年年講、月月講、天天講的階級鬥爭，還有一變再變的政策……讓政府的美好形象和公信度大打折扣。文化大革命的所謂「破四舊」，乾脆對少數民族生活方式開始了直截了當的粗暴干預。從一九六六年起，政府不准過傣歷年；停辦了西雙版納傣文版；德宏州出版傣文景頗文的《團結報》社，乾脆澈底取消；民族特需商品：包頭布、銀飾等等都不生產不供應了；民族地區農村學解放軍搞「四好」「五好」評比，穿漢裝成了優惠條件；楚雄彝區百姓過年過節喜歡跳「左腳舞」，一九七一年春節曇花山五千多人自發聚會跳舞，馬上被宣布為「階級鬥爭新動向」「資本主義全面復辟」；甚至生產隊開會，老百姓說了民族話，也被人指為說「黑話」，搞地方民族主義。更糟糕的還有：回族群眾的批鬥會上，竟然強逼阿訇嘴銜豬尾巴……

我們馬上會看到，還有一個和風俗習慣緊緊聯繫的、讓當局更頭疼的問題：宗教。正是這個集中體現一個民族歷史內力和精神韌性的力量，成了阻擋政治歇斯底里者最難逾越的萬里長城。

十月六日，楚雄州彙報山區工作會議。

宗教問題，這幾年泛濫，有兩個原因：一，對原來的教牧人員實行統戰教育，情況還好。文革批判劉少奇路線，打擊了這些人，於是敵人又把他們拉過去；二、清隊、一打三反打擊了一大信教群眾，逼供信，群眾反感，公開宣布信教「我不學文件，就要做禮拜」「你們說我們信上帝不好，但我們總不打人。」一些抓了人的家庭，大家還湊錢送給家屬。

祿勸中平公社。一四一〇〇人，苗、彝、漢、傈僳、傣五種民族。以彝、漢為主。整黨期間發現德莫井大隊宗教活動。說「黨員不當可以，宗教不信不行」。四清運動對十二個神職人員（其中五個是隊幹部）進行了批判，形成了對立情緒。文革中神職人員的家屬子女起來批判四清積極分子。一直對立到現在。共產黨員和積極分子都抬不起頭。幹部能力弱，階級鬥爭不敢抓。

武定縣苗族一八八〇戶，一〇六三三人，信教生產隊一一〇個。占百分之七十，一八八〇個正式教徒，其中（一九六八年以來）新發展九七五人。三十二個大隊，七十二個生產隊幹部二一九人、黨員十二人、團員十六人、教師十人任長老。

田心公社發富大隊小石橋生產隊。苗族七戶，四十四人，三歲以上的全部入教。隊長、會計、民兵排長都是宗教骨幹。開會就唱讚美詩。七戶鬥了六戶。搞逼供信。後來全部和宣傳隊對立。宣傳隊問生產隊長：「信教還是信共產黨，只能信一樣」他說：「信宗教」。宣布抓起來，。群眾說：要抓把我們都抓起來。逮捕一批長老，又封一批新長老。宣傳隊走，大家起鬨。

縣上送像章、語錄本、收音機，都被退了回來。

生產差，一年七、八個月得吃國家糧。他們找政府要吃的，幹部說：「去找上帝吧！為什麼沒有糧就找我們了？」

批林批不起來，反說林彪是好人。

茶甸公社。十個大隊。有苗、彝、漢、傈僳。文革初期對宗教勢力打擊下，情況好一些，落實政策後又開始活動。有一文革初回鄉的高中畢業生，馬相庭，二十五歲。在武定中學讀書時就搞宗教活動，寫信到在部隊當兵的苗族同學，要其信教。回鄉後繼續宣傳，發展教徒。特別是生活困難和文化落後的地方，用苗文進行活動。已判十五年徒刑。馬判後群眾有所覺悟。通過批判，積極發展新黨員，十六個隊，原來八個隊有黨員，現在十二個有。

九個苗族隊，三個是教牧人員和虔誠教徒掌權，領導生產又領導信教。

供銷社工作人員陳開文二十多歲，已信教兩年，成了傳教人員。公開在門口寫標語：一條是生命之路，一條是滅亡之路，一條是寬廣的路，一條是狹窄的路，一條下地獄，一條上天堂。人保組親自前去解決問題，嚇唬：再搞就抓你走。群眾說：來抓我吧。都爭著接受考驗和平、中村公社信仰基督教。中村搞大的活動（一百人以上的）已經有多次。新封教牧人員十多個。兩年發展教徒八三人（總共一千多苗族教徒）。教牧人員，二十多歲的占一半。四所民辦中學，有一所教師是傳道員，有三所是虔誠教徒。上課教基督教，唱讚美詩。

說不能批林。得罪人要下地獄。今年蟲災嚴重，造謠說二〇〇〇年末日審判。今年收莊稼，明年就收人了。不敢去種莊稼。信教好上天。

晉城公社古柏大隊大慶生產隊，十七戶，九十九人。全部信教。牧師王志明被抓前又封了一個長老張有喜。王的三個兒子四處活動。王五三年作為宗教上層人員，到北京見了毛主席。

今年五至八月，我們宣傳隊進駐，抄出很多解說七時期圖。還有筆記本，用苗、漢文抄寫。還有一九五三年上海印刷的聖經，針對新社會。主題是二〇〇〇世界末日。說硫磺火湖正在燃燒，不信教的都要投入。還用聖經來解釋文化大革命，矛頭指向毛澤東思想……

對於這些矛盾重重、事件成堆的難題，雲南省委選擇了一個非常合適的人來擦屁股——宣傳部長梁文英。

前面介紹過了，梁係山西籍老幹部，在雲南具體擔任過些什麼職務我不甚清楚，只聽說他在紡織工業部當過司長什麼的，還有一件事則確定無疑：文革前他被派去老撾封沙裡作領事，直到文革後才又重返昆明，這就當了省委宣傳部長。他幾乎沒有國內的文革背景，對雲南亂成一鍋粥的兩派爭鬥，他有條件超然物外。混跡官場多年，他一直保持著青年學生的單純正直與血氣方剛。恰恰因為這個，前面說了，他很快遭遇了一個經過文革「洗禮」的年輕人某S的暗算。

兩年多時間裡，我曾多次以秘書身分跟隨這位可敬的長者去不同民族村寨調查研究。這類座談會的程序一般都是由號召社員憶苦思甜開始，繼而啟發路線覺悟，繼而大批「林彪修正主義」邊疆路線……讓我們始料不及的是，樸實山民憶苦的起始點全都定位於一九五八年的大躍進、公社食堂和持續三年的大饑荒，最後結束於文化大革命……梁部長及陪同調研的當地官員常常被搞得十分尷尬。但他從來沒有生過氣。每一次，他都寬容地連連擺手作罷。

文革之後的的年代，所有官員，哪怕小小的縣委書記，普遍明哲保身，迴避責任。但梁卻不，他雖然說起話來慢條斯理，但總是有著自己的原則，給你一種不可拒絕的道德感染。在我此生接觸過的眾多共產黨高官裡，他是留下最好印象者之一。

某次去德宏出差，文革中被撤銷的自治州剛剛恢復，在一次有州領導參加的座談會上，有人提到盈江縣的兩派糾紛中的什麼問題，梁馬上怒不可遏，當即發表了一通明確而尖銳的意見。在辦公廳，我對全省各地「老大難」情況聽到和知道得比較多。那天關於盈江的具體問題我已想不起來，但我記得清楚，省委一把手都對此迴避的，而他不過宣傳部長，公然快言快語地就表了態。我有點緊張地小聲提醒，建議他別再說下去。梁猶豫片刻，非常不屑地看看我，堅持繼續把他的話說完。會後，他認真問了我是什麼意思。我說了。梁部長突然表現出極大的委屈，大聲抗辯說他們不表態，我為什麼就不能表態？那一刻，我突然想到了《紅樓夢》葫蘆廟裡那個小沙彌。我覺得自己特骯髒。

只是，對於面臨潰壩的大堤上的千瘡百孔，善良的人根本無力回天。事實證明，梁不是連自己也防不了背後的暗器凶箭嗎？

上：一抔黃土添新魂，蔓草荒煙成古今。父親上山安葬時族人在墳前合影。後排右一為筆者。
下：安葬父親返家後族人合影留念。後右一為筆者。中坐老者為筆者的舅舅。

三十六、父親和兒子

兒子差不多和我的第一本長篇小說同時長成，兒子在妻的肚裡，小說在我的頭腦中。一九七二年冬天，他們先後出生。

和所有準爸爸等待小寶貝到來一樣，我興奮莫名又忐忑不安，為了他（她）的即將到來和未來的命運，我和妻子爭論不休。我們倆像上帝一樣自信，又像行事縝密的工匠一樣認真，需要爭論的最後一個問題是：應該給孩子取什麼名字？這個問題妻子讓了步。無論兒子還是閨女，他（她）都應該叫「亦丹」——今生我最大的遺憾，就是讓我消磨過太多想像和奮鬥的畫家夢，最後付之東流。我希望孩子能替我了卻夙願，在筆墨丹青間去尋找夢想，創造奇蹟。

我想不起我父親對孩子們的未來做過些什麼人生設計？也許從來沒有。我們兄弟姊妹太多，他首先得為十多張娃娃嘴巴發愁，能顧得上未來嗎？顧不上，他自己就沒讀過什麼書。才滿十四，完全還是個娃娃，他便不能不從猝然「凶死」（聽說在一次災難性的貿易失敗之後，他便撒手而去，上吊了）的父親、即我祖父那兒接下一爿小小的柴禾店，還有一個需要他拉扯照顧的妹妹——我的姑媽。祖父的小店位於府河水碼頭。府河是繞城而過的一條小河，自古以來都是成都重要的運輸水道。父親肯定沒有情致欣賞小河兩岸的雲影波光。艱難的人生長路已經開始，他必須摸爬滾打，應付險惡的世道和每天都在發生的油鹽柴米。他沒有功夫設計孩子們的未來。父親就懂得要我們拚命讀書，就巴望娃娃們十載寒窗，一朝發達，「朝為田舍郎，暮登天子堂」。他鄙視我幾乎與生俱來的美術天賦，正如他鄙視他自己從事的商業活動。在他看來，藝術是不會受人尊敬的。每當我躲在黑角落偷偷畫畫（不是恭習漢字），一旦被發現，父親總會大聲訓斥：

「糟蹋紙！」

常常，他還會輔以揮舞雞毛撣威脅，甚至不排除在娃娃身上風險最小的部位，比如屁股、手心等處實施處罰，以儆效尤。

我和父親之間的分歧——事態發展很快證明了——已不再簡單地屬於對未來職業選擇的無法認同，而演變成更為複雜的政治問題。以至於小小年紀，我就確信父親不可能在精神上給我指導，甚至預感最終我可能會背叛他。

和父親的「武力鎮壓」恰恰相反，老師特別寵我。每年兒童節都是我真正的節日。那天舉辦的畫展我準得頭獎，為我自豪地贏來一枝鉛筆或一塊橡皮。站在領獎臺上，我驕傲萬分，我和娃娃們一起高呼共產黨萬歲，事態發展的邏輯結果，是我愛學校而不愛家，愛老師而不愛父親，愛共產黨而不愛別的政黨和非政黨。

需要特別說明的是，我家祖上是廣東梅縣遷來的客家人。這個被稱為「東方猶太人」的特殊族群，祖宗崇拜構成了維繫族群關係最堅強的精神紐帶。他們堅信，個人的和整個家族的福祉，均來自祖宗的護佑。不管走到世界的任何角落，他們頑強保留的，一是客家語言；還有，就是祖宗的牌匾。毛澤東的革命本來就是要澈底毀滅幾千年來中國人「百善孝為先」的古老風習。共產黨執政了，尊重長輩和崇敬祖宗這些純屬私人的情感注定將分崩離析，這些，也注定讓全身流淌客家血液、把祖宗看的比生命更重要的父親感覺彆扭，並在內心產生強烈反彈。當全中國的行為方式都發生了天翻地覆變化，父親最重要的功課依舊是把刻著「周氏堂上歷代高曾祖考妣位」的漆黑牌匾，每天都搽得光可鑑人——這恰恰構成了「長在紅旗下」的我和兄弟姐妹們頭頂揮之不去的陰影。我們害怕小同學來家訪玩，擔心告密者會將發亮的神龕和龕前繚繞的燭火香煙捅給政治老師，讓我們脆弱的前途遭致不倖。

父親對新政權的感覺終於由彆扭變為了真心擁戴，但是，共產黨並沒有因此對老人特別善待。三年持續大躍進，他照樣和年輕的我們一樣忍受漫長的飢餓；一九六六年「破四舊」，紅衛兵照樣把簡陋仄逼的家抄了個底朝天，還把他揪去街邊的高臺批鬥示眾，一鬥就四五個小時，鬥得年邁衰弱的他向娃娃求饒而不可得。這是公安和街道辦事處唆使天生具有虐待傾向的小學生幹的，他們說父親搞迷信，天天燒香供奉菩薩……

祖先的神龕和牌匾被砸了。娃娃們還把本已腐朽的木地板和爐灶撬得稀巴爛。家庭的噩耗讓遠方的我第一次與父親和解了。當時我應和毛澤東的號召，正在重慶「大鬧天宮」，與舊世界決裂。我匆匆趕回，給父母帶去一床棉被。已是成都嚴冬，爸爸媽媽整日價只能僵縮在泥地上的稻草和破絮間禦寒度日，無處藏身的饑鼠肆無忌憚地穿來穿去。一日三餐，他們只能在灶臺夷平處，用三塊磚頭圍起來做飯，像在荒野廢墟開野炊。

我還能說什麼呢。

老人被揪上高凳批鬥，時間太長，腿腳發軟，求小孩們讓他下來暫時歇歇。目睹過現場的鄰居介紹，說紅衛兵娃娃這樣回答：

「你才站了多久？毛主席在天安門接見紅衛兵，一站就幾個小時，毛主席還沒說累呢，你喊什麼累？」

父親的辯解更加認真：

「毛主席，他比我們吃得好啊……」

娃娃們馬上怒吼：

「你污蔑偉大領袖！你罪該萬死！……」

那年代的故事有多荒唐！

我的生命之舟在文革風浪中顛簸飄搖，甚至一度成了川內達人，而最後，終得駛進雲南最高政權機關的避風港，父親肯定是為此感到快慰和榮耀的，雖然壓根兒沒給他帶來任何實際利益。只記得某次，我在信中把昆明大觀樓長聯抄給他，讓他高興了許久。他回信說許多年前就聽說過這副對聯，很想來看看啊。我回答說等我成家，各方面安頓好了，馬上把他接來。沒想到的是，等我結了婚，家還沒安頓好，他就先走了！

那是一九七三年冬天，他躺在一塊鋪著硬硬被褥的木板上。他在上面已躺了將近一年。孫子沒滿一歲，我沒能帶他回鄉看望彌留的爺爺。我睡在另一塊同樣鋪有被褥的木板上——這是專門為守護者安排在他旁邊的。幾個月來，留在成都的兄弟姊妹們一直輪流請假在這兒日夜守護。我接電報請假趕回，父親已完全不能動彈，只能發一些很難聽清的簡單元音，只能象徵性地吃一些流汁，靠人用小勺一口口艱難地餵，然後輸液。輸液針頭把他乾柴樣的枯手戳出一片烏黑斑跡，最後，我記得很清楚，當醫生撕開固定針頭的膠布，父親的皮膚也跟著被撕了下來。他的身體已經腐朽。最後那一天，他突然口齒清楚地對我說：

「你去買一點牛肉吧！我想吃牛肉丸子！」

我以為自己聽錯了。善良的父親一輩子不吃牛肉，他總是告誡我們，說牛為人類耕耘勞作，一輩子多辛苦啊！怎能還吃牠們呢？我俯下身去向他確認，是不是真要吃牛肉丸子？他說是的：「你買去吧！」我的心咯噔一跳，對自己說：「完啦，這是迴光返照呀！」

果然，那個寒冷的冬夜，父親悄悄走了。

我當父親是二十八歲。我經受的災難和這個年齡很不相稱。所幸者，我總算獲得了一個穩定的、受人尊重的職位，並且住進了一省最高政權機關的大院。我有條件讓我的孩子不再經受我曾經的貧窮和苦難，我將給他想要的一切。讓他進我們沒有進過的幼兒園，我沒有進過的少年宮，讓他參加我沒參加過的美術培訓班，帶他去畫家叔叔家裡拜訪……是的，為了在這個大院裡長久待下來，我得給即將出世的孩子一個良好的政治背景，為他父親的身分驕傲──我應該入黨了。

這個時候，命運偏偏又一次為我設下了屏障。

事情發生在兒子出世前兩個月，我去滇西出差。也是隨梁文英去的，也是去調查邊疆民族問題。西出昆明的第一站是彝州楚雄。剛在賓館住下，州委書記余活力就趕來看望我們。聽了我們的行程，余有些不解地問梁：「省委不是通知馬上開地委書記會嗎？你不參加了？」

「不參加了。」梁部長像任性的小孩耍脾氣，「好難得有點時間出來搞點調查研究，又是開會開會。我不參加！」

對方連忙點頭。文革前，余活力就是雲南出名的實幹家，他最著名的口號，就是幹部下基層必須帶兩種東西：「一本毛選，一把鋤頭」。大家都稱他為「兩帶書記」。

「兩帶書記」轉彎抹角向梁試探即將召開的會議內容。

梁明確說不知道，也不想知道，他就是想到基層認真調研一些真實情況。

很巧，等我們去滇西邊疆調研回來，再次下榻楚雄賓館，余活力剛好從昆明開會回來，又抓緊來看望我們。這一次，輪到梁來主動發問。他問余這次開會都說了些什麼事。

余說，雲南被中央點名揪出了四個林彪死黨……

我已經記不起他們接下來又相互問答了些什麼。單聽那四個「林彪死黨」的名字，我心中就猛吃了一驚。

你道這四人是誰？他們分別是：蔡、雷、馬、董。

我查看了保存至今的「大批判資料」，資料載，中央欽點的四人身分是：「林彪反黨集團安插在雲南的釘子」，罪名是：「在十次路線鬥爭中站在林彪反革命集團一邊，犯了嚴重的方向路線錯誤和宗派主義錯誤」，後來開展群眾性大批判，他們的罪行就更多了：拋出「雲南沒有走上九大路線軌道」、「雲南派性嚴重」這兩個「反革命綱領」，四人「按照這個黑綱領同他們的主子一唱一和，在雲南掀起了陣陣黑風惡浪，猖狂向無產階級進攻，公開否定雲南無產階級文化大革命，歪曲雲南的大好形勢，其最終目的，就是為了篡黨奪權，復辟資本主義」云云。

四人的全名和職務分別是：蔡順禮：原總政保衛部長。六九年調來昆明軍區任副政委；雷遠高，原五十四軍副政委，五十四軍調防後，留任雲南省軍區政委，省委常委；馬杰三，一九六八年任命為昆明空指主任；董占林，原五十四軍副軍長，調防時留下任十一軍軍長，後為省委委員。

讀者已經看到了，四個人當中有兩個跟我沾上邊了——雷和董。二人都屬於重慶調防來雲南旋即又調去拱衛京師的五十四軍，該軍北調時把他們留在雲南了。文革重慶，五十四軍和我參加的組織「八一五」關係確實不壞，可這與我個人有什麼關係呢？董占林可能根本就不認識我，只是雷遠高，我確實難脫干係。前面說了，我曾替一陌生的重慶來人去雷家轉送了幾盒「桃片」和幾把「掛麵」，偏偏被省委辦公廳的機要員看見了。那些年雲南是不可動搖的一派掌權——八二三派。在省委機關這個八派的汪洋大海，我不敢表露我半點懷疑與不忠誠。而五十四軍偏偏非常明確地同情八二三的對立面炮派。所謂「雲南沒有走上九大路線軌道」、「雲南派性嚴重」，不過是他們反對「八二三」一派掌權的公開表述而已。事情到了這一步，我實在不願意讓早已過去的政治友誼給我的實際處境帶來麻煩。雷每次來辦公廳開省委常委會，都會來我辦公室看望，而我總想辦法迴避，不讓人家感覺我與他太過密切。但是這一次，我終於沒有躲掉。

我隨梁文英出差歸來，辦公廳領導果然在第一時間就找我談了話，要我交代那次送禮的事和我與林彪死黨的關係。

那一刻，書生意氣突然粉碎了多年的機關涵養。我確信被那位送文件的機要員出賣了。我毫無通融餘地地拒絕了要我交代檢舉林彪死黨雷的要求。我實事求是地介紹了那幾盒「合川桃片」和那幾把「北泉掛麵」的來歷，以及為何要到雷家去，然後說：

「雷是省委常委，我僅僅是辦公廳的一個普通秘書。他們要搞反革命政變，要暗殺毛主席，這些事怎會告訴我呢？沒錯，雷確實留我吃了飯，可惜事情已經過了一年，那天吃進肚子的東西全都變了大糞，你們要不相信，就去廁所調查吧！」

我的入黨問題已經進入程序，而現在，我不再想它了。

我依舊寫作，為了心境的安寧，為了不因浪費生命而後悔，也為了即將出世的孩子。上班有暇，靈感來了，我就躲進圖書室，偷偷摸摸地寫，一回家就完全放開。沒有導師，甚至能供參考的書都少得可憐，寫作時雖然激情澎湃，卻又捉襟見肘。必須承認，我的水平實在很臭，簡直低劣透頂。那年頭我滿腦子都是革命英雄李玉和、楊子榮之流，最多再加上保爾‧柯察金和牛氓。倖好我沒有把我自己選定為主角，否則幾十年後重讀它們，我會無地自容的。我的主人公原型選擇了吳慶舉，因為他出身紅五類，從祖宗那兒遺傳了天然的革命DNA，他當NO.1完全符合文革邏輯。還有，從發動「八一五」事件開始，我就一直和他一道。我對他知根知底。我自知出身可疑，當英雄缺乏條件。

我的草稿讓慶舉非常高興，那段時間，他不停給我來信，每封信都寫得很長，完全就是一段段完整的文革歷史檔案。很可惜，兩年後我無端被牽進反革命冤案，凶信傳來，我害怕出事，把吳的那些來信全部毀了。我把小說定名為《狂飆曲》，吳的每次來信總是一開頭就問：

「我們的『狂兒』怎樣了？」他把這本小說當成我們共同的孩子了。

後來，他就把小說稿讓人謄寫成手抄本在重慶流傳，也給我帶回了一本，是用藍色複寫紙複寫的，字跡非常工整，幾乎能與正規的出版物媲美。他對帶信人的一句話，很能說明他對這本拙劣透頂的書稿有多看重：

「記住，千萬別弄丟了！去昆明，一路上寧肯被人砍了手、砍了腳，這手稿你千萬不能弄丟！」

老婆的預產期也差不多到了。對於即將面對的小寶寶的一切，我和妻子都手腳無措，完全外行。從懷孕一開始，我就計劃讓妻子回老家生產。幾個月來，我們的所有生活費都全部寄回重慶去，讓岳父岳母代為採購營養品，某天，最初的陣痛發生——事後我妻子老是笑話，說我當時嚇得發抖——我當即匆匆把把妻子送上了飛機，然後乘火車跟著趕回去。那時昆明到重慶的機票，正好我一個月的工資：四十二元。

我已經記不起兒子出世那醫院是重慶第幾醫院，地點是在道門口，離岳父家不遠不近的儲奇門。孩子太過依戀溫暖的母腹，遲遲不願出來，我只得沒完沒了地在醫院和岳父家之間來回奔跑：買肉買菜、然後生火加工、然後送去醫院、然後動員孕婦多吃，然後陪護她，和醫生一起對她觀察、診斷，等她想休息了，我又回家，又準備下一頓食品，又送去……

幾天後的一個中午，我做飯時間耽誤太久，匆匆忙忙趕去醫院，妻子的床位已經空了，鄰床陪護家屬討好地告訴我，說：「你愛人，生了！」

我頓然狂喜，急匆匆跑進了住院室。妻子疲憊不堪躺在床上，看見我，只說了一句：「是個兒子，在嬰兒室。」然後就再沒力氣說話。一臉無法掩飾的成就感和喜悅。床號是三十六。

其實，在當時，是兒子還是女兒對我已經不重要，重要的是終於生了。

我馬上又衝往保健室。保健室牆壁雪白，天花板雪白，對初為人父的我，如此潔淨環境實在太陌生，簡直就像聖殿，不可接近。慌慌張張四處張望，我很快發現靠牆有一個巨大的白色平臺，平臺上擺放著一排小寶寶，全都粉臉蛋，白包裙，包裙上繫一小塑膠牌，牌上寫著母親的床號。護士剛給孩子餵過牛奶，吃得飽飽的小傢伙全把眼睛睜得大大，好奇打量新奇的世界。小東西們多可愛啊！我很快找到掛在白色繈褓上的三十六號，這小傢伙正是我的孩子呀！這一剎那，對未來曾有過的所有夢想，對社會該承擔的所有責任，對生活的所有渴望，還有，未來可能遭遇的所有歡樂、艱辛，現在全都物化成了具體的、會笑會哭、很快就能活蹦亂跳的小生命！不管今後還會有什麼悲歡，國家還要怎麼亂下去，我都必須像雄性動物一樣，讓孩子在自己強有力保護下順利長大。我不再心雄萬丈，整個國家在暴風雨中顛簸，我只求兒子將來能和父親一樣誠實勞動，生命不至虛度，心境但求安寧。

護士悄沒聲兒走進屋來，見一頭灰不拉幾的狗熊俯身在雪白的嬰兒臺前，毫不客氣地向我砸來一串驚嘆號：

「哪個讓你進來了！看你髒的！娃娃感染了病怎辦！」

我有些賴皮地嘻皮笑臉：「我是三十六號他爸爸！」

「三十六號他祖祖也不行！你，馬上給我出去！」

我很聽話地退了出來。

慶舉專程從重鋼趕來醫院來看望。他一到，就明確而具體地祝賀我們生了一個兒子。

「你們怎都那麼封建啊！」妻子笑起來。

吳慶舉一本正經地解釋，說這不是封建。他說：「今後肯定亂世啊！兒子有力氣，獨立性和自我保護力量都強些。再說具體點兒吧，家裡總得有個勞動力吧，挑個煤球、上房揀個漏什麼的，男娃娃方便嘛！」

妻子沒有再反對。

最後說說小說「狂兒」的命運。

一九七六年「四人幫」被捕，全國開展對「四人幫」及其爪牙的「揭、批、查」運動。吳慶舉被列為了清查對象，被隔離審查了整整一年。他不願意讓這本記錄他光榮歷史的文學作品被無情的歷史毀滅，又估計留下此物勢必給他增添麻煩，事發之前，他把它託付給了一位做財務的親戚，請她鎖進保險櫃暫存。可惜，這位財務人員不願意引火燒身，她把手抄本《狂飆曲》交給了上級組織，最後到了重慶市委宣傳部，接下來作為審查幫派人物的專案文件轉到了千里之外的昆明，轉到我被放逐的雲南汽車廠「『揭、批、查』辦公室」。我已經不再是省委秘書，只不過該廠最底層小小維修電工罷了。運動辦公室的專案人員惡狠狠地要我交代問題。

經過翻來覆去的折騰，我身上早穿了厚厚的政治鎧甲。再說，在「四害」橫行最為猖獗的一九七六年，身處底層的我，和所有具有起碼道德良知的中國人一樣，對江青一類倒行逆施、飛揚跋扈的妖魔鬼蜮充滿憎惡，早已忍無可忍。在底層，我和工人們一道頑強而固執地拒絕了當局關於「批鄧，反擊右傾翻案風」的所有指令，一道等待黑暗過去。當終於能為中國新生而真誠歡呼之時，我有充分權利拒絕任何可能對我的新的誣陷。

我故作呆傻地問他們：「我的稿子沒問題呀！你們到底要我交代什麼？」

我企圖試探他們到底掌握了些什麼？我很想知道那個手抄本，是否已經落到他們手上。

對方馬上露了餡，「我們沒有看過。」對方明確回答我，「人家轉來的公函外調嘛！」

依舊是文字獄年代，要在幾十萬字的文章中隨便挑一點東西對人治罪是不用吹灰之力的。既然對方手上沒罪證就放心了，我開始強硬：「你們看過我這本小說嗎？你們說說有什麼問題？」

「你寫得那麼長，我們又沒看過，怎知道有什麼問題。再說，我們也沒那麼高水平。」看來，對方其實對我並沒有特別的惡意，「是重慶市委說的。」

我追問：「重慶市委說有什麼問題？」

「人家說你懷疑一切，打倒一切」。

我輕鬆地笑了。「文化革命，你們沒有懷疑過一切打倒過一切嗎？」我反問。好像是我在審查對方。

「當然當然，那時候嘛，大家都一樣。毛主席號召嘛，我們都懷疑過一切，打倒過一切……」

「既然人人有份，那麼，我還有什麼需要檢討的？」

「是的是的。」對方公事公辦地告知，「我們的意見，你不願檢討，我們就照實回對方就行了」

事情不了了之。

幾十年後，那冊叫做《狂飆曲》的手抄本已經遺失無踪，但我並不遺憾，因為，我以為自己這本小說其實寫得很糟，毫無價值。事情又過了很久，等我在生活裡經歷了更多的、更深刻、更慘烈的故事，等我有條件對自己經歷過的那段歲月有了更真切的感悟，我決定再次開始記錄它們了。我不再願意虛構，也決不願按照別人的眼光來打量這段殘酷的歷史，我發誓要用自己的筆，真實地、負責任地，為那頁可怕的時代履歷表填寫一行注腳。

這本書的書名叫《紅衛兵小報主編自述》。它得以在國外出版，又過了許多年。

卷四

放逐

三十七、一九七三：平庸的年代

時間的河水平靜流淌，到一九七三年了。

毛澤東還沒有從林彪的噩夢裡完全緩過氣來。一九七三年的主題依舊是落實政策，恢復秩序。除了「解放」文革運動中被打倒的老幹部、恢復文革中被解散的共青團、工會、婦聯等群眾組織，雲南還有一個特殊主題：落實民族政策和邊疆政策，等等（本來，給「劃線戰隊」中挨整的炮派群眾落實一下政策也是非常重要的，只是滿世界都八二三掌權，這件事注定是要無限地延期了）。按照慣例，這些工作前面都得冠上一個狀語——批林整風。好像這些年中國天下大亂，民不聊生，病入膏肓，全是溫都爾汗荒原上那一堆被大火燒得奇形怪狀的殘骸惹的禍。

我依舊接二連三地參加會議。在辦公廳混跡日久，我已經見過各種豬跑，當然也就會了一點殺豬手藝。有些會議，如重建共青團和工會這類無關宏旨的事情，還讓我獨當一面，去大會秘書組唱唱主角、主持些重要文件的撰寫等等。那段時間的工作筆記記滿了我到各廠礦企業調研座談的記錄。

文化大革命最受寵愛的產兒「新生的紅色政權」、最高的權力機構——「雲南省革命委員會」。實際權力都轉到共產黨省委去了，自己則降格成政治協商的榮譽性質機構，開會就成「神仙會」，吃吃喝喝，聚會交友，吹牛聊天。印象最深的，是雲南傳奇人物張沖被補進省革委並且當了副主任。記不起是第幾次全會了，反正是一九七三年春天的事。

在雲南，張沖的傳奇幾乎婦孺皆知，「老雲南」總喜歡自豪地神侃張將軍如何由土匪而英雄，由英雄而抗日名將，由抗日名將而共產黨高官。尤其臺兒莊一戰，張將軍採用離奇戰法把東洋鬼子打得雲裡霧裡，最後丟盔棄甲，鬼哭狼嚎……言之鑿鑿地說他創造的反斜面「魚籠」戰術，具體就是把戰壕挖得深深的，滇軍每人帶小板凳一條，先是站在小板凳上射擊，等東洋兵一來，他們抽掉板凳便跑。鬼子本矮小，掉進戰壕就出不來了，最後只得乖乖就死……初到雲南的我一聽，完全被搞糊塗了，該著名戰役的總指揮不是國民黨第五戰區總司令李宗仁嗎？怎麼一眨眼就變成了來自雲南山區的小師長？

後來，我在辦公廳的小圖書館讀《雲南文史資料（叢書）》，關於張沖的記載犖然其中。都是民國時期雲南重量級人物或者他們的秘書所撰，當是不會錯的。雖然「魚籠」戰術諸語尚不可考，但張沖一生果然起伏跌宕，十分了得，不愧傳奇人物。臺兒莊前線，張沖率滇軍力挫倭寇，果然戰功赫赫，名滿天下。皆因抗戰後蔣介石「削藩」，密令杜聿明率中央第五軍於一九四五年十月三日發動「昆明政變」，武裝包圍省府所在地五華山，逼得「雲南王」龍雲化妝菜農出逃，最後無奈去重慶去當了個「軍事參議院院長」閒職員外郎，這才讓張沖幡然覺悟，與蔣介石虛以委蛇，利用「土著」代表（少數民族代表）身分去重慶參加國民黨「國民大會」，神不知鬼不覺潛逃了延安，並被中共派赴東北前線策反參加遼沈會戰的滇軍。成功讓駐守海城和長春的滇九十三軍一八四師和第六十軍成功起義，演繹了電影《兵臨城下》的故事原型。

我在辦公廳上班，也接觸過張老先生一些「活材料」。某周日去值班，上一班的同志就轉下一封信件，寫明是面呈省委書記「周興同志」。裡面是厚厚一疊書信，一張長長的宣紙折疊而成，那形狀，就像清宮電視劇裡面奏呈皇上的摺子。我把「摺子」打開，果然完全傳統格式——毛筆書寫，直行，從右到左，洋洋數千言，工整的蠅頭小楷賞心悅目。

「他要告什麼狀啊？」我問，「是不是得馬上處理？」

「不用了！」移交信件的同志若無其事，好像這是從路邊偶爾撿來的一疊廢紙，「這老頭兒活得不耐煩，有事沒事就寫這些！隔三差五就要打這些勞什子報告，要我們交領導。」

還不等我詳看，對方又很專業地說了：

「這老頭兒從不告狀。他一輩子就會說他那個『南水北調』。真是莫名其妙！」

我更奇怪了。

「你不知道，老頭兒是頭強牛，七十老幾了，還這脾氣，九條牛都拉不轉。有事沒事就來個什麼調查報告、提案、咨詢意見、可行性研究……非要周政委接見，說他那個金沙江、虎跳峽調水……」

自以為是的秘書告訴我，說這頭強牛的名字，就是張沖。

賦閒多年的傳奇老頭兒終於現身那次省革委全會。事前，主持人就宣布了，說根據周恩來總理的建議，決定增補張沖同志為副主任，此外還介紹了一個花絮，說事前某日，周興曾親自登門拜訪，傳達周總理要他出山的指示，張急匆匆出來開門，嘴裡連說你雲貴總督光臨寒舍，不勝榮幸云云。周興發現，張沖光著腳丫巴站泥地上。

來參加省革委全會那天他穿得整整齊齊的，深藍的中山裝洗得發白。他一走進門，全體委員便起立鼓掌，他顯然非常高興，把雙手高高舉起來合十，連連向眾人致謝，嘴裡說：

「老朽，老朽。大家莫鼓掌！大家莫鼓掌！」

接下來說一句話，逗得全場又一陣笑聲和掌聲：

「我張沖現在是狗吃大糞——廢物利用！」

他應該七十三歲了。身體已然發胖，步履也顯蹣跚，根本無法讓人聯想起綠林好漢和沙場猛虎，整個兒就一沒脾氣的鄰家老漢。可他思路依舊睿智敏捷，成天笑呵呵的，幽默而機智，他的每一句話都總能引來哄堂大笑或者滿場鼓掌。他幾乎把整個大會的風頭都搶了。本來就是「神仙會」，凡進行小組座談，委員們都喜歡跑張沖那一組去湊熱鬧，聽「老古董」神吹海聊，講民國傳奇和抗日故事，還有就是開玩笑、逗樂。

筆者也去湊過一次熱鬧。筆記本記錄過如下一段對話：

張說：「過去，我真是百步穿楊哩！一百米外，用手槍打電線，百發百中。」

好事者問：「現在呢？」

「現在？現在不行啦！就這眼面前，打電線桿也打不著。」

有人喊：「喂，張沖，你幹嘛戴耳塞機呀？」

「嗨，你們不知道，人老啦，耳朵不管用啦，背！」

「那好呀！」有人起鬨，「耳朵背，人家罵你，你就聽不見了。」

不料張沖笑嘻嘻說出一段話，把大家全鎮住了：

「嗨！罵我的話，我聽見了，也裝聽不見！」

社會生活就在這樣的氣氛中悄悄流走。比之前幾年，顯出了某種程度的寬鬆。沒有故事的年代是平庸的，正如沒有故事的人生顯得蒼白一樣。一九七三年是平庸的年代。

我和這一代人的絕大多數一樣，不再想成為英雄。我已經有了家庭，當了父親，這就夠了。還有，我結識了一批剛剛從蟄睡中醒來的雲南美術界未來的畫家達人，到了週日，我就提起油畫箱，和他們一道去滇池邊、去西壩苗圃畫三月的紅桃、如雲霓一樣飄渺的櫻花，還有新綠的柳林，在懶洋洋的陽光裡，不安分地搖來搖去……

我們秘書二處的工作的權威性依舊讓人肅然起敬：代表雲南省委起草給毛澤東及黨中央的報告、起草與雲南省兩千三百萬百姓命運攸關的文件，還有首長講話。尤感讓我感覺奢侈的是，二處的圖書室書籍報刊越來越多了，甚至包括最新出版的蘇聯小說和劇本：《禮節性的訪問》、《多雪的冬天》、《你到底要什麼？》、《小聲說話的人》……第一時間流傳境外的《五七一工程記要》殘缺不全的版本，我也是在那兒讀到的。辦公廳專門訂閱的多份外間根本無法接觸的港、臺左派報紙、中性報紙和「反動報紙」，都存放在二處的圖書室。著名的《人權宣言》我也是在那兒讀的。開篇第一句話我只看過一遍，就再也沒有忘記過：

人們生來是而且始終是自由平等的。只有在公共利用上面才顯出社會上的差別。

我常常關著門在裡面博覽群書。我正經八百地認真閱讀馬列主義的原著，包括《反杜林論》、《唯物主義和經驗批判主義》這一類對我這個工科學生顯得過於生澀的哲學理論——正是對這些共產黨經典的仔細解讀和思考，讓我莫名其妙地開始離經叛道。我懷疑，既然我們老講存在決定意識，講辯證法，講宇宙和世界是永遠變化不停，可為什麼偏偏又要宣布自己掌握了終極真理呢？這個終極真理放之四海而皆準，不得有半點懷疑，否則就是修正主義，罪該萬死？只有中世紀的宗教神學才宣布過自己掌握的是終極真理啊！而且還用宗教裁判所和火刑對異教徒進行懲罰。我開始懷疑，為什麼我們只聽見當局危言聳聽地告誡，千萬要警惕「資本主義復辟」，怎麼沒聽人家說防止「社會主義復辟」啊？我突然想起熱帶雨林的植物群落，那些參天大樹和低矮的灌木叢，性格張揚的闊葉和枝蔓橫生的藤條……沒有任何園丁干預、設計和修剪，完全靠長期的競爭磨合，它們最終組合得如此美妙、和諧、自然、有序！絕無誰要「復辟」之虞。對比整齊有序，近乎呆板的人工園林，所有樹木通由園丁按事前的計劃進行修剪安排，任何植物，均不得按其本性旁逸斜出，如有半點出格，均屬「復辟」，必須剪刀侍候，暴力修理，格剪勿論。我開始懷疑，我們的社會園丁們是不是太迷戀烏托邦的設計範本？太迷信暴力對於建立新秩序的權威？實則對實現自己的社會藍圖太缺乏信心？幹嘛成天要威脅老百姓別這樣、要那樣的？……總之，我開始懷疑的東西越來越多，最後，懷疑得我自己都感到恐怖了——我確實在離經叛道啦！在依靠精神和暴力雙重控制的社會，離經叛道是需要勇氣的，甚至必須做好坐牢和殺頭的準備。我已經沒有這樣的勇氣。我已經屬於一九七三這樣平庸的年代，和辦公廳這樣平庸的生活。多難的經歷和尷尬的處境讓我失去了那個年齡本該有的對信念的追求——如果要說還剩下點什麼，那就是等待。對未來的、可能不期而至的某種命運的等待。

平庸年代，我結識了一些雲南美術界未來的畫家達人，週日，常提油畫箱一道去滇池邊畫畫。這兩張是當時的風景寫生。

三十八、行為藝術

也有敢離經叛道的人。

前面〈命運大洗牌〉一章中提到的那個軍人群體，就屬於這樣的政治群落。他們搞了一個所謂「中國共產黨馬列主義行動委員會」，鬧出一個所謂「中央軍委五號案件」，遭致二百多人蒙難，該組織的「領袖」差點兒被送上斷頭臺。

我現在就說這個，這一次會詳盡許多。

先說故事發生的地點：雲南臨滄。關於這個邊陲不毛之地，有什麼可說呢？即使幾十年後的今天，雲南狂打旅遊牌，大理、麗江、西雙版納、瑞麗、騰沖……原先默默無聞的野山舊地、小城窮鎮沉睡了千年的陳穀子爛芝麻，通通被政府、旅遊公司，還有靠碼字掙錢的秀才們翻了個底朝天，炒個天花亂墜，即使如此，也鮮有聽說這個名曰臨滄的地方有何動人之處。這樣說吧，和我曾待過的邊城保山相比，臨滄可能還低一個層次。光溜溜鵝卵石鋪成的「包穀路」上，每天同樣留些馬糞、牛糞、豬糞、雞糞，空氣裡同樣彌漫些有機垃圾刺鼻的酸腐臭味兒。「中央軍委五號案件」竟會在這兒發端，實在讓人匪夷所思。

幾十年後，事件的受難者們即將走完自己的人生途程，他們昆明重逢，聚首長談——筆者也應邀參加了。年已遲暮，人們總是喜歡懷舊的——才漸漸釐清了這個奇怪而又必然會發生在這個年代和這個小城的故事。

前面已多次介紹，文革動亂，林彪勢力惡性膨脹，「四野」山頭遍於國中。為了把原屬「二野」派系的昆明軍區整頓成「讓林副主席放心的軍區」，一九六八年秋天就把駐防重慶的四野嫡系五十四軍調了過來，不料次年，突有「蘇修」在中國北方陳兵百萬一說，一九六九年十月，軍委遂將五十四軍編入對蘇作戰總預備隊，一個月內開拔到位。地點：河南安陽；任務：拱衛京師。

五十四軍從雲南調走，他們駐防一年的滇西地區當然不能成軍事真空也不能成政治真空。走後九天，中央軍委旋即決定在大理組建一支簡編軍。這支簡編軍在八十年代的中國大裁軍中已經消失，說出它的番號不會涉及什麼祕密了：陸軍第十一軍。由原駐貴州的滿員師四十九師（番號改為三一師）和新組建的簡編師三十二師組成。有關部隊首長是：軍長，由五十四軍原副軍長、即後來成了林彪「安插在雲南的死黨」之一董占林擔任；政委W姓，係原二野山頭十四軍副政委。三十二師則由五十四軍留下的史桂先出任師長，駐防臨滄。

那年月，全中國的年輕人幾乎都只能有一個選擇：下農村接受農夫和農婦們的「再教育」。穿一身綠軍裝，「一顆紅星頭上戴，革命紅旗掛兩邊」，是他們可望卻難以企及的夢想。臨滄雖然不毛之地，位處偏遠，三十二師這一支正在招兵買馬的空筐，卻像一個神奇的黑洞，用無與倫比的吸力讓作著軍人夢的年輕人往它飛撲。他們或與該軍有直接關係、或有間接關係、或有轉彎抹角關係……甚至還有遠在京城的、與四野山頭有千絲萬縷關係的高官娃娃。重慶曾是五十四軍長留之地，尤其文革亂局，他們和性格火爆的娃娃們同生共死，感情非同一般。三十二師組建消息一傳開，正想逃避下鄉的重慶崽兒，紛紛星夜啟程，遠走邊關。他們渴望在五十四軍老首長的懷抱裡尋找安寧，改變命運。

由兩個山頭拼湊在一起的世界一點兒也不安寧。文革風潮正盛，十一軍和整個國家一樣，平靜的水面早被攪得浪濤迭起，只要再來點風吹草動，隨時都會捲起狂潮巨浪。這只部隊組建不久，上層很快便出了問題：那位原屬二野的W姓政委犯了一個非常丟人的、讓人難以啟齒的錯誤：雞奸某屬下，「下課」了；接下來，原屬四野的政治部主任Z某不甘落後，很快被人揭發，犯了一個最古老的、幾乎所有獲得權力和金錢的男人都喜歡選擇的錯誤——玩弄女人；再接下來軍長董占林落馬：前面說過了，中央正式點名的林彪死黨。圈內於是有了一「三門」之說：一個走後門（W），一個走前門（Z），還有一個走了邪門（董）。三門相比，當然「邪門」最慘，因為它屬於政治。政治比什麼都更慘烈，這類敗北者牽涉面最大。

這樣，搭車五十四軍關係，遠道而來的重慶崽兒少不了被問責，被追究，被歧視……失敗的情緒一旦被人挑動，馬上便會如一堆乾柴被星星之火點燃，無端燃起勃勃大火。那個有些神聖，更有點滑稽的「中國共產黨馬列主義行動委員會」，就在這種特殊背景下開鑼了。

時間正是一九七三年早春，林彪事件的傷痕正在漸漸平復，而某些人因林彪事件而心中引發的仇恨還在繼續發酵。就在這時，三個雄心勃勃的三十二師軍人開始了以卵擊石的行為藝術。

地點是九四團營房一個乾涸的游泳池。整個冬天都沒注過水，池底水泥已經開裂，池邊長滿枯草。為避人耳目，他們蹲在簡陋不堪的水泥池底，決定開始一件夢想轟動全國的英雄壯舉。三人中有兩個是來自重慶的中學兵，剛辦好退伍手續，分別化名蔣赴義和羅棣——吮吸共產黨乳汁長大的年輕人，一舉一動都在他們崇拜和羨慕的前輩故事裡尋找榜樣。共產黨起事之初，領袖們不是個個都有化名嗎：陳紹禹叫王明、秦幫憲叫博古、張聞天叫洛甫……這幾個叛逆軍人的思維框架和行動模式，都從革命偶像那兒學得像模像樣。為保守祕密，也給自己的行動增添一點詩意的悲壯，他們主要成員都採用了化名。為敘述方便，本文原樣使用這些化名。剩下一個是大學兵，外語專業畢業，眼鏡兒，有一副中世紀布道者熱忱、和總想表露高深莫測卻又注定難逃幼稚的面孔，他化名華燕軍。關於他，我們下面還有足夠充足的文字加以介紹。

蔣赴義和羅棣二人的外表、個性和行事風格反差巨大，簡直南轅北轍。蔣人高馬大，熱情奔放，膽大妄為，有聲有色，典型的重慶「天棒」，巴蜀「匪類」。如果放進《水滸》，他該是武松、魯智深一類豪俠；如果時代晚一些，他該是蹈海者陳天華的同路人；如果再晚一些，把他放進正宗的紅色經典，他很可能會像陳然、董存瑞和黃繼光一樣，演繹一段讓青年人熱血沸騰的革命傳奇。羅恰恰相反，瘦削孱弱，沉默寡言，好讀書，整日沉思，如果披一件黑色鬥蓬，他定然會像使徒一樣高深。這種人注定對自己的選擇滿懷激情，一旦明確了信念，必然固執無比。可惜，命運陰錯陽差地把二人同時放進了一個類似民粹派的失敗冒險之中。

我見過兩張二人的合影相片，一張是軍裝照，另一張，則是在緬甸監獄裡的留影。面對照片上兩個靠得緊緊的小伙子，我覺得上帝開了個玩笑，似乎故意要給世人製造一個猜想，命運到底用什麼神祕力量，讓性格彼此炯異的男子漢結成同盟，一道奔赴死亡？

三個年輕軍人盤坐在乾涸的游泳池中，神祕兮兮地討論即將建立的政黨的名字、綱領、任務和工作計劃——那年頭，關於共產黨和叢林游擊隊的故事太多，他們有足夠的樣板可以參照——先討論時局、危機和機遇、出路和使命、成功和失敗，接下來是政治綱領，再接下來是操作步驟和工作任務……三人作如下分工：蔣赴義——負責組織、羅棣——負責宣傳。華燕軍則負責全面工作。

他們顯然不會愚蠢到不明白自己多渺小而對手多強大。兩者實力懸殊只能用天文數字表述。他們從事的只能是一場以卵擊石的行為藝術。誰讓他們年輕呢？激情讓他們只會挖空心思尋找說服自己必然勝利的案例。他們想到了國際支持。當年中共鬧革命，不也從第三國際那兒弄來不少鈔票和武器嗎？他們為什麼不能照葫蘆畫瓢、也讓那個遠在北方的超級大國支持支持？激情催生的偏見讓他們本來就過於稀缺的政治智慧澈底短了路。

二十世紀七十年代的世界格局滄桑巨變。國際政治的拳擊場上，意識形態已經悄然淡出，只剩下民族利益和民族利益、國家利益和國家利益的較量和妥協。毛澤東一年前剛和美國總統握手言歡呢！華燕軍連這個基本常識都不懂，我們還能說什麼？他們非常可愛的行為藝術應了那句老話：

「無知者無畏」。

華燕軍決定讓蔣赴義和羅棣儘快出境，取道遮天蔽日的緬甸叢林，到仰光去找蘇聯大使館，然後去莫斯科尋求政治支持和武力支持。自己則留國內發展組織，觀察形勢，伺機動手。他們沒有忘記彼此的聯絡辦法和暗號，並在臨滄、雙江、成都、重慶等地設立了聯絡站。這樣，遠離中國政治中心數萬里之遙的邊地小城臨滄，一場看上去很美卻注定失敗的事業迫不及待地開始了。

政黨剛成立不幾天，蔣赴義突然被一位馬姓首長傳訊。時間是晚上。黑夜最容易讓人產生無枝可依的感覺，尤其邊寨之夜。要瓦解一個人的意志，在邊疆之夜實施恫嚇肯定效果最佳。蔣被揪進屋裡。躲在門外的華燕軍，像行將涉案落網的盜賊一樣駐腳偷聽，心提到了嗓子眼。他想不出有何原因讓事情敗露如此迅速。

屋裡聲音很大，氣氛劍拔弩張。審訊者和被審訊者情緒同樣激動，互不相讓。好一會，華聽清了，屋裡人激辯不休，完全是因為另一件節外生枝的事件。他鬆了一口氣。

節外生枝的事件由蔡柏華而起。蔡系十一軍三十二師醫院護士——前面說過的「林彪安插在雲南的釘子」——蔡順禮將軍的千金。「蔡、雷、馬、董」蔡名列榜首，問題一定很嚴重了，女兒理當揪出來交代乃父的反黨罪行。領章帽徽扒掉，軍人通行證沒收，沒有這兩件寶貝，任何人都休想逃離阻隔於瀾滄江以西的不毛邊地。可是，來自京城的貴族公主，紅顏一怒，偏偏從監審地逃跑了！

幾十年後，蔣赴義告訴我，蔡柏華出逃回京的領章帽徽確實是他偷來的，而私辦的《軍人通行證》卻和他毫無關係。這種證件只有領導才有批准權啊！那麼誰給辦的？其實大家心照不宣。馬首長對蔣赴義連夜突審，誰都明白，完全是項莊舞劍，矛頭分明是對著數字排序、從而職務高於自己的師部首長，所謂「史、方小集團」。「小集團」的「史」指師長史桂先、「方」指三十二師副政委方一川，均來自五十四軍。老首長林彪既然壞了事，那麼，凡是看不順眼的、只要理論上和林彪沾得上邊，管他八桿子能不能夠得著，通通屬於林彪安插在雲南的「釘子」、「親信」，通通得掃蕩，往火坑裡趕！

蔡柏華區區一女兵，本無足輕重，她一跑，這就好了，一篇現成文章可作，於是有了夜審蔣赴義的事。虛驚一場。可利劍畢竟已高懸頭頂，事不宜遲，游泳池裡計劃的越境行動必須馬上實施了。

他們透過緬甸共產黨東北軍區野戰三〇三五部隊的一個叫高亮的人，準備好進入緬甸需要的所有證件、手續，包括緬共人民軍的服裝和各種軍用品，安排好了東北軍區所轄北部戰區各地的接頭人。高原籍保山，外逃緬甸從軍時間不過比蔣、羅二人早兩三年功夫。在他的安排下，蔣羅二人出發了。時間分別是一九七三年二月二十六日和三月二日，蔣、羅分乘長途班車先後到邊陲小縣滄源，接著抄小路出了國境。

雲南和緬甸山水相連，從這兒出境實在沒有什麼難度。蔣羅二人的冒險輕而易舉就完成第一個亮相，順利到達緬甸一個叫紹巴的小村落會合，只是接下來，殉難者的經歷糟透了。

緬甸是東南亞著名窮國。我曾沿漫長的中緬邊境線走過許多地方，放眼望去，滿目荒林密樹，長藤荊棘，遮天蔽日，層層復疊疊，渺如波濤遠去的大海。偶有幾間茅屋橫七豎八扔在坡頭——也有用鐵皮做頂的，就算是富人了，在陽光下閃閃發光——也如遺棄在汪洋中的孤島。蔣赴義和羅棣繼續從紹巴小村出發時，他告訴我，說太陽沒有出來，滿山林莽迷霧，一切都在混沌中。他們泅過寒流逼人的瀾滄江，剛上岸就被抓了。他們不知道那兒正是緬甸政府軍的炮兵陣地！他們被捕了。

他們最後被押解至臘戌緬中央炮兵第二團囚禁。沒有盡頭的黑牢生涯讓二人開始發生分歧。羅棣認為，既然被緬政府所抓，這恰恰是個機會，他們可以透過申述，輾轉聯繫蘇聯使館爭取政治庇護，再圖前進；蔣赴義卻認為安心領囚無異於等死，在勸羅無效之後不得已隻身越獄，繼續緬甸叢林中毫無目的的流亡之旅。

羅棣畢業於重慶一中，該校以盛產高材生聞名。喜歡讀書，眼睛有點近視。幾十年後他告訴我，說他從小就是個書呆子，不善交往，除了學習，他可以整天不和人說一句話。後來鬧文革，天天在街頭與人辯論，慢慢才操練出些口才來。冰層下往往躲藏著激流。他就是冰層覆蓋的激流。對於未來，他始終充滿幻想。中學時代學俄語，他和蘇聯朋友通信時曾認識了一位類似現代網友的俄羅斯少女，名叫米嘎金娜・紐巴。羅棣清楚記得她家的地址——蘇聯克米羅沃市哈爾度金大街。

蔣赴義的感情沒那麼細膩。他有聲有色的性格，一刻也閒不住的作風，是很容易討女孩喜歡的。按照規定，當兵不能談戀愛，可他偏談！反正有女孩喜歡他，而且是漂亮女孩，他能拒絕嗎？當然，很可能是他先打了第一槍。按性格判斷，一旦追起妞來，他絕對風風火火，勢不可當，讓任何「她」都難逃就範的命運。事實上他確實和一位女孩好上了，對方還是高幹公主，就是判決書中化名「黃毅」的反革命罪犯。她的真名非常女性化，遠比「黃毅」更容易和她迷人的笑容聯繫在一起。她在三十二師醫院當護士。如果套用那年代非常稀有的軍旅浪漫電影《柳堡的故事》，蔣就該是新四軍那個名叫李進的「十八歲哥哥」；而黃毅，便是轟動一時的萬人迷小英蓮，啟唇一笑，兩個小酒窩讓所有光棍漢神魂顛倒。

他們的故事不是發生在銀幕上。一切都現實而嚴酷。「十八歲的哥哥」要走了，吉凶未卜。「小英蓮」不知道該給他準備什麼。想了很久，她決定幫他搞一枝手槍。

他大笑，說：「你以為我們這是去幹啥呀？一枝槍，有什麼用！」

後來，她就給了他一句承諾：她等他回來，她會一直等他十年的。

最後她沒有等到他。一旦出境，蔣赴義就下落不明；而她自己，也在一年後被捕。他們的重逢，已經是十多年後的事情了。她已羅敷有夫。老公是和她同時被捕的戰友，也有一個化名，我們暫時就不提了。

蔣赴義返回，面前的中國已被改革大潮攪動得面目全非。新生活需要他去適應、去參與、去感受、去興奮的地方實在太多，他像獨行俠一樣不願意放棄任何一次新的冒險，他繼續活得有聲有色。

羅棣也是在被捕後十多年後被遣返回國的。緬甸共產黨已經從地球上消逝，中國政府和緬甸政府的關係再度變得熱絡。好像永遠要和蔣赴義成反比，羅棣生活得非常低調，幾乎整個兒消失在了家鄉重慶喧囂的人海中。先是在哪兒打過一段工，做過一段小生意。我給他通話的時候，他好像什麼都沒有做了，就待在家裡，殫精竭力、全心全意地培養他的獨生兒子。他說他每天都寫日記，不是關於自己，而是關於他的兒子。從出生那一天開始，他要一直記到女兒大學畢業。從電話的語氣聽得出來，他已變得那樣淡定與安閒，讓你無論如何也沒法聯想起為了一個熱烈而虛妄的信念，他曾經勇敢過。

上：蔣赴義和羅棣出境緬甸企圖投奔蘇聯大使館。
這是出逃前的戎裝照
下：蔣赴義和羅棣在緬甸監獄裡的留影

三十九、反潮流英雄

溫都爾汗的噩夢漸漸淡出人們的記憶。一年多時間過去，毛澤東緩過氣了，為了保衛他的寶貝「文革」，他又開始為新一輪的政治運動預熱。一九七二年開始由周恩來操盤的落實政策和社會整頓，顯然讓他挺憋氣。他得反擊了。

七年前，毛把國家主席打翻在地的口號是「造反有理」，這一回得玩新的了，叫「反潮流」。為了讓事情顯得合法化，他抓緊把這一新口號寫進了一九七三年八月召開的中共「十大」新黨章。當年高舉造反旗幟到處打砸搶抄、甚至輕生送命的年輕蠢驢們，在石磨卸除之後，該殺的殺；該關的關；該戴「臭知識分子」帽子的戴上，送基層接受「再教育」去；更多更蠢的中學娃娃，則一律驅趕鄉下當農民。現在，沒有那麼多年輕傻瓜瞎幹了。

只是泱泱中國，人多勢眾，要大家都當明白人很難。只要欲望還在、私心還在，那麼，虛榮和實利只要灑點毛毛雨，糊塗蟲們照樣會像林子裡的蘑菇，從人群土地上爭先恐後地冒出來，他們自然就會成為政治家們新的打手或者新的犧牲品。在一九七三這個平庸年代，以「反潮流」著稱的英雄果然接二連三地脫穎而出。以高考交白卷而一舉成名的遼寧籍知青張鐵生、和班主任老師鬧矛盾而享譽京城的的小學生黃帥；最莫名其妙當了英雄的，是福建莆田縣小學教師李慶霖——因孩子下鄉而家境困頓，上訪無效，便斗膽告一御狀，沒承想不但沒被公安追究，偉大領袖公然親自回信，還「寄上三百元，聊補無米之炊」。還下「罪己詔」一般認帳：「全國此類事甚多，容當統籌解決。」那是全中國數不清的家長們為下鄉子女愁眉苦臉的年代，李慶霖頓時成了絕對的「人氣冠軍」。磨刀霍霍的江青一伙正在四處搜尋打手，不把具有如此廣泛人氣的民意代表搜羅進來，只能是傻瓜。江青一伙絕對聰明，當傻瓜的只能是李老師了。

雲南的朱克家也是被搜羅入谷的英雄。

雲南人均土地面積比其他省相對寬鬆，高山密林之處人口更少，非常適合安頓經過文化革命洗禮的年輕人。他們在動蕩的、所有社會秩序完全中斷的環境長大，從童年開始就習慣了街頭政治無休止的吶喊，看過太多只需幾句豪言壯語便一舉成名的戲劇，他們迷戀革命年代莊嚴而輝煌的景象……如今，既然文革已取得「偉大的勝利」，北京就不再需要年輕人胡鬧了。雲南的高山密林是沒有政治騷亂的舞臺和看客的。你能對枯藤老樹進行喋喋不休的政治鼓動麼？

還有，解放初拍過那麼多好看的電影：《在西雙版納的密林裡》、《五朵金花》、《阿詩瑪》、《摩雅傣》、《猛龍沙》……雲南的異域風情和自然風光讓人感覺良好，煽動年輕人萬里迢迢又心安理得到邊疆來，誘惑他們的素材確實很多。這樣，從一九六九年開始，北京、上海、成都、重慶，加上本地的——政府的正式資料統計——共來了三十三萬五千多人。萬里而來的十九歲上海知青朱克家，被淹沒在了西雙版納的密林。

那時邊疆的條件很糟。西雙版納名氣雖大，實實在在去那兒過日子，電影上的浪漫蕩然無存。生產水平極其低下，且不說山區的刀耕火種，即便自治區首府所在的景洪縣壩區，也鮮見初級意義上的現代農業。而朱克家所去的猛臘縣，比這還要遠得多，貧窮得多。猛倉公社，猛掌生產隊。

朱克家出生於黃浦江邊一個多子女的貧窮家庭。窮人的孩子早當家。他把那一類家庭特有的勤勉和吃苦耐勞帶來了遙遠的邊山野地。他很快學會了耕地、插秧……這一類農家基本功，接著還利用空餘時間學會了木工，並在不長的時間裡掌握了傣族的語言和文字，很快和當地老鄉們打成了一片。猛掌寨旁邊有座高山，山上有個叫莫登的僾尼族村寨。僾尼生產隊長下山辦事途經猛掌逗留，和這位來自上海的漢族兄弟很快成了朋友。僾尼漢子告訴朱，說他們山上曾辦有一所小學，可是請來幾任教師都受不了山寨的寂寞與貧窮，一個接一個先後走了。山寨有五、六十個孩子呢！孩子們都渴望讀書呢！朱克家想了想，爽快地答應了僾尼朋友，說行，我上山吧！雖然那兒比猛掌艱苦得多。按照程序，他主動向公社黨委提出要求，並於一九七〇年十二月，正式轉去了莫登山寨，當了一名鄉村小學教師。

二十世紀初，英國、法國、美國，還有澳大利亞、比利時、意大利……曾有許多小伙子帶著厚厚的《聖經》和堅定的信念，遠涉重洋，來到雲南山區傳播福音，在荒遠的山民心中留下許多刻骨銘心的故事。我讀過他們的日記和書信，為了獲得東方山野民族的信賴，他們總是用自己學有專長、或者現炒熱賣的知識和技藝，比如醫藥、比如音樂、比如識字……熱心熱腸地為素不相識的山民服務。在遙遠的邊山異地持之以恆服務他人，需要傳教士的信念和激情。對於信仰時代長大的一代中國年輕人，這種信念和激情也許並不稀缺，朱只是他們中間的更為堅韌者罷了。這樣說吧，每當聽人說起青年朱克家的故事，我總會不期然把他和那些漂洋過海的外國傳教士聯在一起，只是按照當時報刊的宣傳口徑，他是：「毛主席的話給了他信心與勇氣：『越是困難的地方越要去，這才是好同志。』」

那年月小學老師是最為人不屑的，尤其農村小教。朱克家沒有功夫考慮小學教師的社會地位，他迫切需要解決的問題是，僾尼孩子面對漢文編寫的教材和漢語教學如聽天書，他得抓緊學習掌握僾尼語，並且儘快取得孩子們的信任。事情還不止於此，朱克家還得儘快取得孩子們家長的認可，他得為他們做點什麼。

優尼婦女和雲南的許多少數民族婦女一樣，白天下地勞動，晚上回家還得幹繁重的家務——舂米、洗衣、養豬、餵牛……直至深夜方休。朱發現了這個，動員當地青年和他一起，用手扶拖拉機帶動碾米機，減輕女人們的勞動負擔，後來回家探親，他還抓緊找上海能人學理髮、學裁剪、學縫紉、學修收音機、手電筒、鬧鐘，還有電工的各種操作技藝……再返莫登山寨，他簡直成了全知全能的上帝，他甚至和大家一起劈山引泉，修起了莫登山區的第一座小水電站……

如果事情到此為止，結局本該是個喜劇了。事實上，和朱克家同時來邊疆的許多上海知青，就公益精神、吃苦耐勞、聰敏能幹、信念和激情而言，也許遠在朱之下，而後來卻大有出息，做了縣級、省級、甚至中央部長一級的官吏。歷史沒有給朱克家機會，讓他證明自己比那些低官或者高官們做得更好。他的悲劇恰恰在於，作為一隻獵物，他被善弄權謀的獵人們過早發現了，於是，他不能把帶著人類母腹中尚未蛻變完全的弱點，早產了。

他是被上海派來的知青慰問團發現的。上海小伙子的遠山故事感動了慰問團成員，他們真誠地把朱的事蹟整理成書面資料送回上海市委。現在，我們已無從知道這份資料到底說過些什麼，僅就題目看：〈山寨裡最忙的青年〉，它應當是一份客觀的、並不帶多少政治色彩的文檔，問題是，這份資料很快被主管上海宣傳輿論的大員徐景賢看到了，並且立呈中央大員姚文元。姚一聲令下，由上海市委導演，一幫御用文人迅速趕赴西雙版納，接下來的舞蹈隨著政治指揮棒旋轉，越來越熱鬧，也越來越變味了。署名朱克家本人的文稿〈我深深愛上了邊疆的一草一木〉，配套的〈農村也是大學〉、〈貧下中農的好兒女〉等通訊、報導……還有「山寨的第一人民教師」、「第一個木匠」、「第一個理髮師」之類的溢美之文、誇張之詞於是連篇累牘，頻現報端，向人們的眼球輪番轟炸。

幾十年後，已經被艱難世事折磨得圓熟而超然的朱對我說：「我的事不是人為編出來的，有些事是被拔高了，但要說我完全是個假的典型我也不承認。我的好，最初都是寨子的老百姓說出來的，我整天和他們在一起，我的表現他們最清楚。但那個時候反正先進典型都講究『高、大、全』，宣傳時候為了政治需要就拔高了。」

這是一句大實話。

事蹟拔高接著當然就是政治拔高。姚文元聽說小朱同志還不是黨員，非常詫異，當即曉喻上海當局：「這樣的人不入黨，要什麼人才可以入黨？」上海立即致電雲南，要有關部門突擊解決朱的「組織問題」，接著電話層層下傳：地、縣、公社、生產大隊、生產隊……黨小組和黨支部雖對小朱同志感覺不錯，可是黨章有規定，入黨得經過固定程序啊！得本人先申請，還有，家庭成員、社會關係有沒有不良記錄？有沒有親戚被共產黨殺、關、管？有沒有海外關係？……這些，都得照章辦事，走走過場，然後才能進行入黨討論啊！而電話到達當日，朱恰恰不在山寨，他因公去了昆明，什麼事都沒法辦。上峰卻不管了這多，他們只知道中央高官發了話，高官發話就是最後通牒：當晚必須明確答覆。時間是一九七三年四月二十七日。少數民族辦事很執拗，尤其少數民族共產黨員。可面對來自北京的死命令，公社黨委最終讓了步。辦吧！反正規矩都是人定的，具體說，是上面的領導定的。上面要小朱馬上入，我們還犯什麼傻？那年月有一句話，共產黨員寧肯政治上犯錯誤，也不能組織上犯錯誤。書記代表公社黨委表態，立即批准朱克家同志入黨，黨齡就從那一天算起，手續嘛，以後再補。有人統計過，從上海市委打電話算起，到朱克家「入黨」止，前後十一個電話，總共耗時九小時。如果要在中共黨史上搞一次金氏記錄，入黨耗時這一單項，朱克家肯定名列榜首。

行了，準備就緒，行頭備全，在一九七四年中國「反潮流」的鬧劇舞臺，朱克家可以粉墨登場了。

一九七三年四月底入黨，兩月後，「四人幫」緊鑼密鼓物色中共「十大」委員人選，也就是為即將開張的「批林批孔」搜羅打手，張春橋以「支持新生力量」為由指令雲南省務將朱作為代表出席「十大」。兩月後，朱果然順利成行，赴京參會。在中共「十大」的宣傳圖片中，表情馴良的朱克家在主席團前排就座，宛如深得班主任寵愛的好學生在課堂聽講。那年他二十二歲，中共候補中委名單裡，朱赫然有名。來自上海灘的「四人幫」幫酋王洪文親自召見小朱，要他「好好學習，要參與上層的路線鬥爭」。次年，他正式成為中共雲南省委列席常委、雲南省批林批孔辦公室副主任；接下來，朱擔任共青團雲南省委書記，並當選四屆全國人大常委會委員。本該成為優秀鄉村傳教士的朱克家，被澈底拖上了政治鬥爭的賊船。

朱克家的工作激情和悟性絕對出類拔萃。可惜太年輕，而中國的政治場又太黑暗，他高人一頭的聰明智慧，只能輕而易舉地為人作嫁，甚至為虎作倀。待到我再一次看見朱克家，他已經落馬，被揪在市中心百貨大樓的陽臺上挨鬥了。具體時間已記不起，反正是「四人幫」垮臺不久。資料記載，一九七七年三月一日，雲南省級黨群系統曾以官方名義召開過一次大會，專批朱克家「大搞篡黨奪權的滔天罪行」。是日《雲南日報》的報導用「心驚肉跳，狼狽不堪」八個字刻畫他在挨鬥時的神態。我看見的那次批鬥會要早好幾個月，而且是群眾自發的街頭集會。那一天小朱的表情也完全可用這八個字形容——心驚肉跳，狼狽不堪。面對大街上亂成一片的、山呼海嘯般的怒吼，他根本不知道該回答誰？回答什麼？其實我知道，陽臺下大呼小喊的昆明人，他們對這位驚慌失措的上海小子並非有多深仇恨，只不過在毛澤東去世和「四人幫」垮臺之後的政治狂歡中，人們需要一個丑角來作為對象來發洩情緒罷了。朱不幸成了這樣的丑角。毛澤東用文革運動製造全民仇恨那會兒，小朱還是個娃娃，他一無所知，滿大街起鬨的人們其實也心知肚明，在朱克家身上是擠不出什麼油水的，無非要用對失敗者的羞辱來滿足一下群體性的心理快感罷了。他們一會兒弄一把玩具手槍往他的頸脖處掛上，一會兒又拿一只廢舊的印章在肩頭掛上……總之，凡是能象徵政變啦、奪權啦、武裝暴動之類的道具，統統往他身體上可供掛件的部位掛去，朱毫無反抗，像服裝店裡的模特架，乖乖地任眾人擺弄。那天他穿了一件很厚的軍大衣，道具掛在身上不會製造什麼肉體痛苦。只是長久折磨讓他的精神漸漸麻木，有點像在巴黎聖母院面前接受鞭笞的敲鐘人卡西摩多。朱克家無望的表情顯得那麼稚嫩，讓遠遠站在人群後面的我，感覺他怪可憐。

後來再見到他，時間又過了許多年。是在一座叫「恩洪賓館」的陳舊不堪的大樓。我因公出差曲靖，他做東請我吃飯。他剛剛接手這座產權屬於恩洪煤礦、地處鬧市卻連續虧損多年的賓館，被煤礦當局任命為總經理。一起見面的，還有當年為朱撰寫先進典型文件的劉浩，劉被省委宣傳部革職，落魄家鄉，靠打短工和朋友接濟度日。

朱告訴我，說他被開除黨籍後即解送煤礦做掘進工，因為勞動得勤勤懇懇，任勞任怨，領導看他眼睛近視，成天戴副眼鏡在井下挖煤炭委實可憐，很快就把他調來地面洗煤。他工作永遠兢兢業業，而且在業餘時間，又開始為礦山工友們修起了電視機、錄音機、收音機、縫紉機……以致於礦工們又像當年優尼山寨的少數民族農民一樣，把他親切地叫起「朱委員」來。再後來，煤礦工會要豐富職工文化生活，決定興建電視差轉臺，所有領導毫無爭議地一致認定主辦此事非朱莫屬；而營銷部門的領導想強化銷售工作，也認為此事非讓朱加盟別無好招，一時間，「四人幫」欽定的「篡黨奪權分子」竟然成了兩部門激烈爭搶的「香餑餑」。「其實，把我弄來煤礦有什麼了不得呢？生活條件、工作條件比優尼山寨好多啦！有什麼心理不平衡呢？」他對我說，「在優尼山寨，我幫農民做好事，在煤礦，我照樣給大家做好事，這不一樣嗎！」幾十年事過境遷，被人上天入地折騰得九死一生的朱，早已變得圓熟而超然。提起飛黃騰達的政治舊事，他只淡淡地說：「那時的我對政治懂什麼啊？完全不懂！人家讓我幹什麼，我當然就只會傻乎乎地幹。人家是中央首長啊！我算什麼？說我爪牙，我就爪牙吧，我認帳，但我沒存心害人。」

好了，我們重新回到一九七四年。

上：曾在西雙版納擔任小學教師的上海知識青年朱克家曾是優伲山寨最受歡迎的人，可惜最終成了政治鬥爭的犧牲品。

下：因為朱被四人幫相中而坐「火箭」一路飆升，農村教師一下子升到了中共「十大」中央候補委員，文革結束，朱理所當然受到當局整肅。圖為幾十年後，在雲南曲靖某煉焦廠當小老闆的朱克家。

四十、「批林批孔」的鬧劇

馬克思在《路易・波拿巴的霧月十八日》借用了黑格爾的一句話：一切偉大的世界歷史事變和人物，可以說都出現兩次。「他忘記補充一點：」馬克思說，「第一次是作為悲劇出現，第二次是作為笑劇出現。」中國的文化大革命，從一九六六年的「造反有理」到一九七四年的「批林批孔」，正是由頗有詩意的狂熱悲劇，過渡成為了無釐頭鬧劇。一九六六年，代表世界革命理想的神還光焰無際，他在天安門上一揮手，潘朵拉魔瓶裡便呼啦啦飆出萬千紅衛兵；一九七四年的情況就不同了。林彪事件已經把全知全能的上帝神話打破，文革承諾的美好已被證明純係子虛烏有，用後來官方的話說，就是「林彪集團的覆滅，客觀上宣告了『文化大革命』理論和實踐的失敗」可惜，一輩子剛愎自用的發動者偏偏還想挽回面子，溫都爾汗的骨灰稍有冷卻，馬上又開始折騰了。這次折騰從一開始就注定是一場鬧劇。

一九六六年打劉少奇，他找了個叫海瑞的古人鞭屍，先是引出「彭大將軍」翻案來說事，繼而矛頭一轉便直指了劉少奇。這一回故技重演，他先拿軟骨頭文人郭沫若說事，翻出他幾十年前的舊作《十批判書》借題發揮，說那本書尊孔反法。「國民黨就尊孔反法，林彪也是啊！」接下來不知怎麼就扯到「近來外交部有若干問題不大令人滿意……結論是四句話：大事不討論，小事天天送。此調不改動，勢必搞修正」。板子已經在轉彎抹角打到主管外交工作的周恩來屁股了。

江青一伙「聽弦歌而知雅意」，馬上來了勁，於是北京上海北南呼應，操控報刊和所謂「大批判寫作組」開始狂轟濫炸，批孔子，批儒家。所謂「大批判組」，領銜的有北大、清華筆名「梁效」（兩校）的，有上海市委寫作組筆名「羅思鼎」（螺絲釘）的，有中央黨校筆名「唐曉文」（黨校文）的，均以「批宰相」為名，把矛頭直指周恩來。

依舊由變態狂江青前臺領銜。一九六六年，毛利用江青為首的中央文革小組取代政治局，效果好極了。這次卻有些不靈。對這個嚴重人格缺陷、脾氣極端怪異的老女人，國人早就嗤之以鼻，由她赤膊上陣，本來就讓勝算渺茫的事情，號召力和可操作性都大打折扣。毛夫人的基本隊伍，現在就身邊幾個蝦兵蟹將：中央辦公廳女機要員謝靜宜，加上謝的老公、空軍幹部蘇延勛，還有清華革委會副主任、八三四一部隊宣傳科長遲群，真是煢煢孑立，形影相吊啊！幾個馬仔為變態狂傳書送信、搖唇鼓舌倒也忠心耿耿，第一夫人有理由繼續雄心勃勃。她對仨馬仔宣布：「我這個人愛放炮，是個炮手，又造炮，又造炮彈，又有炮隊，你們就是我的炮隊。現在我把你們當炮彈放出去，去放炮！我給你們找地方去開座談會，去放炮！」

整個中國已再沒有宗教的虔誠、浪漫的詩意和子虛烏有的彼岸幻想。人們就關心最具體的個人前途和命運。再說，毛澤東為了打倒政敵，不能不把政治鬥爭的秘笈公開，即使最老實巴交的老百姓也都窺破了骯髒的遊戲規則——政治只崇拜所謂「工具理性」，只講究操盤，只重視功利，只關心結果。這些，和普通老百姓崇尚良心道德的價值觀南轅北轍……總之，他們不再熱血沸騰，不再會看見領袖就流眼淚，不再會聽見廣播「最高指示」就振臂歡呼。北京當局號召天下再亂一回，響應者不是沒有。有，而且還不少：這些年政治上、經濟上、生活上受過氣的，挨了打、生活艱難，日子不好過的人……多著呢！再說，老百姓眼睛雪亮，人家周恩來忍辱負重幫你擦屁股，形勢剛剛好轉，你又要卸磨殺驢，按照民間最樸素的處事原則，能說得過去嗎？行啊，你們上面要瞎胡鬧，我們幹嘛不鬧？大家渾水摸摸魚，乘機撈點大油水小油水，怎說都不是壞事。

批林批孔剛剛在雲南鬧起來，某日上班，衛兵通知我有陌生人找，去到大門口一看，原來是雲南汽車廠蘇金泉，三年前我幫忙從昭通農機廠調上昆明的技術員，這位精明能幹的廣西佬小心翼翼走進我的辦公室，像地下交通員接頭一樣看看左右無人，極端認真地問了：

「老周，這回批林批孔，好像又要天下大亂啊——是吧？」

像國難當頭，革命志士準備為國捐軀一樣悲壯。那段時間，真正的亂局正在預熱。辦公廳的「批林批孔」不過就是開開大會，把宣揚仁愛的孔老二和刺殺秦始皇未遂的荊軻一類的古人死人拖出來批判批判。大樓的過廳裡熱熱鬧鬧貼滿大字報，狂罵林彪如何將孔孟之道奉若神明。我則大秀了一把美術才能，在我畫的漫畫裡林彪總是把屁股蹶得高高的，撲在地上沒完沒了地大寫條幅：「悠悠萬事，唯此為大，克己復禮」好像這位曾經無比偉大的副統帥原來僅僅是個蹩腳的涂鴉頑童。我確實沒有對於運動前途更多憂慮，與此相反，這位深沉於工廠底層的技術員，他對政治的關注度比我高得多。

我問他，你怎麼關心這個啊？「亂又怎樣？不亂又怎樣？」我反問。

「我老大是個女兒——」他非常誠懇地解釋，「你不知道廠裡的事，只要一搞政治運動，生產馬上亂套，上班就可以『打散閒』」——「打散閒」是昆明土話，偷懶磨洋工的意思。「我老婆封建頭腦，總想要個兒子，」他說，「如果天下大亂，我就和她抓緊再生一個，抓緊帶大！」像是在籌劃一樁重要的生產任務。

我笑起來，說：「你想得真周到啊！」

除了蘇金泉這樣、想趁天下大亂抓緊機會實現自己可憐的生活實利者，企望趁政治騷動改變自己命運的人，也在等待天下大亂。

文革後期，就是毛一聲令下，把知識青年趕下農村幾乎同時，中國還有一個口號：「我們也有兩隻手，不在城裡吃閒飯」。一時間，生活在城市邊緣的弱勢群體——無業閒居的老太太、老倌兒，以及未到讀書年齡或無機會就業的娃娃——也連人帶戶口，一起被遷去了邊遠山區。這批人非老即少，去了鄉下，別說要和當地土著農民在同一起跑線上掙工分吃飯，很多人連去小溪或大河邊挑水煮飯都成了問題，最基本的生活都難維持啊！無可奈何，他們只好偷偷跑回城來投親靠友，艱難度日。批林批孔開始不久，昆明百貨大樓的牆壁上，就出現了他們向政府請願的大字報和大標語，最為著名的一張，標題是：「三年來沒有吃過一頓飽飯」。大字報作者如此明目張膽地用活生生的事實攻擊社會主義中國的「大好形勢」，著實讓很多讀者為他捏一把汗：包括筆者我。

昆明人把塑膠線叫做「油線」，很多回城來已經長成大人的無業女孩就用「油線」編織各種小玩意兒：金魚、蝴蝶、百合花什麼的，用來做鑰匙扣一類掛件飾品，擺賣為生。昆明市中心的正義路和南屏街，常有這樣的無業遊民沿街擺放地攤。某次，我確定要照顧其中一位的生意了。是一女孩，鋪在她面前的報紙上擺滿各種「油線花」，漂亮而燦爛，只是她並不漂亮，窄窄的臉龐瘦削而蒼白，身子單薄，完全弱不禁風，顯然長期營養不良。我是因為同情她而準備照顧生意的。我想趁這筆僅僅幾分錢的交易之機，瞭解一些他們艱難的遠鄉生涯，我的同情和她的傾訴讓雙方都有些動容……正訴說間，她突然警惕了。那表情，酷似可憐的小鹿本能地發現了有凶悍的猛獸來襲。她捲起地攤便瘋也似地逃跑。原來是城管人員來了。

那是我第一次對城管人員產生負面印象。當時，昆明正好放映朝鮮電影《賣花姑娘》，據說是獨裁者親自指導炮製的銀幕催淚彈，確實把無電影可看的中國觀眾搞了個悲悲戚戚。可不知為什麼，每次看見街頭的電影海報，我想起的，偏偏是那位和我沒有交易成功的賣「油線花」的姑娘。

批林批孔的政治亂局，讓這批面對城管人員也會嚇得四散逃跑的弱勢人群，為了保衛自己的利益，勇敢地衝上了社會舞臺。城管人員在政府官員的群落裡，最多只算得小小牧羊犬而已，而這些非老即少、七長八短的老太太、老倌兒和「娃娃兵」，現在卻大搖大擺地開進了雲南省最高機關的辦公大院來靜坐示威了。我記不起那時我是什麼心情？為他們的勇敢驚訝？還是為他們的無知而感到可憐？這幫底層的弱勢人群，對政治一竅不通，面對強大的政府，不管他們的身體，還是他們的智慧，都不堪一擊。可他們就是來了，頑強地一坐就十天半月。是不是動亂歲月讓他們多少受到了些許政治啟蒙？在靜坐過程中，他們公然也懂得了搞「統一戰線」，準確地說，是懂得了依附於別的、比他們更為強壯的勢力。就像熱帶叢林的寄生草，它們天然會依附在粗碩的大樹上。這群不堪一擊的返城居民，他們攀附的粗碩樹幹，有同樣前來辦公廳上訪的回民，他們白衣白帽，隊伍整齊，火氣十足；還有炮派的示威群眾，多年來他們飽受壓制，已經沒有任何退路，文革造反已讓他們練得一身是膽……從辦公室的窗口朝望，我親自看見這些可憐巴巴的老太太老倌兒和他們弱不禁風的孩子們，總是滿臉堆笑地巴結自認為的同盟者，給同樣來此鬧事的年輕人送開水，滿臉堆笑，拉關係……如果大樹倒了，他們知道，自己馬上就會被政府連根拔起，隨手扔去哪兒算哪兒。

事實上，他們很快就遭遇了這樣的命運。

民族問題是政策性很強的，炮派鬧事也是政策性很強的，而且這兩大群體都人多勢眾，省委輕易動他們不得。後來記不起過了幾月幾日，也想不起省委用何辦法將這兩部分人都暫時勸走，院子裡突然安靜下來，只剩了幾堆零三八碎的老年遊民和無業娃娃。那天中午下班，辦公廳領導非常神祕地把我們這幫年輕幹部召集在一起，宣布一通紀律，發布一通命令，又將我們分為若干小組，單等午飯吃飽，一聲令下，馬上便將大院各門實施封鎖，然後各小組對靜坐的老人娃娃分割包圍，就地突審。

我們祕密集結之時，弱勢群體本已預感災難降臨，很有些惶惶了。等到各道大門一封，那一刻，他們全嚇呆了，除了有幾個小伙子身手敏捷翻牆逃跑，其餘老人娃娃，像眼睜睜等待老鷹撲來的無望小雞，在牆腳，在竹林邊，三五一群地瑟縮一團。根據布置，我帶領這個組也輕而易舉包圍了幾個老太太和小女孩。沒什麼好突審的，無非對全身篩糠的獵物訓訓話，逼他們檢討認錯，然後捲東西走人。我不知道其他組怎麼處理這個毫無懸念的戰鬥勝利？是不是趁機表現一番自己的強大，享受一番對弱者居高臨下的快感？反正面對這些可憐巴巴的老人孩子，我怎也「狠」不起來。尤其我包圍那一組，其中一個由於長期飢餓、營養不良、長得一點兒也不漂亮的女孩，總讓我想起被城管人員追得四下逃跑的賣「油線花」的姑娘。我讓他們申述了生活的苦衷（我以為這樣會讓他們心理平衡一些），公事公辦地說幾句政策性很強的話，然後直接放他們離開了。

來辦公廳鬧事的，也有比無業遊民力量稍微強大，卻完全不需要巴結誰、討好誰、和誰結盟的，如雲南二工校的老師。他們的政治訴求和批判孔夫子也毫不相干。他們來辦公廳示威，完全因為前幾年省委領導心急火燎要發展雲南的汽車工業，下令將雲南汽車廠旁邊的二工校的地盤交由該廠無償占有，改成了雲汽的附件廠。學校的教職員工這就成了無家可歸的難民，全體失了業。其實失了業有什麼不好呢？如蘇金泉這樣講求實惠的書生，恨不得天天在家帶娃娃呢。二工校這些老師也太較真，讓他們待在家白領工資心裡反倒不踏實，偏偏要說這是受了孔老二的迫害，非要找省委給他們解決校舍問題不可。為了表示長期抗戰的決心，學校甚至給老師們把床也搬進了我們的辦公大廳。全是雙臺床，上下鋪，一床二人，七八張，每次輪班，至少可讓二十左右的教師堅守陣地。知識分子的示威是很文明的，不喊口號，不找我們糾纏不休，就拉幾條大標語：「還我學校！」「強烈要求用毛澤東思想重新占領課堂」等等，餘下的時間，老師們就各自躺在床上看書，或者坐起來竊竊聊天，顯得很愜意。

按戰鬥力排序，比他們強大的算是回民。有民族傳統的堅強紐帶，加上還有伊斯蘭信仰的巨大力量，戰鬥力肯定很了不起。前面說過，文革「破四舊」，對回民的生活方式和民族感情的傷害很大，相應的反彈力自然也很大。你批孔老二，他也批，而且聯繫實際，要你這些貫徹「孔老二路線」的當權派給他落實民族政策。回民非常注重儀式，他們的上訪示威也不例外。一律統一著裝，白衣白帽，隊伍整齊，威武雄壯，很有排山倒海之勢，讓人刮目相看。

戰鬥力比回民更大的，就得數派性隊伍了。文革那會兒，全中國都分成兩派開打，槍槍炮炮，你死我活。前面也說過了，雲南的特色問題是空降來一個「平西王」譚甫仁，他一來就「劃線站隊」，把好端端的「兩千三百萬邊疆兒女」中的一半：「炮派」，一巴掌打入地獄。這麼大一個數量人群一旦反彈，反作用力肯定夠勁。這一回，「炮兵」們且不管北京口口聲聲號召批孔老二是想打倒誰，他們就知道以此為依據，找你雲南當局為自己伸冤平反，要你承認「劃線站隊」把我害苦了，必須落實落實政策。

「劃線站隊」中失敗的一方要鬧事，要向勝利者實施報復，同樣占了「兩千三百萬邊疆兒女」的另一半：八二三，當然就要起而保衛勝利成果，就要堅決反擊。這就構成了雲南「批林批孔」運動爭鋒相對的兩大基本陣線：「反潮流」（這個「商標」夠新潮，首先被炮派搶注）和「齊向陽」（八二三就是唱著戰歌「葵花向太陽，戰士心向黨」，把對方打得落花流水的。他們沿用此幸運徽號）。

和所有政治遊戲一樣，有了兩派，必然還有第三條道路。雲南「批林批孔」鬧劇中的第三條道路者，名曰「大批判」，成員都是當年造過反卻最終沒有贏過利、或者贏利甚微的大小頭目。他們反對兩派再次「挑起劃線之爭」，認為這「勢必導致兩派群眾的重新對立，派頭們又成了當然的領袖，派頭們又去談判，最後互相求得妥協，以達到他們不可告人的目的。」他們號召大家集中矛頭，重點打擊那些「與死不改悔的走資派相結合，搞復辟，搞宗派，拉山頭，找有勢力的政治背景，大開後門，立黨為私，損公肥己的特權階層」、「復辟勢力用糖彈瓦解的人」、「右傾機會主義分子」，因為他們「投革命之機，當革命高潮到來時，他們發誓要和群眾在一起，要革命，當革命浪潮把他們扶上權力寶座之後，他們就毫不踟躕地把群眾打入血泊中。」他們痛罵的所謂「復辟勢力用糖彈瓦解的人」、「右傾機會主義分子」，說白了，就是當年和他們一起造反，最後卻收穫頗豐的八派「新貴」。

上面引號裡的話，摘自「大批判」組織的一則宣言。我們已經看到，不管那一派，他們對北京的意圖其實都完全不予理會，他們關心的，就是如何利用北京的旗幟為掩護，幹自己的私活。整個事情完全變成了一九六六年開始的群眾爭鬥拙劣的克隆版。詳盡地、系統地記錄雲南「批林批孔」運動的全過程，已經不是這本書能勝任的。把它留給官方和民間的文革史學家吧！下面，我僅把那段日子筆者的的日記小作摘抄（括號內是幾十年後重讀自己日記的說明和感想），讀者也許能從中看到這一文革派鬥的克隆版有多瘋狂、可笑、同時又多麼地可悲。

五月一六日　週四

昨日深夜，告狀團（指：從全省各地來昆明的炮派人士）上街貼大字報，用油墨、油漆寫大標語，紀念「五一六通知」發表八周年。正好今天駐華武官來昆明。省委得知告狀團活動，立即召開緊急會議，一面向中央報告，一面調動兩連兵力，由範振山（注：已記不起該範是為何人？）帶隊去，一個連把寫標語的人包圍起來，一個連開始沖涮。發生衝突。一部分人見勢不好，抓緊跑了，一部分人繼續堅持衝突。最後，武健（注：省委常委，分管政法公安）親自上街，下令抓起來。於是，三個抓一個。一共抓了三十多人，押回接待站，包圍起來。逃脫的人又去動員一些炮派，把解放軍反包圍了。

下午我去看時，鐵門緊閉。門前站著一排軍人。軍人前面又坐著十幾個老百姓，氣鼓氣脹的。一個人說：「大家看，他們動用軍隊，就他們，鎮壓我們的戰友。我們身無寸鐵，只能坐在這兒，聲援一下」

有幾十個人在圍觀。有支持者，也有反對者。

據說三十多人揚言要絕食。送去的飯他們不吃。但是炮派送的飯他們吃了。晚上，四十多名外國武官到國防劇院看演出。國防劇院燈火輝煌，噴水池噴著水。一群群女兵一色新軍裝，西服裙白襪子，半高跟鞋，神氣地走進去。

看看告狀團的情況，我為他們擔憂。以後他們回單位怎麼辦？補工資嗎？總之，麻煩事一定很多，前景一定很危險。他們大概是「不識廬山真面目，只緣身在此山中」吧。而我是超然山外的。不錯，當初我們造反應該比他們更危險吧，但一點也不感覺危險害怕。如今我已不在此山中，所以害怕了。

五月三十一日　週五

中央一八號文件下達，指出：大字報可以上街。允許外國人看大字報，拍照，拍電影，拍電視。敢於讓群眾貼大字報，這是我國無產階級專政鞏固、國家興旺發達的表現。我們應當有自信心。

這個文件如一九六六年「八・一八」接見紅衛兵一樣，是一個動員令。下午，「反潮流戰士」在百貨公司宣傳這個文件，他們認為，「中央一八號文件宣判了省委一八號文件的死刑（注：記不起省委一八號文件是什麼內容了。大概是講安定團結一類的）」「是對周興（注：省委書記）一個致命打擊」，「是對五・一五事件的肯定」

這邊廂立即出動，寫了許多「打倒王必成」「打倒陳康」（注：王、陳分別昆明軍區支「炮」的司令員和副司令員）的大標語，把近日公園主要牆壁占滿了。

百貨大樓的廣播也開始播音了。

一個下午，近日樓周圍完全變了樣。

亂極了。

正好英國首相希思來昆，今天去石林。早上路過百貨大樓，還是一片整潔升平景象，下午回來，竟然天翻地覆。

「陳康？是陪同我們的陳康嗎？」一位外賓問翻譯，「把他打倒了，誰陪同我們？」

在文藝晚會門口，四個大柱子上正好貼著四個大字：

「打倒陳康！」

一些外國人不看戲了，到街上搶頭條新聞。把對於他們像謎一樣的中國剛才發生的事，用電波通知全世界。

李毅（注：炮派一號大佬）從大院出來，騎著單車發瘋一樣向百貨大樓衝去。他夠忙的。而在路的另一邊，兩個老奶奶正在用力拉一車蜂窩煤。

各人想法不同。

深夜，近日樓周圍依舊人群熙攘。

李木昆（注：第三條道路的代表人物）等四五個「老造反座談會紀要」貼在郵電大樓，門前依舊圍了不少人。

成輝（注：雲南無線電廠的一個頭頭，觀點傾炮）他們的「無產階級專政下的大民主萬歲」剛剛貼出來，漿糊還濕著呢。

另一批「反潮流戰士」正在演講，或用油墨在地上寫標語。揚言要打倒周老二（注：估計是指周興），解放少正卯。云云。

日夜營業的紅星小食店門口停滿了單車。

我正好遇到趙敦志（注：省委宣傳部幹部），問他：

「幹什麼？這麼晚還出來」

「趕夜市。你呢？」

「彼此彼此！」

六月二日　週日

（注：下面這則日記是貼在本子上一張傳單，署名「省委辦公廳革命群眾」的《嚴正聲明》，副標題是「陳康必須對李毅、方向東（注：炮派二號大佬）一伙衝擊省委辦公廳，綁架朱剛、周永祺同志的嚴重政治事件負責」一個權力機構的辦事人員對為之服務的民眾發表嚴正聲明，這本身就很滑稽。下面是原文照錄。）

六月二日下午三時，李毅、方向東等一伙號稱「反潮流」的人，開著廣播車，衝進省委辦公廳，在省委辦公廳大樓內亂寫亂畫，圍鬥工作人員，進行無理取鬧，干擾辦公廳的正常工作。事後，他們又不聽辦公廳值班人員的勸阻，開車強行衝到翠湖賓館，搗亂正在向中央慰問團彙報「抗震救災」工作的省委常委會議。他們要抓周興，要抓所謂「五一五」事件的劊子手，並造謠說「五一五」抓了他們的人。省委常委當即對他們進行了耐心的說服教育，說明沒有抓他們的人，說明處理五月十五日晚上的事，是由陳康同志主持的，情況陳康同志都知道。但這時陳康同志聽了，不僅不給李毅、方向東等人做工作，反而推卸責任，拍桌子大罵說：「胡說！是集體定的！」他「要朱剛去做工作」。朱剛（注：省委常委，八派觀點）請陳康一同去，陳康死賴著不去。朱剛同志為了顧全大局，挺身而出，對李毅、方向東等進行耐心的說服教育，但他們蠻不講理，把朱剛（省委常委）和周永祺（省委副秘書長）同志從會上拉出來，進行圍攻批鬥，最後綁架至他們占領的省委接待站關押起來……

六月四日　週二

滿街都是大標語：

《陳康唆使李毅、方向東綁架朱剛、周永祺同志罪責難逃》

《省革委副主任陳康和李毅一伙互相勾結絕沒有好下場》

《李毅在批林批孔中為非作歹罪該萬死》云云。

中午，連雲巷的常委會一結束，頭頭一個個都走了。

侯在會議室的周永祺老婆小楊、朱的老婆以及三個記者立即進去揪住陳康。「你為什麼唆使人綁架我丈夫」小楊質問。

「什麼？」陳說，「我沒有啊！本來，那一天叫我去做工作，周永祺說，讓朱剛同志去吧，這樣他們兩人就去了。」

小楊沒詞了。陳說他中午有事要走，小楊死活不放。陳看不行，改口說：好吧，叫服務員開一間房。咱們都先休息休息。

等小楊進屋裡去了，陳乘機溜了。

六月六日　週四

陰雨。陰雨。又是陰雨。

已經有好幾個縣遭水災了。今早又接到楚雄電話，昨日一夜，下了八十七毫米的雨，縣城進水一米多，三千多房屋進水。五十多戶倒塌……雨還在下。

下午三點，十五個反潮流的巨頭來了。由李毅出面，質問周興若干問題。周全部頂了回去。

「李毅，你說我手伸得長，我說你的手才伸得長。你想管工貿，管專案，你有什麼權利？楊繼銘，殺人犯，為什麼不可以審查？陳岳是走私犯，為什麼不可以抓？」

「你罵我獨立王國，我說你才是獨立王國，你那個告狀團才是獨立王國！」

「我是主任，你是副主任，你有什麼權力要我什麼時候見就什麼時候見？你要我丟下全省工作不管嗎？你這是以派壓黨！」

宣傳部和組織部派人潛入會場，被清出去了。

正在接見，八二三觀點的四十多人（二十多個單位）衝進辦公廳要求接見。經做工作，在下面等著了。

告狀團和陳康在會上提出責問，又讓劉明輝（注：省委常委，色彩比較中性）做工作。

散會時，四十多人立即揪住陳康要求接見。

陳說可以。

「什麼時候？」

「星期六吧。」

「上午還是下午？」

「下午」

只好讓他走了。

可是陳的車發不動了。原來火花塞被人拔掉。陳只好換一輛車走。

六月七日　週五

省委繼續接見告狀團。

正接見時，個舊一伙人衝來了，在二樓口，聲言非要周興接見不行。無計可施之際，為首的大呼：「立正！跪下！」所有人「砰」地一下全跪下了。一直跪了兩個多小時，周興被堵著下不來，說：他們不起來，我也跪下！

告狀團表示：你要跪就跪，與我們屁相干！

旁人說：省委書記下跪，你們什麼責任，該知道了。無奈，只好由李毅去做工作。跪下的人大罵李毅右傾，說：「滾開！誰同你說？不是你們頭頭右傾，我們不會受這麼多苦！」「跪吧！繼續跪下去！過去幾天幾夜都跪過了。這有什麼了不起？」

最後周興接見了。

六月八日　週六

晚十時，在正義路和慶雲街交叉口，反潮流與昆一鋼、醫藥公司八二三打起來，八派受傷多人，是為「六八事件」。（注：對於中央一八號文件，八二三開始做出反應，組織人馬對炮派進行反擊。）

過程大致如下：醫藥公司到慶雲街貼大字報，將反潮流的大字報蓋了，發生爭執。反把八的大字報撕了，於是衝突。反從接待站調了五十多人來，大打出手，八二三敗了。

是時，昆一鋼宣傳車開到，反詐稱要去端醫藥公司，於是宣傳車上的人和其他八二三都退去醫藥公司，於是「反」乘機砸爛宣傳車

六月十日，週一

上午，商業職工罷市，開出七八輛汽車遊行。（注：這事和下面的行動是八二三組織的反擊）

下午，昆一鋼開出十餘輛汽車遊行，到省委提出要求：要省委採取措施，解散告狀團，否則，將在十二日後採取革命行動，後果由省委負責。

宣傳車對準我們辦公廳大樓吵。

楊總支（筆者注：周興夫人楊玉英，時任省委辦公廳機關黨委書記）走進我們辦公室，嘆氣：上當啦！上當啦！這些人，總不聽指揮，鬧什麼？給省委幫倒忙呀，人家李毅、方向東就想你這樣辦呢！

是夜，省建發生鬥毆。

起因是「反潮流」到省建貼大字報，要求組織「批林批孔辦公室」，並動手推大批判專欄，雙方發生衝突。「反潮流」一人出來，翻牆到隔壁，隔壁是市委機關，結果警衛把翻牆者抓了。「反潮流」於是調動人馬來要人，用卡車衝倒大門。雙方以磚頭瓦片作武器，進行戰鬥，忽進忽

退，一直打到四點，雙方無傷亡，遂鳴金收兵。可憐觀眾被不長眼睛的石頭打傷幾個。

……

除了六月六日的日記記錄了楚雄等「好幾個縣遭水災」，關於自然災害，那段時間還有一則記錄：五月十一日的日記，輕描淡寫的四個字：「昭通地震」。

幾十年後查閱資料，我才知道了這次地震進一步的資料：

一九七四年五月十一日，雲南省永善、大關兩縣交界一帶發生一次七點一級強烈地震，震中烈度高達九度。這次地震使雲南省永善、大關、鹽津、綏江四縣和四川省雷波縣的三十多個區（鄉）遭到不同程度的破壞。據當地政府統計，這次地震造成一四二三人死亡，一千六百人受傷，損失牲畜二千多頭，同時還使六萬六千餘間房屋遭到不同程度的損壞和破壞，其中倒塌二萬八千餘間。極震區內地面破壞嚴重，出現大量的崩塌、滑坡現象，木桿河峽谷兩側尤甚。崩塌體使極震區的溝渠、耕地遭到破壞；海口、順河兩處巨大的滑坡和崩塌體堵河成湖；手扒崖大崩塌使該居民點全村被埋，居民無一倖免。

大關地震發生在北北西向的馬邊至昭通地震帶內，該地震帶歷史上曾多次發生強震。

對於如此人間慘禍，在當時，所有人都冷漠如同路人！對於口口聲聲宣稱為人民服務的最高政權機關的工作人員，我也僅僅在在日記上漠不關心地草草記了四個字。再早一個月，三月二十五日，四季如春的昆明，天上突降罕見的三月雪，而且雪下得非常大，積雪鋪地，厚度足有二、三十釐米，辦公廳大院曾來過一幫造反人士，他們在大院地壩上堆了四個很大的雪人，位於背陰角落處，差不多整整一周後才化盡。雪人一律跪地，做低頭服罪狀，脖子上都掛著黑牌，分別寫著蔡、雷、馬、董的名字——我想不起他們是哪一派了？如果是八二三，那麼，他們對這四人是真心仇恨了；如果是炮派，則定是「打著紅旗反紅旗」的策略之舉，因為他們知道，正是這四個人一直暗中支持炮派。

那一晚，我在日記本上寫了一首古體詩：

朔流急捲雪滿天，桃雲棠霞雕朱顏。
闌夜聽雪記韶華，蓬窗砌玉憶故園；
莫道三月盡暖日，難料一朝降春寒；
竊喜陋室堪容膝，風驚雪驟自偷安。

行文至此，筆者突然有一種對自己強烈的陌生之感，和莫名其妙的驚詫。我的心怎麼會如此冷漠啊？當整個國家都在風暴中激蕩，我的同胞們在混亂中蒙受離難，我怎麼會如此無動於衷？辦公室窗外的大院裡，那麼多鄉下返城，生活無著的、靠賣「油線花」艱難度日的人，那麼多被政治欺壓、屈辱生存的人，可我，竟然那樣麻木地沉湎於個人的小家庭！

真正的知識分子，從本質意義來說，應該是人類價值的守護者和社會的良心。他不屬於一種外在的職業類型或經濟利益階層，而是一個精神群體。他們應該迷戀某種思想理念和社會使命，並為之獻身，如同宗教的殉道者。俄國哲人拉吉舍夫說：「我的心因人類的痛苦而受傷。」在剛剛告別的大學時代和文革最初的動亂，我不是曾經那麼狂熱，企圖拯救世界上受苦受難的階級兄弟嗎？企圖拯救正在墮落的世界嗎？甚至在社會風暴和槍林彈雨中接受考驗，準備獻身？可現在怎麼回事了？面對整個社會的災難與動蕩，我為什麼沒有半點受傷的痛苦？知識分子起碼的人文關懷到哪兒去了？社會擔當到哪兒去了？責任感到哪兒去了？不錯，我可以平靜，可以不再苦笑，但至少，我該有內心的憤懣，至少應該有悲哀啊！而我，連這個也沒有了。

我唯一還能記得伏爾泰的一句話：「人類都是好的，那些浪費時間的人除外。」我害怕我會因為虛度光陰而後悔，於是只能拚命讀書，在讀書中麻痹自己，並等待未來，這樣心裡就會踏實一點。秘書二處單獨的圖書室是我永恆的避風港。我總是關著門在裡面，一個人，靜靜地讀。

後來，便有一個人到辦公廳小圖書館裡找到了我。出現在面前的客人一身戎裝，還有一口標準的普通話，更重要的是，這一口普通話所表述的慷慨激昂和對於世事的憤激，使我莫名其妙地想起了蘇聯作家阿・托爾斯泰《苦難的歷程》裡英俊的俄羅斯軍官羅申：他從俄德戰爭前線歸來，向心上人卡嘉痛心疾首地說：「我們需要的是炮彈，可政府送給我們的，卻是一箱箱神像！」漂亮的藍眼睛裡蒙滿淚水。我和他在圖書館祕密長談三天——這件事，澈底改變了我生命的航線。

這個人就是在所謂「中國共產黨馬列主義行動委員會」祕密組織中那個化名華燕軍的領袖。

四十、「批林批孔」的鬧劇

上：中國大陸幾十年政治運動不斷，從無寧日。無論何種行業，每一百姓均須奉命參加。這是工人在批判和他們毫無關聯的林彪並兼批孔夫子。

中：還是政治批判會。這一回是批什麼「專家治廠」。

下：這是在批老百姓八竿子也搆不著的國家主席劉少奇。

四十一、華燕軍其人

華燕軍，河南武陟縣人。從小隨哥哥到成都就學，後考入四川外語學院法語專業，一九七〇年畢業分配，華非常幸運地重回哥哥身邊，當了中學外語教師。可是，還沒來得及執掌教鞭，他便毅然去了遠離內陸腹地的雲南臨滄，開始一名普通軍人的顛沛生涯。

那時他新婚不久。老婆的姓非常特別——稅。稅老師也分配成都，在百花潭中學教外語，很不錯的職位了。百花潭林木葱翠，花開草長，是成都著名的母親河：錦江邊上一處環境優美的景點。由此地出發，漫步半小時便到了享譽世界的杜甫草堂。中國詩歌偉大的靈魂——杜甫，他許多偉大的詩篇，如〈茅屋為秋風所破歌〉、〈春夜喜雨〉、〈蜀相〉、〈春望〉等等，都是客居此地之作。華燕軍和稅老師大學同窗，畢業後同去學校執掌教鞭，既屬題中之義，於情於理，又是最佳選擇。可惜，二人合巹不久，丈夫就斷然與妻子做了新婚之別，有點像古戲裡薛平貴投軍別窯，和王寶釧一別就三十年！我算過，華、稅新婚作別，直到稅身罹癌症、臨終之前夫妻重逢，時間跨度比薛、王分別的三十年還長！

前面已經介紹過了，一九六九年秋天，正在招兵買馬的陸軍第十一軍以黑洞一般巨大的吸力讓許多作著軍人夢的年輕人飛撲而去：他們或與該軍軍官有點直接關係、或有點間接關係、或有點轉彎抹角的關係……華燕軍有點另類。他既無高層家庭背景，亦不想來此鍍金便遠走高飛，也非為逃避下鄉，來此碰碰運氣。我們在下面將會看到，他的想法要複雜得多。要說關係，他還真有一條——文革期間造反派和軍隊結成的政治血緣。於是，他通過成都軍區副政委、和八一五關係甚鐵的原五十四軍老首長謝家祥介紹，來到了邊疆不毛之地。

他出身普通職員家庭，父親早逝，一直靠兩個哥哥和一個姐姐把他養大。因為他年紀最小，而且筆者猜他從小一定口甜如蜜，聰明伶俐，在大人圈中當是很受寵的。娃娃一受寵就容易任性，自以為是。這性格到了學校便最易出風頭，成娃娃王。如果再加上一些有利的客觀條件，比如：那一口流利而標準的北方話，肯定更易讓人側目。他是隨支援「三線建設」的大哥來到成都的。解放之初扛著槍桿子來接管成都政權的都是北方人。古蜀舊都，芸芸眾生非常市民化，對操北方口音者從來恭而敬之。華告訴過我，他中學時代的綽號，就叫「華老陝」。成都人把北方人都叫「老陝」陝西來川謀生的人特多。

他成功考上了四川外語學院。接著文革動亂，他當了領袖。享受了平常歲月不可能享受的榮譽。當時有一句話：「革命是無產階級的節日。」學生當然無產，卻稱不上什麼階級。他們是幻想者。文革前漫長的、無休無止的革命傳統教育，當局已把革命前輩們的獻身熱忱和英雄主義成功複製在了他們身上。他們被培養成了聖徒。當他們被告知，原來那些社會主義盟友全都修了！修了！修了！他們必須馬上起而拯救。於是，當潮流湧起，脫穎而出的華被推上了頂峰。

文革期間，重慶有個屬於「八一五派」的全市性的紅衛兵革命造反司令部。占主導地位的就是十二所大專院校的造反紅衛兵。「紅造司」的大哥大毫無疑義屬於兵強馬壯、久具鬧事傳統的重慶大學。重大八一五隊伍一上街，先是摩托車開道，接著軍樂隊，銅管樂器閃閃發光；接下來，體育隊的糾糾武夫身著贗品軍裝，腰繫皮帶，殺氣騰騰，一出校門動輒幾千人，那氣勢足以把神經脆弱的人嚇個半死。而華燕軍領導的外語學院那個組織，《星火燎原》，在老八陣營裡只是個小不點兒。這樣說吧，在十二所大專院校裡，其人數僅比四川美術學院略多。要想像文革前的美院有多大，舉兩個數字就夠了：教工和學生的比例：三比一；一九六二年油畫專業畢業班，該班學生總數，你能猜到嗎？就一個！此人便是後來任院長的馬一平。

事雖如此，重慶的文革節日仍就給華燕軍留下許多值得自豪的得意之筆。其中之一是一九六七年二月大鎮反，他代表勝利者接受了屬於反到底派的「西南師範學院八三一戰鬥團」破旗受降。其實，誰都知道，咄咄逼人的八三一乖乖繳械，完全因為軍方的巨大威懾，而不是小小的《星火燎原》，這個風光讓他占盡，只有一個原因：川外和西師兩校僅一牆之隔。此外，他還提著手槍在一、兩次戰鬥中充當過一線或二線指揮，還光榮「掛了彩」。

在轟轟烈烈的重慶文革舞臺充任這樣一個小小配角，他應當很滿足的了。筆者和他第一次見面是在北京。一九六八年五月，重慶兩派的大小頭目集中在解放軍政治學院參加解決重慶問題的所謂「中央毛澤東思想學習班」，我住外面當聯絡員。「關」在圍牆裡頭兩派學員憋得難受，幾乎每天都要翻牆出來逛馬路散心。某周日，我陪逾牆者一道去天津看海，都是我們重慶大學的匪類，外校就一個：華燕軍。看海之旅，彼此間無拘無束，胡作非為，相玩甚歡。華給我的印象就是隨時隨地都喜愛一個人獨唱樣板戲，而且翻來覆去就一句：「我們是——工農子弟兵，來到——深山」。他唱得那麼認真，心安理得，你完全沒辦法把「野心勃勃」「志在高遠」一類只能用於領袖級人物的詞彙和他聯在一起。活脫脫就一成都街頭常見的「街娃兒」。

我們有理由做這樣的判斷：恰恰因為重慶文革舞臺沒有讓他擔當過主角，還沒有來得及去射燈下說過幾句可有可無的臺詞，大幕就匆匆落下來了。主角和大腕兒們已經困倦甚至開始為劇情的無聊感到後悔，而他，還沒從角色中醒來。鴉雀無聲的中學教室是沒法包裹他那顆已不再安分的心的。他的帆不屑於待在小家庭的避風港，他需要尋求暴風雨，於是，他來了雲南，來了臨滄，並且很快在這兒找到了自己的舞臺。

前來臨滄當兵的中學生很多，尤其重慶的中學生。男人的童年夢想中，軍人從來代表著力量、榮譽和英雄感；長大了，「全國學習解放軍」，軍隊是人們夢寐以求的「毛澤東思想的大學校」；再後來，文革肇起，天下大亂，解放軍是「無產階級專政的堅強柱石」、是社會穩定的最後一道屏障。這幫年輕人從內地大都會遠赴邊寨從軍，曾有過許多美好的期待，可惜，他們投身其中的軍營太令人失望：這支新組建的野戰軍一點兒也不比地方聖潔。人事糾葛依然紛繁，派系摩擦依然頻仍，內鬥依然慘烈。更何況軍官比地方官耿直，他們一旦鬥起來，連地方摩擦慣有的遮羞布也不需要，彼此間的矛盾就像熱熱鬧鬧的滑稽戲，澈底地、透明地、整個兒暴露在下級軍官和士兵面前。對軍營生涯充滿幻想的中學生不能不開始困惑。林彪倒臺，突然間乾坤顛倒，原屬四野山頭的五十四軍舊部從高峰跌到了低谷。利用這層關係來到臨滄的幹部子弟和百姓子弟，一個個灰頭土臉又牢騷滿腹。前面說過，連偽造證件逃離部隊這樣的事情也出現了。還有什麼鐵的紀律可談呢！發洩過剩的精力、消磨無聊時間的最好辦法就是泡病號。邊地本低濕，生活本艱苦，誰個沒三病八痛的？關節炎、風濕麻木、胃病、轉氨酶偏高、肝功不正常、低血糖、高血壓……要找藉口實在太容易。師醫院位於南汀河邊的小山坡上，環境宜人，空氣新鮮，人氣旺盛，熱鬧。真病號、假病號、亦真亦假的病號，愉愉快快地在這兒打發時光，進行各式各樣的精神會餐。再說，醫院的年輕護士一個個如花似玉。雖說穿軍裝的光棍漢們只能像逛公園看奇花異卉，只能看，不能摸，可比待在全是「和尚」的軍營愉快得多呀！光聽聽她們嬌滴滴的聲音就夠滋潤的。還有，來此發發牢騷，罵罵自己不喜歡的人，甚至罵罵部隊上司、高層，發洩發洩一點反社會情緒，也沒誰管得著。住院真好啊！生理需求和心理需求一起得到滿足。

華燕軍也喜歡來師醫院泡病號。那時他在九四團當見習學員，駐雙江縣。他來臨滄醫院不是想泡妞。彌漫在部隊裡的牢騷和無望，讓華燕軍在這兒最能找到了他需要的感覺：誘導和教訓周圍這幫稚氣未脫、茫然無措的娃娃並將其煽動起來，他的本領綽綽有餘。他見人就宣傳他越來越另類的政治訴求，比如：林彪的自我爆炸已經宣告了「文革」的破產；「九大」路線錯啦，應當恢復「八大」路線，應該為劉少奇翻案、請彭德懷出山……等等。他的言論越出格，就越能引人注目，越能收穫原來在重慶那樣的大碼頭難以享受的讚美和崇拜……

於是他再次成了領袖，並且最終組建了他的《中國共產黨馬列主義行動委員會》。這一次已經不是文革運動中遍地開花的群眾組織了。他率領的已不是當年那些自命不凡又弱不禁風的外語專業大學生，而是手上握有槍桿的大兵。

可惜蟄居邊疆，他對政治訊息的把握實在太有限，更多的東西，只能依靠抽象的概念和燃燒的激情來推導和想像。文革中年輕人奉旨造反，其特徵更像宗教徒，而現在他造反，則更接近傳統意義上的陳勝吳廣。和他們所要反對的對手相比，很難說他有什麼更高明的思想資源，只需有對荒唐社會的共同義憤與樸素的道德意識就夠了。四人幫倒行逆施，中國快被推到崩潰邊沿。要讓年輕人憤怒、並煽動他們採用行動發洩憤怒的題材實在太多！

一九七三年秋天，華燕軍藉探視母親的機會去東北、北京及四川、尤其是重慶巡遊了一通，和各種各樣的老朋友新朋友進行了互動式的交流。他最終得出了結論：要製作一部質量粗陋、漏洞百出的動作片，對他來說，題材已經足夠。

最後，他從重慶來昆明找到了我。

上班的時候，我和他藏在二處的小圖書室裡悄悄談話；下班以後，我就和他在我家廚房後面的小屋裡繼續密談。我很快就感覺他那張不忌生冷的嘴早晚會給他惹出麻煩，而我絕不願意為他無謂陪綁。只有二人在場的對話是死無對證的。萬一他出事，我將否認一切。我在廚房後的貯藏室安放了一張小床，我總是和他在床頭相對而坐。他喜歡在天真的聽眾面前誇誇其談，一趁口舌之快，在僅可容膝的貯藏室裡，我是他唯一的聽眾。但我已不天真，事實上，恰恰在他的談吐中，我發現對方對許多非常重要的訊息都一無所知。

我該是健談的，但是在這樣一個膽大妄為的饒舌者面前，我寧肯選擇靜聽。再說，我沒有權力反駁他關於拯救國家的幻想和準備獻身某種偉大事業的激情。我沒有權力打斷他，我幾乎讓他談了整個整個的晚上……年深日久，他對我具體談了些什麼，現在已了無印象。甚至就是當時事情發生幾個月後，辦公廳對我進行隔離審查，要我老實交代，我固執地堅持說我什麼都想不起了。這確是實話，因為我以為他告訴我的多是些道聽途說、市井流言，最尖端的，莫過於說毛澤東得了喉癌，將不久於人世……對於這些，我一律沒有發表看法。因為當時——我知道——即使是討論類似的話題，也將危及說話者個人的自由、甚至生命。

真正的華彩段恰恰是由我來演奏的。時間是分別前那一晚。妻子已經帶著孩子在廚房隔壁早早睡去。我和他做臨別之談。這一次，我向他談了江青的「一・二四」「一・二五」講話，還有她派心腹馬仔到各部隊送的信件……我對這些事件的深層的、或明或暗的含義，向他做了自己的分析。最後我告訴他：「這次運動的矛頭對準了誰，你難得還不清楚嗎？」

他傻傻地看著我，搖了搖頭。

我放低聲音告訴他。說了：

「周總理！」

輪到他來大吃一驚。近視眼鏡的鏡片後面，他的一雙眼睛瞪得老大，額頭亮晶晶的。好一會，他突然感慨了一句，四個字：

「大廈將傾！」

他的驚訝正好反襯了我的淡定。

「多慮啦！多慮啦！」我依舊平靜地笑，「毛主席，遵義會議那樣的局面他都能轉危為安，現在，他還大權在握哩！他總是有辦法的……」

「不！」他肯定地把我打斷，「那時候，毛是和他的對立面作戰，而這一次，他是主動在內部挑起矛盾，向自己最後一個戰友發難。反周國必亂啊！周垮了，誰來為他支撐殘局？」

「雄才大略……」我不願意和他爭論。我想儘快結束這個話題，「毛主席有辦法的。」

他卻緊追不捨，向我發難：

「孜仁，你還待在機關幹什麼？」

我不回答。

「咱們馬上回重慶去吧！」他顯然想攤牌了，「重新把大旗樹起來，大幹一場！」

我還是不答。

「你在這兒，地位再高，不過小小一秘書罷了。有什麼意思？」

我終於把他打斷：

「老實告訴你吧，燕軍，對於政治，我早已心灰意冷。我寧肯當觀潮派，也絕不當弄潮兒。」

第二天，我把他送走了。

火車啟動的信號很快就要給出。我倆站在月臺上，我問：

「這一次，你對我講這些話，告訴過第三者嗎？」

我的表情肯定非常嚴肅。華燕軍看著我，猶豫了許久。

「沒有。」

他的回答顯得毫無信心。我猜，他說的一定是假話。

「這一次，我只長了耳朵，沒長過嘴巴。」我繼續非常嚴肅地告訴他。下面的叮囑，完全就是威脅了，「老實告訴你吧，這回你說這些話，只要被人告發一句，你就得殺頭！」

他苦笑一陣，無可奈何地向我點了點頭，然後上車。

火車開動了。

筆者在辦公廳小圖書館留影。書架放滿馬列經典和毛澤東著作。那位叫華燕軍的軍人正是在此訪問了筆者，從而如噩夢一般，徹底改變了筆者的人生軌跡。

四十二、重慶的告密比賽和我頭上的達摩克利斯劍

事後我很快知道了，華燕軍關於沒有向第三人透露上述觀點的承諾，果然是一句假話。事情恰恰相反，他不僅對第三人，而是對許多人都公開散布了自己的觀點。他太自信，在那顆已經發脹的腦子裡，末日顯然已翩然來臨，該是輪到他站出來拯救國家的時候了。

如果僅僅得知廣告詞煽情的介紹而沒有看到演出，觀眾們肯定應該向主角或表示期待，或表示敬意，或者表示沉默；可是，大幕一旦打開，主角一亮相便蹩腳透頂，結果會怎樣呢？搖頭？離場？喝倒彩？因為你已經相信，任何精彩的劇本到了最後，注定會被不爭氣的角色演砸鍋。

華燕軍的故事就有點像。

前面說過，在重慶熱熱鬧鬧的文革舞臺上，他不過是小小四川外語學院一個小小戰鬥組織「星火燎原」的頭目，不過跑了幾年龍套，還沒進入角色，大幕就匆匆落下來了。來邊疆從軍三年，他有多少長進？誰也說不清。當他全副戎裝，像蘇聯作家阿．托爾斯泰筆下英俊的俄羅斯軍官羅申，走進我的辦公室，慷慨激昂地表白他對於世事的憤激，那時候，我多希望他能夠為這個多災多難的國家帶來些深邃的、振聾發聵的思想——就像張貼在廣州鬧市區那一張「獻給四屆人大和毛主席」的大字報《關於社會主義的民主和法制》；就像轟動武漢三鎮的「北斗星學會宣言」；就像重慶鋼鐵公司的技術員白智清，

把自己的宣言公開張貼在重慶解放碑和成都鹽市口：《我愛我的祖國》……可惜他做不到。他除了小道消息，還是小道消息；除了不切實際的煽動，還是只有不切實際的煽動。

後來我進一步知道的是，一九七三年秋天他的北方之行，還特地去了大連，把當年重慶大學「八一五戰鬥團」負責內勤的「勤務員」，被眾人譽為「捷爾任斯基」的C某拉上，一道拜訪了許多調京城任職的原五十四軍老首長。這些原屬「四野」麾下的軍官或多或少都因林彪事件牽連，少不了牢騷太甚，也少不了許多對時局負面的消息……這些，都被華收羅起來，成了囊中寶物、獨門暗器。前面說過，早在一年前的一九七二年初，華已經把兩位聯絡員派出國境，取道緬甸去莫斯科尋求國際支持——雖然華壓根兒不知道兩位小勇一出國門便被緬軍逮了個正著——他確信一旦國內條件成熟，所謂「文武結合、內外結合」的策略很快就會大見奇效。而現在，條件成熟了。

重慶是他的最後一站，也是當年他的「根據地」。

他可以在此「會盟」各路諸侯了。文革開頭那幾年，重慶的熱鬧勁兒在全國就算得前衛了，華離開後這些年，積澱的矛盾繼續發酵，應該更熱鬧了。用毛澤東當年井岡山造反時的術語說，這兒該是處處「乾柴」，只需扔來一星半點火種，大火肯定就會沖天而起，彌漫成燎原之勢。他確信自己就是這一枚火種，於是放膽大幹，逢人便開講，不管人多人少，無論單挑群鬥，他都毫無顧忌。若干年後他出獄歸來，為表白沒出賣過我，他曾在一封信裡這樣承認，說：「何況我在當時的行動幾乎都是半公開的，因此出事之後，我實在是無法為朋友隱藏任何祕密了。」自打一九七三年秋天至一九七四年春天他來雲南省委辦公廳找我，他顯然沒有想過那張嘴裡吐出的末日預言，並非拯救世界的福音，而是給朋友們帶來災難的魔咒。

終於東窗事發。

某日，他來到重慶石坪橋某造反派頭頭W家裡，應邀來聚的，都是重慶文革舞臺的風雲人物。那一天，這個當年的小不點兒成了當之無愧的主角。他很興奮。他一興奮，那條舌頭就如野馬脫韁，發揮得尤其超常也尤其離譜了。只是他忘記了，坐在W客廳裡這堆英雄好漢都是巴蜀人精，經過文化大革命的政治修練，一個個早諳政客要訣。政客本來就該是不講道德的。為保護自己的核心利益而出賣朋友，簡直就和肚子餓了就該吃飯一樣自然。他們對這位穿軍裝的、不知天高地厚的小不點，虛以委蛇罷了。他說完，大家聽完，客客氣氣，彼此拜拜。

事情當然沒有完。這麼多人一起，偏偏有人公開散布「反動言論」，你不表示一個政治態度肯定是不行的。只要其中任何一個向當局告密，剩下的任何一個就甭想漏網，除非你也告，而且還得抓緊。告密的遊戲規則實在很簡單，第一個告了密：肯定是可以邀功的；接下來告密的，論功行賞，至少可保個平安無事，而等到政府動手捕人你還不告，事情就糟了，性質變了，你已經篤定成「反革命同夥」了。

在華燕軍案件中第一個告密的人好像挺仗義的。「會盟」第二天他就向重慶市委書記魯大東同志報告了，說某某某、何時何地、當著多少人、誰誰誰，說了些什麼什麼什麼。（請原諒筆者在此姑隱其名，我只想非常遺憾地指出，這個人好像對告密有一種特別的嗜好，還在雲南，我就知道他因為匿名信事件給自己惹過麻煩。）向魯書記告過之後，他已經一身輕鬆，於是知會了其餘在座人員。

「我已經告了。」他說，「你們告不告？自己考慮吧！反正我告了。」

大家都懂得告密規則。面對第一位告密者的公開通報，所有不願意做政治傻冒的人都無路可走。他們的試卷上只剩下一個選項。凡不想當反革命同夥、不想葬送自己政治前途者，必須選擇：「是」。

告密比賽的發令槍一旦擊響，所有人便一個比一個跑得快。你不是告的市委嗎？好，我就告省委；你告地方，我就直接告中央。那些年，重慶地區有個別「領袖」進步很快，據確鑿消息，他甚至已和江青直接搭上了熱線，於是在聽說末日預言者已被告發到市委書記之後，他一不做二不休，乾脆把這條熱線用上了。

華燕軍策劃的以卵擊石的行為藝術，注定澈底破產。

只是，當華燕軍全副戎裝，像英俊的俄羅斯軍官羅申走進我的辦公室的時候，他對重慶開始熱熱鬧鬧上演的告密比賽一無所知。我非常包容地、心安理得地讓他興致勃勃將北方批發來的末日預言繼續向我零售，我也什麼都沒購買，只在他臨走時認真地告誡了一句：

「這回你說這些話，只要被人告發一句，你就得殺頭！」

其實，華走了就走了。如果事情到此為止，對於我，什麼事也不會發生。那時，秘書二處支部正在重新考慮我的入黨問題。兩年前他們也討論過一次我的申請，因林彪死黨「蔡、雷、馬、董」問題牽連，事情擱置了。如今時過兩年，我依舊以非黨身分在共產黨核心機關工作，不合適嘛！我的入黨問題再次被提上議事日程。組織查過了，確未發現我與林彪死黨有何種牽連，領導們對我印象確實不錯，工作任勞任怨，能力不差，再說，我批林批孔的漫畫人氣很旺，批判儒學的故事也講得精彩：確實可堪造就。我該「火線入黨」了。

災難似乎注定是我的宿命。偏偏這時，從臨滄又來了一位年輕人，他也在三十二師當兵。他是以羽毛球選手的身分來昆明軍區參加體育比賽的。他帶著華的一封信，徑直來到省委大院我的家——以這封信為由頭開始的小聚成了我新一輪厄運的起點——幾十年後，當我對人生的意義有了更為深切、更為豁達的理解之後，我確信以文革為起點而開始的漫長災難，對於成全一段有意義的人生，未嘗不是好事呢？我在給朋友的一封信中這樣說了：

「人生，不就是一場旅行麼，不就在不同社會途程閱讀了不同的人生風景麼？深牆大院是一種風景，竹籬茅舍也是一種風景；高山大野是一種風景，小橋流水也是一種風景……誰比誰更高明呢？重要的是，我至今依舊生活得很自信，這就夠了。」

收信人正是這位「信使」。我現在不得不非常遺憾地說出他的姓名了——謝濤。我同樣必須要說的是，這是一個非常出色的人。我一直對他保留著很好的印象。如果要責怪點什麼，只能說當時他年紀尚小，而我又太虛榮，最不能聽人奉承，尤其是聽說朋友誇獎我如何如何義氣之類，馬上就恨不得「兩肋插刀」「壯士斷腕」什麼的……

而那天，謝濤的話恰恰打中了我的軟肋。

當然，現在來討論這些、甚至後悔點什麼都失去了任何意義。我已經老了。我能做的，僅僅把和他交往的過程記錄下來。

謝濤原來也是重慶一中的學生，先下了鄉，後又跟著同學們一起跑臨滄投奔了五十四軍的老首長。在他們這批戍邊的軍人中，他年齡最小，所以事實上華燕軍集團還沒有把他瞧在眼裡，知道他要來昆明參加運動會，華只是要他順道帶封信給我。

這封信非常簡單，不過例行問候罷了。其意蓋云，時過幾年後的昆明暢談，對我印象很深。兄位居樞要，希望能經常寫信，介紹一些上面的形勢云云。其次，來信簡單介紹了來人情況如何如何。前面我已經說過了，華的那根舌頭本已讓我非常擔心了，還要我以文字方式交流，我絕對不可能傻到那個地步的。關於第二條，我其實不需要他介紹。當我和謝一接觸，坦白說吧，我就喜歡上了他。他待人彬彬有禮，說話細聲細氣，臉未語而先紅，怯怯然有女兒之風。我老婆也挺喜歡這個重慶小老鄉。實際情況是，每天比賽結束，閒來無事，他都來我家聊天，幫我劈柴做飯，有時還從軍區小賣部買些白糖之類的營養品送來。因為對他印象太好，問題就不期然發生了。

謝濤在昆明比賽半月餘，運動會結束，他該回邊疆了。行前告辭，他問：

「周大哥，你給老華的信寫好了嗎？」

「什麼信啊？」我脫口便回了。在我的概念裡，壓根兒沒存在過與華做文字之交的念頭。

「老華不是給你寫了一封信嗎？」小伙子永遠微笑著，「你不回啦？」

我這才想起華確實託對方給我寫了信，也想起我對華的擔心。我尷尬地笑笑，反問：

「我正想問你呢，你覺得華在你們部隊表現如何？」

我記得謝濤把華狠狠地美言了一通，說他很有思想水平，很有口才什麼什麼的。

我又問：「你不覺得他有什麼缺點嗎？」

謝想了想，依舊微笑著，回答：

「他說話很不注意場合，有時會亂說……」

我馬上把他打斷了，我說：「對啦！現在咱們中國，往往禍從口出啊！我就怕他那張嘴巴惹禍呢！我怎敢和他用文字通信呢？回信就不寫了吧。」

謝顯然是一個很負責任的人。「我們和你的感覺一樣，也怕他因為那張嘴巴惹事呢，只是作為朋友，都為他好啊，都想幫幫他呢。」他說話時的微笑是讓人難以拒絕的，「他還有一個毛病，非常自信，非常傲慢，誰都看不起，誰勸他都不聽！」接下來的一句話，終於讓我澈底動搖了，「根據我和他接觸，好像他只佩服一個人，就是你。你給他寫封信勸勸，一定會起作用的。」

我沒有反對了。猶豫片刻，我說：

「好吧，我寫！」

我在案頭抽出一張信箋，用鉛筆寫了一張非常公事公辦的回信。一進上層機關，我就發現領導都喜歡用鉛筆寫東西，這樣好像更安全。鉛筆的痕跡最容易抹掉。那年月寫東西似乎不是打算保留得更久，恰恰相反，希望速滅，少惹麻煩。這封信的內容我至今記得很清楚。他不是要我給他介紹形勢嗎，我一句就擋回去了。我說：

「謝濤來昆明半月，我們談得很多了，關於形勢，他會轉告你的。」

接下來就開始打「太極拳」。我說：

「要成為一個成熟的革命者，還需要經過漫長的、艱苦的努力，我希望你利用當前的極好時機，認真地多讀點書，多思考些問題。」

接下來就為他開列了一大張書單，從馬克思、恩格斯到毛澤東、魯迅，從《一八四八年法蘭西的階級鬥爭》到《二心集》、《三閒集》。最後——我記得非常清楚——我說：

「最近全國批林批孔，就引用一句先秦寓言我們共勉吧：三年不鳴，一鳴驚人。」

我為這樣的措辭方式感到滿意。我肯定是不能直接告訴他：「你千萬不要胡說八道啊！亂說話是要惹禍的啊！」如果這樣寫，信一旦被查獲，當局馬上就會按照邏輯推導得出結論——收信人和寫信人一定進行過非法交談，寫信人也就馬上會被收押審訊。當時，全中國都在批儒家評法家，用一句先秦寓言正面表述「你別亂說」，意思既已到了，哪天出事，我也可以推擋得掉。

我把信交給謝濤看過，並說明如此措辭的理由，然後問：

「你看這樣行不？」

謝依舊淡定地微笑，對回信開頭的一句話，有些為難地央求說：

「這些天你講了這麼多，形勢確實太複雜，我說不清楚啊！你還是寫寫吧！」

「只能寫成這樣了。」我回答，「形勢問題，千萬是不能落在紙上的。」

他依舊微笑，堅持說：「那你寫個提綱行不行？我根據提綱給他轉達。」

幾十年後，謝濤在四川做了高官，我在網上發現這則消息，馬上給他去了一封信（就是前面提到那封感悟到人生不過「是一場旅行罷了」那封），我在信中這樣說過：

「如果當時你對華燕軍的幫助之情不是那麼急切和真誠，尤其是，如果我對你的印象不是那麼的好，也許，我就根本不會寫那封信了，而我的人生道路就不會徹底轉向，此後命運讓我經歷的，也許完全該是另外一番風景。」

那一刻，我確實被小伙子的真誠徹底征服了。我說：「好吧，我寫個提綱。但是，」我反覆叮囑，「這個只能拿在你手上。千萬不能交給華仔。你按照這個提綱講完，馬上就毀掉。行不？」

對方說一定。

於是我就寫了。

華燕軍被捕，我的信成了鐵證——謝沒有把它毀掉——直到幾十年後，我和謝在成都見面，他還再一次向我解釋，說他從昆明回臨滄的幾天幾夜，那封信他須臾不敢離身，一直藏在貼身的襯衣口袋，被汗水濕透啦！可惜，他說：「那時我實在太小。華看了那個『形勢提綱』，一再表示還要仔細看看，他說他看了會毀的——我就答應了……」

他顯然想再次表示歉意。而我，年過花甲，在雲南一個公益機構以殘衰之力為更需要幫助的弱勢人群做些普普通通的善事，早已心靜如水。他榮升高官，我總覺得，他能走到這一步是很不容易的。他的每一次歉疚都讓我不安。那場危機雖然在事實上，帶給我了太多的苦難和折磨，但卻始終沒把我擊倒，為了證明自己的良知和價值，我總是生活得自信和莊嚴。這還不夠嗎？夠了。

只是，一九七四年，這封信確實成了收審我的最主要的證據，在審及這個「形勢提綱」的時候，我不得不裝傻，說我什麼都記不起了。對方這樣明確提醒我：

「這個提綱，寫得言簡意賅，邏輯性很強，有點像《五七一工程紀要》——你肯定是經過深思熟慮的——你不可能想不起！」

天啊！把我隨意寫成的一個文本與林彪兒子組織死黨精心規劃的武裝起義計劃相提並論，實在太抬舉我了。那一剎那間，我完全明白，那封信謝濤並沒有毀掉，沒有毀掉的具體細節，我幾十年後才知道。

這已經沒有任何意義了。

四十三、隔離審查

一九七四年六月八日晚上，在昆明的正義路和慶雲街交叉口，八派和炮派發生暴力衝突，八派受傷多人，這就是批林批孔中的「六八事件」。前面摘抄的日記裡記錄了這件事。事實上，日記的最後還有一句話，這句話雖然與雲南形勢毫無關係，但對於我個人的命運，卻非常致命，這句話是：

同日，黃繼伯來昆，說華被捕。

黃也是從重慶來雲南投軍的，凡來昆明，他都要來看我。他並不知道我曾與華有書信往來。幾十年後我才知道黃是重慶兵中極少幾個沒有被華案牽連者之一。究其原因，他說：「我覺得華太張狂，誇誇其談，打心眼裡瞧不起他。」華當然也沒有可能把他作為「發展對象」，於是躲過一劫。在黃看來，像周兄這樣「有水平的人」肯定也該羞與華燕軍為伍的，更不可能與此類輕狂淺薄之徒有書信往來。黃向我通報華被捕消息時顯得很輕鬆，完全像敘述一個與我們毫無關係的第三者的故事。而我，心中卻禁不住暗暗一驚。我知道，懸在我頭頂的達摩克利斯劍，很快要砍下來了。

若干年後，華提前釋放出獄，我在回給他的第一封信裡這樣說明我當年的憂慮：「當得知你被捕，我對你便有兩種判斷，一是『好漢做事好漢當』，把朋友們都保下來；還有一種可能：『要下水大家下水』，為今後的鬥爭準備一批力量。根據我對你的判斷，我想你很可能會選擇後一種方式。事情不幸被言中了。」我不能不為即將到來的災難做好準備。我清理了所有的信件和日記，該銷毀的銷毀了，該轉移的轉移了，心緒平靜地等著有司帶著「逮捕證」前來抓人。

終於，有一天，廳領導通知我參加農村工作組，去路南縣（如今的石林縣）以彝族為主的路美邑農村蹲點。共產黨的工作方式歷來講究「抓典型」「以點帶面」。那些年全民大辦農業，省級各機關廳局都有自己的聯繫點，路美邑正是省委辦公廳的點，常安排幹部前去調研指導工作什麼的。我意識到我此行很可能另有他意，凶多吉少。行前我對妻子說：「到了路美邑，我會託往來的同事給你捎封信，如果信是封口的，說明我沒事；如果不封口，說明我出事了，我要用公開的私人信件表明我的坦蕩和清白。」妻子已經習慣了那年月人生命運的朝雲暮雨。她什麼也沒有說，只要我好好的就行了，她會帶好孩子的。沒有悲苦的告別，沒有對災難即將降臨的忡忡憂心。七十年代的中國人，對於危機已經麻木。

路美邑距離著名的風景區石林僅十三公里，離開昆明則遠得多。如今高速公路全線暢通，從昆明到那兒有一個多小時就夠了，而一九七四年，我們需要在路上顛簸幾乎四小時！我隨各處室下鄉的同事一道出發。機關統一派的客車，不用換乘，到達目的地，接著安頓下來。

住地是一狹長的小院。石階下的地壩長滿野草，旁邊是一棟土坯木架結構的兩層樓房，分隔成若干大間小間。路美邑精通醫道的民間土醫甚多（當時叫「赤腳醫生」），據說一是有祖傳絕招，二則是水土所致，採用當地偏方草藥治病大有奇效，尤其醫治脈管炎療效尤佳，於是遐邇名傳，甚至萬里之外的北京也有病人遠道來此求醫。生產隊為增加「副業收入」，就將鬍鬚飄灑、頗有仙風道骨的土醫若干集中起來把脈主診，又蓋一棟住院部以收治外地病人創收。我們居住這棟土木結構樓房，正是住院部。只是我們去時，本地外地的住院病人幾乎一個沒有，除了我們居住的幾間屋子，其餘全都空置。地壩當心野草叢生，綠得一派蓬蓬勃勃。草叢間有一眼水井，粗心的汲水人將井水滿地潑灑，倒映其中的天光顯得尤其寂寞。我解開背包，把被子衣物安頓好，便獨自一人去村外一直走，一直走，直到天色向晚，我愜意地遠望殘霞緩緩落入漆黑的喀斯特石堆中。誰也不知道我要幹什麼。其實我也不知道，我只想讓自己平靜地等待災難。

第二天一早，果然來了一輛吉普車，在院子門口停下，隨即下來兩個人，他倆不屬於這一批工作隊。其中一位正是喜歡把頭總昂得高高、很有派頭的副處長——楊發樾；另一位前面已經介紹過了，辦公廳的炮派「花瓶」卜降奇。他們顯然不是路過歇腳，因為他們都帶了行李。看見他倆扛背著行李走進院子，我馬上意識到，事情是和我有關了。事實很快證實了我的猜測。隊長要我和他們二人一起，搬去離大家稍遠的一間屋子。

接著審查正式開始。雙方的開場白都直截了當。

「小周，你犯錯誤了。」很有派頭的楊處長說。

「我知道了。」平靜地回答。

「那好，你就老老實實向組織交代吧！」

審查就這樣開始了。

從那一天起，我失去了自由。處長楊發樾對於黨組織交辦的任務是很真誠的，因此我相信他對我的懷疑和仇恨也極端真誠，整個審查都由他主持。兩年後全民「揭、批、查」，他被揪了出來，還在報上點名批判，罪名是「四人幫」在雲南的「吹鼓手」；而我，已經被放逐在工廠底層做一個普通工人，算是扯平了。我專門去他家拜訪了這位昔日的理論家，我說：「其實，我在你手下工作時間不短，我到底是好人壞人，你該很清楚啊？你審查我，幹嘛非要那麼凶啊？」他早已居家賦閒，很慚愧地連連道歉，說：「那時覺悟低啊！那時覺悟低啊！」參加審查我的卜降奇雖然老資格，卻依舊一隻花瓶。因為在剛過去的時間裡，作為「炮派」的黑筆桿，他才被審查過，深知箇中滋味。我相信在他眼中，我只不過是一個幾年前的他自己。將心比己，他超脫得多。整個審查過程，他好像就起個記錄的作用，最多就偶爾附和處長，問些可有可無的問題。

總之，整個過程，兩人都和我朝夕相伴，從起床到睡覺，從吃飯到上廁所，二人（主要是老卜）總是跟在我身後，不離不棄——他們怕我尋短見。院內沒有廁所，廁所在隔壁的供銷社院內，大小便都得從後面的圍牆踅好長一段鮮有行人的窄路。有時我確實煩膩了，想散散心，總是藉口上廁所。不管我一天提出要大小便多少次，他們總是有求必應，而且總是緊跟在我身後蹲守等候。他們太敬業了，有時搞得我不好意思，有一次，我甚至孩子氣地要求對方離開。我說：「老卜，你回去吧！別這麼辛苦。放心好啦！我不會自殺的。」甚至還假充笑意，說我還想活著看共產主義實現呢！老卜不冷不熱地對我點點頭，要我安心如廁，他會耐心等待的。

幾十年後，我已經知道了事情的全部真相。華燕軍惹出的這個案子確實是一件通了天的大案。據說確是江青、王洪文，還有另外一個大內總管親自下令抓人的。我的逮捕證確實下到了辦公廳！謝天謝地！被一位非常有權威的廳領導壓了下來，他給省委書記報告了，說：「小周同志平時工作不錯啊！看不出參與反革命活動的跡象啊！先調查調查吧！人抓錯了，以後放起來難。」這樣，他和其他人商量，就採取了這樣一個神不知鬼不覺的辦法，把我弄來了遠離昆明的彝族村寨，用一種很特別的辦法把我控制起來。事後我常想：如果當時我不在辦公廳這樣權威的機構就業，而是任意換一單位，事情會怎麼樣呢？誰能有權威足以把如此重量級的逮捕證加以扣壓呢？我對於上層機關鮮有好感，恰恰這回，它讓我逃脫了一次無端的牢獄之災——就為這個，我得感謝它。對於那一位可敬的、宣布說「人抓錯了，以後放起來難」的老領導，我一直感念於懷，雖然他在後來的政治災難中很快被削職為民，甚至差一點成為階下囚。在這兒，我必須說出他的名字了：周永祺。就是永遠微笑的、跟「老一輩無產階級革命家」周興做了一輩子秘書的小個子。

下面繼續說審查我的事情。

面對第一輪狂轟濫炸，我很冷靜，心裡甚至還滿是樂觀的僥倖。華和我的接觸不過三天，而且全是單獨談話，談話內容任何第三者都不可能知道。不管華在監獄裡怎麼招供甚至對我栽贓，我統統不認，誰也是無法對我定罪的。楊處長手上的牌不會很多。當然我也想過哪些地方可能出現破綻？比如，華仔從我這兒回部隊以後，肯定會把他與雲南省委辦公廳秘書的交往作為利好題材滿世界狂吹，很可能也把臨別那天晚上我所過的話到處宣傳。我不是向他分析過江青的「一·一四」、「一·二五講話」嗎？我不是說過批林批孔的矛頭是指向周恩來的嗎？他還被我猛嚇一跳，叫了一聲：「大廈將傾」——這些新聞，他在北方是不可能得知的，而這個新聞很可能會從許多張不同嘴巴裡交代出來，而所有線索，最後一定會指向我：這個，我認不認呢？我黨歷來重證據重調查研究，即使沒有口供，只要揭發有力，旁證確鑿，也是可以定罪的，那麼，我該怎麼辦？……好在有的是時間，我決心採用拖延戰術，等待對方出牌，我再後發制人，想辦法開脫……總之，我絕不主動交代任何問題。

為了表示對審查是積極配合的，我也需要主動揭發一點問題，但必須避重就輕，必須雞毛蒜皮，必須小心翼翼試探……也算是投石問路吧。根據對方反饋的表情和訊息猜測華燕軍已經承認了什麼，然後我進一步試探，進一步雞毛蒜皮和避重就輕，再交代點什麼。我的戰術是成功的。好幾天過去了，都沒有遇到任何實質的麻煩。我記得很清楚，我揭發所謂華仔最為尖端的反動言論，就是他向我說，毛主席得了癌症（多可怕的訊息呀！天，真的要塌啦！而且華仔說得那麼準確——喉癌！是誰說的、病症已屬幾期幾期，好像華仔本人就在領袖疾病診斷現場），為了表示對偉大領袖的忠誠不二和對謠言製造者的刻骨仇恨，揭發到此，我莫名其妙地變成了天才演員。我抽抽搭搭，痛哭失聲，我詛咒自己對偉大領袖的感情大成問題！我詛咒自己對階級敵人如此喪心病狂的罪行，竟然沒有進行爭鋒相對的鬥爭！

他們不知道是否看出我在作戲？應該看出了。但是同理，出於對偉大領袖的忠誠不二，他們只能眼睜睜地耐心地等待我表演結束，再繼續審問。

漸漸發現了規律。審查的程序總是這樣的：審問——口頭交代——書面交代——等我的書面交代材料積累到足夠厚度，他們其中一人就消失了（一般是楊處長），只留下另一人（一般是老卜）來盯著我。而離開那個人，是帶著我的交代文件回昆明，到省第二監獄提審在押的華燕軍。核對過華的口供，他再返回路美邑，按照最新掌握的情況繼續對我審查。記不清二人上下交替了多少次，反正越接近後面，所問問題越實質，越讓我越難以耍滑頭。他們直截了當地問了：

「你給華的信後面，是不是還有一個什麼《形勢分析提綱》？」

我非常清楚，作為信的附件的《提綱》比信本身要可怕得多，滿紙都是對於宮闈背後神祕權謀和爭鬥的猜測判斷。那年月，即使憑斷章取義、甚至無中生有的一句猜測很足以將一個人打入死牢，而我的「提綱」，洋洋灑灑幾大篇，全是白字黑字！這樣說吧，審查初期我確實有點滿不在乎，毫無恐懼感，而現在，我預感末日將臨了。刀把子已架在脖子上。人家拿這份「提綱」怎麼解釋？解釋到什麼程度？

也就是說，將對我進行怎樣的處置，我已完全無能為力。他們只需要挑出一句話、兩句話就足以鐵板釘釘，將我逮捕法辦。現在我能做的只有一件事：裝聾作啞，聽天由命。

「我記不起了……」

我試探地、沒有把握地回答。

「不！小周，誰都知道你記憶力很好。你肯定記得的。」處長很自信地提示我。

四川文革時期，群眾批鬥一個民憤極大的高官叫李井泉的，他在批鬥會上的經典回答永遠是：

「我有罪。我記不得了。」

我突然發現，李井泉這句話多精妙啊！這時我無師自通，死皮賴臉地開始借用這句話做起了擋箭牌。我堅持我有錯，但我記不起了。

對方乘勝前進，窮追猛打：

「你的《形勢提綱》寫得言簡意賅，邏輯性很強，有點像《五七一工程紀要》——你肯定是經過深思熟慮的。小周同志，你不可能想不起！」

事實上，這個文本確實是我信手寫來，完全談不上什麼「深思熟慮」，而且具體內容是怎麼描述的，我確實忘記了。只是對方既然對文稿做出了如此判斷，這事至少讓我確信無疑：這封信和這個《形式提綱》沒有被謝濤毀掉。審查人員肯定已經看過了原件。我注定無法繼續抵賴了。

我得繳械投降了。我承認我寫過，但繼續堅持是隨意寫來，具體內容記不起了。

「事情到了這一步，我還有好隱瞞的呢？」我再次像演員一樣表現無辜，我說：「既然你們已經得到了這個提綱，我不認帳只會罪加一等。但是內容，我實在是記不起了。」我懇請他們給我提示提示，以便讓我根據線索回憶。

他們妥協了。

就這樣，像擠牙膏一樣一點一點擠，最後我把一個基本完整的《提綱》複製給他們了。當我在他們幾乎一字一句的提示下把整個文本回憶結束，我又真的驚異於自己寫信時思維的敏捷和邏輯的縝密。這真是一個寫得不錯的時局分析文本。我再次想起文革中我那一篇惹怒龍顏的的「大毒草」〈大局已定，八一五必勝〉，當時，我也不過一時興起，一揮而就，結果在四川鬧出個了一個小小的政治地震，官司一直打到毛澤東那兒，然後被批得了「一塌糊塗」。人是不是只有在極端亢奮的情況下，才能創造奇蹟呢？我必須承認了，面對激蕩在暴風雨中的時代，我雖然表面上顯得那麼超然，而內心卻對整個國家的命運憂思如焚。

事情自然進展到我對於國母江青一伙的看法了。我原來的猜測沒錯，華仔的確把我的觀點滿世界宣傳了。從時間、地點、內容推斷，這個觀點他不可能從其他地方得來，只可能是我的「發明」。關於這個，其他囚徒肯定是會交代的，通過分析比照，結論最終必然是指向我的。反覆權衡利弊，這件事我也只得痛快承認了，只是做了一些技術處理進行淡化。四年後的一九七八年四月，「四人幫」早已垮臺，雲南省委辦公廳政治處在事主強烈要求下給我做了一個正式書面結論。「調查結論意見」，意見確認：

周與華交談中，周對華散布的許多反動言論抵制不力；周在四月寫給華的批林批孔形勢分析提綱中，說了一些政治性的錯話。

事情又過了三年，一九八一年六月——當時我已得知，該案件的平反程序已在部隊正式啟動，在我再次強烈要求下，省委辦公廳政治處終於又給我做了一個叫《關於撤銷「對周孜仁同志與華燕軍關係問題的調查結論意見」的決定》。《決定》說了：

現在看來，周對華講的話，是思想認識問題，有的是屬於在當時歷史條件下說了錯話。

我已經沒有什麼可以抗爭的了。全部情況就是這些，不管人家怎樣處置我，把我處置在什麼地方，我都必須活下去，而且按照自己的邏輯，盡可能過得快樂。只要活下去，就有機會證明自己。

後來楊發樾和老卜兩個人捲起行李回昆明了，我繼續留在鄉下勞動。事情雖然遠沒結束，但我沒有參加華仔那個晦氣的「中國共產黨馬列主義行動委員會」，這項結論是明確了。有這個大前提，我足以大大鬆一口氣。

對於這次長達數月的審查，我印象最深的是我的痛哭表演。在此之前的四個年頭，一九六九年雲南「劃線站隊」，善良的老卜同志也被審查過，審查時他也曾經痛哭流涕，說他「我不是在吃烤鴨，是吃雲南人們的血肉呀！」審查我之後第三個年頭，一九七七年，對毛澤東感情真誠的楊發樾在揭批「四人幫」的運動中也被揪了出來，他的罪名是「四人幫」在雲南的「吹鼓手」。他被審查時哭沒哭過不清楚，但我相信他會的，我記得他曾告訴過我，當初參加地下黨，他就在宣傳隊當過演員。

後來很長一段時間，我都只管白天參加勞動，晚上則在大屋裡和大家一起酣然入睡。誰也不再管我。那段時間我的睡眠好極了，已經沒有了恐懼，一切該做的都做了。即使隨著華案的發展，可能將來某一天會突然將我抓捕入獄，我也無法抗拒也無法改變，只能隨它而去。我也沒有了欲望，因為這件事畢竟還沒有結束，新的故事還無緣開始。日子就這種毫無意義地慢慢消磨。晚上，我喜歡一個人到戶外去，順著田埂，到彌漫著稻香的山野漫無目的地四處亂走。秋收已經結束，到處堆滿穀垛，我喜歡躺在穀垛上仰望浩渺的星空，感悟永遠都不會衰老的宇宙和須臾即逝的人生。偶爾會從遠處傳來彝族青年談情說愛的嬉戲之聲，聽見女孩半推半就的、幸福的尖叫，心中除了羨慕，我已經想不起是否也湧起過本該擁有的年輕激情？我覺得身處政治世界的我，活得太沉重，太累，我甚至覺得我已經老了。

後來，妻子帶著孩子來看了我。已是冬天。兒子快滿兩歲了。他穿著一身金紅的毛衣，像一團小小的、可愛的火苗。孩子從長途班車一走下來，就興沖沖地把攥得緊緊的小手伸給我，不停地喊：「電池！電池！」他已經會說話了，「電池」這個陌生而有趣的簡單音節被他說得特別清晰。因為沒有玩具，他不知從哪兒撿到了這只廢棄物，因此特別興奮。

可惜他無法待在我身邊。寒野風緊，來村當晚他就病了，通宵高燒不退。沒有藥也沒有醫生，他在陌生的床上整夜整夜嚎哭。我守在他身邊通宵無眠，一直不停地拍他，誑他，讓他喝水……一九七四年的冬夜多漫長啊！等到孩子好容易睡著，我終於能夠安靜地抱著他小憩一會兒，但我睡不著，眼睜睜看著他，巨大的悲哀突然湧上心頭。當我還是孩子的時候，曾經有過多少美好的夢啊！慢慢長大了，它們卻被嚴酷的生活一個一個地擊破。兒子的到來曾為我在這個世界上頑強活下去提供了足夠的理由。我想把我的信念傳遞給他，想要把自己的夢交給他，讓我曾經擁有過的一切美好事物在他的生命中得以延續。可是現在，我什麼都沒有能來得及給他，他的父親就成「反革命」了！我給他的第一件禮物，竟然是刻在我額上的「政治黥印」。那是盛行株連九族的時代。孩子剛來到這世界上還不足兩年呀，他還什麼都不知道呀，而他未來漫長的一生，卻注定會無端因父親的罪愆而遭致許多本不該屬於他的災難。這世界多麼不公平！

想到這兒，我悄悄地哭了。這一次是真實的哭。

第二天一早，我讓妻子帶著發燒的孩子搭乘班車趕回了昆明。

四十四、放逐

批林批孔鬧劇剛剛開始喧囂，我便被帶離了看場。等我回昆明，已是第二年春節，持續了一年的鬧劇已開始落幕。幾十年後，重新翻看當時的歷史，我才知道了，就在我返回昆明的那一個月，中國政局發生了非常重大的變化。一九七五年一月五日，中央發出一號文件，任命鄧小平為中共軍委副主席兼中國人民解放軍總參謀長；同月八日，中共中央十屆二中全會在京舉行，選舉鄧小平為中共中央副主席；十三日，四屆人大召開，鄧小平又被任命為排名第一的國務院副總理；緊接著，周恩來請假治病，由鄧小平主持中共中央和國務院的全面工作。全國全面的整頓工作拉開了序幕。「批林批孔」攪起的混亂顯然不允許繼續了。

我查閱了雲南官方的黨史，有關這段歷史的記載如下：

同月，中共中央召集雲南赴京彙報會議正式召開，「大批判」「齊向陽」「反潮流」的黃兆其、李毅、方向東、楊樹先五頭目也參加了會議，他們準備把戰場搬到北京去「議是非」。經中共中央做工作，一月二十七日，他們聯合向中共中央和省委作了關於削平山頭的報告，承認拉山頭、搞串聯是錯誤的，是違背中共中央規定的，並保證：一、無條件地撤銷所有山頭；二、停止一切跨行業、跨地區的串聯活動，所有人員立即回本單位抓革命、促生產；三，停止一切互相攻擊的大字報、大標語，撤銷所有廣播站；四、在各級黨委的領導和統一部署下，搞好「批林批孔」，完成四屆人大提出各項戰鬥任務。春節前，中央領導派他們回雲南做「倒旗脫鉤削山頭」的工作，規定五天，於春節前完成。

二月二十七日，省委發出《關於撤銷省委批林批孔辦公室的通知》。

從一九七三年開始籌備醞釀的又一場大動亂終於宣布流產。

我個人的省委故事也該落幕了。

回到昆明，我第二天就給辦公廳領導正式遞交了一個請辭報告，說自己政治素質太差，繼續留在辦公廳已不合適。我說我是學工業技術的，還是讓我去工廠吧，即使到最底層當一名工人也行。

經歷一場折騰，我的身分已經很清楚了。以這樣一個讓別人可疑的身分繼續不明不白地留在上層機關，首先是對我自尊心的折磨，對人生並不算太長的寶貴時光的犯罪。事情繼續下去只能是畫蛇添足，讓雙方都感覺尷尬。應該把這一頁徹底翻過去，哪怕未來的日子比現在糟糕許多。當然，不排除隨著華案的發展，我還會被重新牽連，而這一次，將不再是客客氣氣地把我隔離在遙遠的山鄉，而是直接送進大牢。遞交辭呈之後，我下決心不再上班了，成天就待在家裡帶孩子、養雞、種花……

某日，處長華錦標到家裡找我來了。華錦標，四十餘歲，浙江人。共產黨大舉進軍西南前夕，還是中學生的他便參加「西南服務團」來了雲南。無論從哪方面講，他和副處長楊發樾都正好成反比。他個子矮小，不善言詞，見人就會嘻嘻地笑，整個兒就俄國作家契訶夫筆下的小公務員形象。他的微笑是任何人也難以拒絕的。當他笑嘻嘻走進我的小屋那一刻，我就知道自己可能得選擇投降了。

「你怎麼能這樣做呢？」他責備我。他的責備和楊咄咄逼人的教訓更能讓我繳械。「你可以提出辭職，但最後工作怎麼安排？是屬於組織考慮的。你怎麼能說不來就不來呢？」他接著還說了些讓我感覺滋潤的話，比如：「你工作能力很強啊！應該考慮為黨作更多的工作啊！」他最後才下了命令：「從明天起，你繼續來上班吧！放下包袱，好好工作，別胡思亂想！」

事實是，即使我遵照華處長的意見重新去上班，卻很難為黨再做什麼貢獻了。辦公廳似乎已經沒有什麼事情可做。省委領導和兩派頭目都忙著上北京參加學習班解決問題，這些敏感事務是不可能讓我插手的。隨著鄧小平新政的雷厲風行，雲南持續多年的「劃線站隊」問題不可能再迴避，必須澈底清算：一派掌權的辦公廳本身就面臨危機。「劃線站隊」的主要推手、省委一把手、老一輩無產階級革命周興已經病入膏肓，正在北京三〇一醫院最後彌留，即將澈底斷線的生命已經不允許他再表示什麼了：堅持或者抗辯。一九七五年五月二十九日，《中共雲南省委常委擴大會議向中央的報告》、即著名的雲發（一九七五）二十六號文件報經中央批准下發。周興澈底謝幕，中央空降新書記賈啟允來滇主政。一場對雲南文革澈底清算的運動在雲南高原轟轟烈烈開始了。

我重新上班之後那段日子，兩派都偃旗息鼓，小心翼翼地窺測方向，伺機再戰，只有回民們還繼續熱鬧。某天正上班，院外忽有大群隊伍整齊浩蕩地洶湧而來，直接衝進了大樓。他們一律白衣白帽，把抬在肩上的幾具棺材放在大廳中央，然後高呼口號。年深日久，我實在想不起這次事件是為何而起？是又發生了武裝衝突吧？爆發了什麼慘案吧？他們強烈要求省委領導立即出面處理，否則不走。對於回民們激烈的情緒和動作，我記得我十分淡定，好像這一切都與我毫不相干。我真正地成了第三者，像尋常百姓圍觀一樁極普通的街頭事件。他們顯然將和棺材裡的死者一道在大廳裡長期抗戰；而我們無法繼續在此辦公了，終於接到通知：「馬上祕密轉移！」堂堂省委辦事機構，像搞地下工作一樣，轉移到二號大院祕密上班，一直躲避到五月，等回民的代表也被請去了北京，與先期到達的兩派頭目，與省委代表進行分時談判。雲南的社會風潮最終被安頓得清風雅靜。

我和派性、和回民問題都毫無關係，但繼續留下來已毫無意義。據說，彌留的周興在中央解決雲南問題前夕，擔心我這個不明不白的小不點兒成為不必要的麻煩——華案還沒有最後結案，我到底問題多大？誰也不敢打包票——於是從北京打來電話指示，不管小周最後有無問題，留在辦公廳已經不合適了。

五月二十六日下午下班前，喜歡微笑的華錦標處長來到我的辦公室，表情曖昧地通知我，說晚上廳領導要找我集體談話。我知道將有什麼事要發生了。

那天的日記這樣記錄：

「他們（指胡延觀、劉清選和華錦標）都說得很委婉，肯定我工作能力強，有思想，又有政治鬥爭經驗，然後便說這幾年路線鬥爭中，有很多經驗值得總結，最後告訴我（其實本來就是這一句話）調我到雲南汽車廠去。」

我馬上痛快地表態接受決定。對於這個，事實上我早有心裡準備，現在塵埃落定，反而感到一種別樣的輕鬆。下面還是摘抄那天的日記：

前幾天，我正讀李商隱的詩：「嗟余聽鼓應官去，走馬蘭臺類轉蓬」，心中深有感觸，現在，讓我離開這樣的生活環境，能不輕鬆嗎？羈鳥戀舊林，池魚思故淵。我本來就是學工的，可是一耽誤就耽誤了九年。九年一覺蘭臺夢。應該醒了。我能不輕鬆嗎？

歸去來兮，學業將蕪，胡不歸？

我正式不再上班了。第二天晚上，天下大雨，華處長打著傘，再次敲開門，站在颯颯啦啦的夜雨中，他通知我第二天下午務必到處裡參加歡送會。我相信這是一個令人尷尬的會議，我甚至不敢保證我能夠在會上克制自己的情緒，但我無法拒絕華處長善良的笑容，我答應了，並且對他的造訪自欺欺人地表示了感謝。

事實上，在他們的客氣的歡送背後，隱藏的是是對我政治生命毫不客氣的暗算。我至今也無從知道他們對我即將要去的雲南汽車廠官方做了些什麼樣的交代？要他們如何對我進行控制和使用？我到廠後認識了一位廠團委幹部叫曾黎明的，曾這樣對我說，他參加了那一次中層幹部會議，黨委書記向所有在場的車間及科室頭兒宣布了一則消息，說省委辦公廳某「反革命嫌疑分子」將來廠如何如何——我和這位團委幹部已成好朋友了——當他知道了我這普通電工的真實身分後，快樂地哈哈大笑，說：「呀！原來那隻『大鯊魚』，就是你啊！」這是後來的事。

一九七五年五月二十九日，我的上層生涯正式終結。

四十五、結尾

四人幫垮臺後的第四個年頭，一九八〇年十月二十九日，陸軍第十一軍軍事法院（八十）刑再字第八號判決書作了如下判決：

原十一軍軍事法庭於一九七六年六月七日，認定華燕軍等人組織反革命集團一案，以（七十六）刑字第四號判決，分別判處華燕軍有期徒刑十五年，開除軍籍……

經複查認為，華燕軍等人對當時國內問題的議論，大部分反映了客觀實際，且有大量反對「四人幫」以及為老一輩無產階級革命家鳴不平和恢復八大路線，堅持社會主義等言論，不是反動言論。反對我國對蘇聯的外交路線和政策是錯誤的。華燕軍指使羅棣、蔣赴義二人外逃，要與蘇聯掛鈎聯繫，已構成犯罪。他們非法另立組織，是嚴重政治錯誤……

判決書最後宣布：

（一）撤銷原十一軍軍事法庭（一九七六）刑字第四號判決

（二）華燕軍因服刑多年，態度較好，免於刑事處分；恢復軍籍。

華燕軍出獄是在一九八一年。我已經在雲南汽車廠當了六年工人。我兌現了六年前自己的承諾，我沒有被厄運打垮。我挺過來了。

從我家到上班的地方，已經不是原來的步行五至十分鐘，而是需要用幾乎運動員的速度騎單車將近一小時，下班回來太勞累，時間就更要長許多。從城裡去廠裡，會經過很長的一段山坡和一片開闊的田野。我喜歡田野兩旁蒼黑的老柳樹，春天，微風吹得柳絲輕輕飄揚，成團的柳絮兒凌空亂飛；但雨季，遇到下雨就糟透了，滿世界無遮無攔，只能頂著風在曠野飛奔，從外到裡讓雨水淋個通身透濕；漫長的冬天更麻煩，每天天不亮就得出發，在漆黑的道路上摸索疾馳；有時下雪，情況就更不堪，不管道路上積雪多厚，也得推著車踩著積雪向遠在郊外的工廠趕去：大家害怕誤了考勤。車間是依據考勤表計發工資的。

孩子剛滿三歲，這個年齡該進幼兒園了。我被革出教門，兒子也就再與省委幼兒園無緣。「省幼」環境優美，設備齊全，據說還養了許多孔雀讓小寶寶們逗樂遊戲——這些當然也和我兒子沒有了關係。我只是汽車製造廠機修車間電工組一名最普通的工人，按工廠規定，只有雙職工或者女工的孩子才能進「廠幼」，偏偏我妻子單位又是沒有幼兒園的，這樣，已滿三周歲的兒子被懸在「空中」，只能天還黑著便開始坐上我的單車早出晚歸（我用粗鐵絲焊接了一只小座椅固定在單車前槓上），跟著我跑車間，看我修機床、查線路、在震耳欲聾的噪聲、灼熱的塵灰和油膩間擺弄萬用表和螺絲批……孩子是沒有耐心陪我折騰機床電路的，轟隆隆的車間成了他的樂園，裝運鐵屑的平板車成了他的玩具。

有一回我去金工車間修機床——這個車間加工汽車後牙箱殼。牙箱殼形如豬頭，工人們都把它叫「豬腦殼」。加工好的「豬腦殼」被吊車高高地堆碼得形如森林——我剛在機床邊擺開工具，兒子就消失不見了。我正檢查著密扎扎的控制線和動力線，有人怎呼呼向我大喊起來：「周師！瞧你娃娃都幹什麼了？找不到地方玩啦？去『豬腦殼』堆裡『躲貓貓』！砸一個下來就幾十斤，娃娃還想活不想活呀？」接下來完全就是命令了：「我的機床不要你修了！快把娃娃抱走吧！快抱走！」

還有一次是在我們機修車間，孩子推著裝運鐵屑的平板車在機床之間洋洋得意地穿來穿去，不小心，小身子整個兒撲倒在了機床旋下的鋒銳鐵屑上，手和臉全劃破了，滿面血痕，嚇得師傅抱著他就直往衛生所跑。我也聞訊從後面追去。

孩子一見我就傷心大哭了，問：

「爸爸，我會死嗎？」

我離開了省委機關，但我卻無法離開政治。文革最後的迴光返照在中國的每一個角落瘋狂地閃閃爍爍。雲南汽車廠無法逃避。最底層的工人們是最乾淨、最純真也是最勇敢的。一九七六年一月八日周恩來逝世，師傅們含著淚，自發地在各自的班組紮白花，在車間裡開追悼會，焊工師傅還用鋼筋焊接了一個直徑五米多的巨大花圈送去市中心的廣場，然後，大家輪著班輪夜守候。師傅們不滿於悼念一個好人也會遭受官方壓制，越發頑強地在白花海洋裡堅守並且詛咒。我永遠記得那個春寒料峭的昆明之夜，我站在鐵花圈旁邊哭泣，一位工人過來對我說：

「等吧！相信要不了多久，還有人會死的。」

八個月後，這個人確實死了。而八個月前的一月，這句話的潛臺詞是足以構成殺頭之罪的。站在工人隊伍裡，我卻沒有任何恐懼。在接下來官方號召的所謂「批鄧，反擊右傾翻案風」運動中，許多工人已經不再是消極怠慢，而且乾脆公開抵制了。鍛工車間那位特別善於跟風的、「在狼面前是隻羊而在羊面前是隻狼」的支部書記，這樣惡狠狠地威脅大家：

「告訴你們：鄧矮子上臺，就會千百萬人頭落地！」

所有鐵匠師傅對他的威脅都嗤之以鼻。車間支書姓朱。文革前當保衛科長時曾製造過許多冤案，「文革」運動風雨大作，他理所當然遭到了群眾的強烈報復。大家掛上他脖子的黑牌已經不再是紙板，而是重達幾十公斤的汽缸蓋！懸掛「黑牌」的已不再是麻繩，而是細細的鐵絲！掛上保衛科長的脖子，細鐵絲像刀刃一樣直往他肉裡切，切得鮮血淋淋！可惜這廝被「落實」了政策，重登支部書記寶座之後惡習不改，依舊想在政治上出風頭，表現自己對於上司和「路線」的忠誠。可惜，群眾誰都不再買他的帳了，有一位叫戴大斌的工人乾脆站起來譏諷道：

「我們只認得鄧小平上臺，會有千百萬豬頭落地！」……

鍛工們用快活的哄笑對這一幽默的反詰表示贊同。

朱書記氣得發抖。

順便補充一句，等到鄧小平重新上臺，朱書記的「路線」繼續正確，甚至還擔任了汽車廠清查「四人幫」餘孽的負責人。他終於想辦法把戴大斌以「惡毒攻擊鄧副主席」的罪名送進大牢，報了當年「一諷之仇」。直到全廠公憤，對朱質疑的大字報在廠區再次鋪天蓋地，廠領導懾於巨大的群眾壓力，這才不得不把枉關了快一年的冤主接了回來。而朱，不得不灰溜溜離開橫行多年的汽車廠，調另外一個地方繼續當官。

在這樣的環境裡生活，最黑暗的日子也會被搽得玻璃一樣明亮。生活上的艱苦算什麼呢？我利用一切時間讀書、讀書、讀書……我還向我的電工兄弟姐妹們講授我在大學裡學過的電氣知識，和他們一道在車間摸爬滾打……我被打成反革命不到半年，包括從自願軍轉業來的電工組長莫從仁，所有工友一致堅決推選我作電工組組長。接著，全國舉辦一個自動化技術的展覽會，我作為幹部、工人和技術人員「三結合」組合中的工人代表上了北京。那時上北京是需要政府特批的——這讓汽車廠犯了難，他們說，你自己回辦公廳去說說吧！讓他們給你開一張證明。

當我再次走進廊柱高大的辦公廳大樓，我一點兒也沒有失敗者的卑微，恰恰相反，我為自己的工人身分自豪。那位咄咄逼人的、後來被關進局子長達三年的副主任劉清選傲慢地對我說：

「華燕軍的案子還沒有結，你的問題還得觀察。我們不能給你開上京證明！」

我毫不客氣地把他頂了回去，我說：

「你們說過，我的問題目前還是人民內部矛盾。毛主席教導我們，按照人民內部矛盾處理，就必須嚴格按人民內部矛盾對待。即使明天你們發現了新的罪證，該殺我的頭，今天我就還是人民，我就有權力到自己的首都去！」

他們最後妥協了。

一九七六年十月，當歡樂的春雷響起，我和工人師傅們一道，真誠地慶賀國家和民族的新生。我終於對自己說：「現在好了，新生活的奧林匹克比賽開始了。」

我被提到動力科做了電氣技術部門的負責人；我把最新的「二進制」算法用在專用機床的控制線路設計上，取得了具有實用價值的成功；我據此撰寫的科技論文《布爾代數與機床控制電路的邏輯設計》

在省內、在西南地區、在全國交流，獲得了一致的讚許，就為這個，「撥亂反正」後全省機械行業第一次職稱評定，我破格地成了工程師。

刻骨銘心的苦難不允許我在重新洶湧的文學大潮面前無動於衷。在撰寫科技論文的同時，我也開始用小說記錄我的思考。我是那麼感激我周圍的工人朋友，在我生命最低谷的歲月裡，他們沒有歧視過我，而是給我受傷的自尊心帶來過太多的撫慰。他們讓我懂得了，世界上除了政治利益的勾心鬥角，除了「臺上握手、臺下踢腳」的虛偽和奸猾，除了為自己一己的私利不惜出賣一切的冷漠，人和人，是可以真誠相處並快樂生活的。我覺得他們是那麼可愛。因此當我決定拿起筆來，我的處女作，並沒有和當時的新潮作家那樣沉湎於往昔的傷痛，而是謳歌了工人們的善良、勞動、歡樂和愛情。我讓我的主人公們向從迷惘中走出的讀者們呼喚新的生活。這篇小說叫〈三重奏〉。它一出來，就被全國多家報刊轉載，還上了《一九八〇年全國優秀小說選》，還被改編成廣播劇，獲了獎。我的名字成了報刊上頻繁出現的字樣。

剛剛出獄的華燕軍就是在報刊上找到我的名字的。他讓編輯部給我轉來一封信，只說他自由了。他問我在哪裡？他的信很短很短，他只說他想儘快和我見一面。

我給他的回信則很長。不知道為什麼，我也想儘快和他見面。我這樣說了：「當得知你被捕的消息，我對你便有兩種判斷，一是『好漢做事好漢當』，把朋友們都保下來；還有一種可能：『要下水大家下水』，為今後的鬥爭準備一批力量。根據我對你性格的判斷，我想你很可能會選擇後一種方式。事情不幸被我言中了。可是——」我說——「我並不恨你。因為不管怎麼說，是因為你的原因，讓我終於離開了辦公廳這個是非之地，雖然用這樣的方法離開並不愉快。總而言之，對於這件事，我是一則以怨，一則以喜。」

華燕軍很快來了第二封信。下面是信的摘要：

感謝你的直率，你的批評使我在一年多來的一片安慰聲中聽到了另一種旋律，這種旋律也許能使我把這些年來的教訓，記取得更深沉些。

你對你這幾年的遭遇一則以喜，我總覺得如此之喜，畢竟是勉強為之，一則以怨，我應該能夠理解。七十四年四月二十五日我被關押後（後來我才知道重慶的「揭發」和汪東興的批示）。由於我七十二、七十三年的幼稚和莽撞，我和其他有關的政治活動很快被突破。我們的所言所行，都是涉及到國家命運的極其敏感的和尖銳的重大問題，而我的活動方式幾乎是半公開的，帶著文化革命中群眾運動方式的明顯烙印。今天想起來，問題一開始似乎就決定了這是一場重頭悲劇！我當時的主要問題有兩個：其一，為首組織「中國共產黨馬列主義行動委員會」；其二，派遣了兩個復員戰士於七十三年春「叛國外逃投蘇。」當這兩個問題意外地暴露之後，一系列嚴重的問題就擺在了我的面前。由於我的經歷和社會關係，當局者明顯地暴露出他們的意圖：他們認定這是一個重大、廣泛的反革命集團案。在這種情況下，我為了不使和我有關係的同志們、首長們被陷入這兩條可怕的罪名之下，不得不違心地說明我所估計會牽連到的同志們和我個人之間的關係，因為我以前在這個所謂的「集團」內外，對我的同志、戰友、首長和同學們是從來沒有想到要單線聯繫的。就以你七十四年四月讓謝濤帶給我的信來說，我出於對你的精到見解的贊同和佩服，在出事前的一段時間裡，我數次把那些「講話摘錄」和信件讓不止三、五個首長和幹部、戰士看過，因而這些問題在後來是必然會暴露的，當局也在很長一段時間內，是把你當作這個

「集團」的「黑高參」來看待的。而對於我們兩個人之間交談的內容，尤其是你在我心目中有很有地位（我對於你不斷寫作的進取精神），關於你，我都盡可能地、或者根本不予涉及。

然而，你們畢竟是無辜的受害者，而歸根結底，你和其他一些有關同志的災難，是應當歸罪於我的！不是說應當在現代迷信的猖獗面前緘口不言，而是應當在要言要行之前，就應當有嚴密的組織和準備，而不至於一處突破，處處難防！

……一九七四年十月前後，你們辦公廳的四位大員在當局者的陪同下審訊我，我十分清楚地認出：其中一文質彬彬者，在我七四年春於你處逗留時，有一天我在圖書室內翻閱時，他推門進來和你談了些工作上的事……因此我一進門，就明白他們一行今日的所在了。

此案從七十六年申訴到七九年底，經總政督促，軍區行文對我們先行釋放，然後去年又在軍區打了近半年的官司，八十年十月經總政指示，軍區做出具體意見，撤銷原判，恢復軍籍，對我還有一條：免於刑事處分。去年十一月回師，十二月去北京看望八旬老母，三月初回到昆明，多方打聽你未果。

……四川的許多同志，包括我受盡苦難的妻子，都絲毫沒有得到平反的消息。他們埋怨我，也不是沒有理由的。但歷史將證明：我從失去自由的第一天起，就沒有用加害任何一個人（包括揭發我的人）的苦難的辦法來減輕我個人的重負，而在問題暴露之後，自始至終盡可能多地承擔了重要責任。在出獄之後，我為每一個受害的同志，向當局申訴、催促，做點力所能及的消除影響的事。我無所企求，只求內心的負疚感輕一些！……我力爭六、七月間來昆檢查、治療，屆時再詳談吧！

我立即回了信。我說：「我的喜絕非勉強為之。離開辦公廳，我確實從內心裡感覺如釋重負。我真心地不怨你。你說你為牽連了朋友而內心負疚，那麼——」我在信中說——「誰來為你感覺負疚呢？不管怎麼說，對於你們當初對『四人幫』所表現的勇氣，我至今非常欽佩。來吧！我真誠地歡迎你，說我們全家都會等待你的到來。」我告訴了他我家的詳細地址。

後來他來了，是一個晚上，和華燕軍同來的，還有一位嬌小的女孩，長著一副圓圓的臉蛋。她坐在角落裡一言不發。屋裡燈光幽暗，女孩那雙大眼睛顯得特別明亮，像對外部世界永遠充滿夢想的孩子。她是華的難友，也涉案被關，嬌嫩的雙腿還在獄中被上過鐵鐐！她是軍隊高幹的掌上明珠。抓捕她那一天，部隊黨委已事前告知了她的父母，要他們對抓捕行動予以配合。預感不祥的她匆匆趕回家準備打開閨房燒毀日記，被父母強行阻攔了——就在這時，埋伏的軍人一湧而上……

送走客人，我通夜未眠。幾乎是一揮而就，我迫不及待地完成了一篇小說，題目叫：〈燃燒吧，火柴！〉，小說主人公正是那晚上坐在角落的小女孩。我把她的名字改為了周雪。她蒙冤出獄，商業大潮和拜金主義已在她曾想拯救的國家洶湧澎湃。她失業了。非常同情她遭遇的居民老太太安排她去一家小店賣香煙和火柴。小說通過周雪之口，表達了一代人對於國家命運的憂思和憤懣：

我們的祖先，曾光榮地發明了羅盤，卻只精於用它觀風水，選墓地；而別人，卻用它去指示航向，尋找新大陸！火藥，也曾是我們民族的驕傲，可是現在，當別人的北極星導彈已整裝待發，我們還只慣於用火藥來製造禮花，在外國親王面前顯示繁榮。我們難道還不明白這是怎樣的繁榮嗎？科學家被勞改，而文盲在統治大學……

我虛構了一個曾暗戀她的大學生表達與受難者重逢的複雜感受。他叫大羽，為迎接周雪出獄，他操辦了一個可憐巴巴的家宴。心上人被捕後，大羽已奉父母之命結婚並且平庸地生活著。在初戀情人面前，他痛感自己的渺小和無奈。下面，是周雪和大羽告別時的內心獨白：

我們重新穿出胡同，向大街上走去。融化的雪水從兩旁的屋檐滴下來，像水簾一般，在小院門前的土坑裡，敲響一片嗒嗒的雨聲。道路一片泥濘。我和大羽蹦蹦跳跳走過，心裡那麼愜意。不是麼？雪已化了，寒冬已盡，前面，是暖洋洋的春天……

大羽還要送我，我固執地拒絕了。我總有一種感覺，過去的一切都已結束，新生活正在向我召喚。我和他在街心花園那座高大的紀念碑前告別……

大羽問我：「以後，我們死了，子孫後代會不會為我們修一座紀念碑？」

我想了想：「我不明白你的意思。」……

「我總有一種預感：當開始埋頭創造物質財富的時候，人們會不會忘掉曾守護過我們的神聖的責任感、英雄主義和獻身精神？……而且你，卻得去賣火柴！」

啊！他在為我不平！望著他過分認真的眼神，我也動了感情——也許，我應該馬上擁抱他，但是，我只握了他的手，握得很緊。我真誠地笑笑，說道：「賣火柴，這有什麼不好呢？——如果社會需要的話——這不是解嘲。不是的。我們每個人難道不都應該像火柴一樣嗎，把生命之火帶給人間，雖然它那麼小，那麼微弱。」……

這些，其實是我自己的內心獨白。站在新生活的門口，我在對自己，也對所有曾經為祖國受難的朋友們祝福。

幾十年後，重新閱讀這些文字，也許會讓人感到陌生、甚至有些另類。整個國家已經滄桑變化，拜金主義已把人們的精神世界席捲一空，但我依舊無怨無悔。因為我畢竟這樣走過來了；因為我畢竟相信我曾經高尚過並且渴望繼續高尚；因為我終於沒有被打垮，沒有沉淪和放棄；因為我相信人活在世界上，除了錢，還有更重要的東西，比如信念、比如真誠、比如愛與承諾……在經歷了那麼多災難之後，我頑強恪守著自己的信念，並且最終能非常自信地，以見證人和書記員的名義，把上面這些苦難記錄下來。

雖然我已經老了。

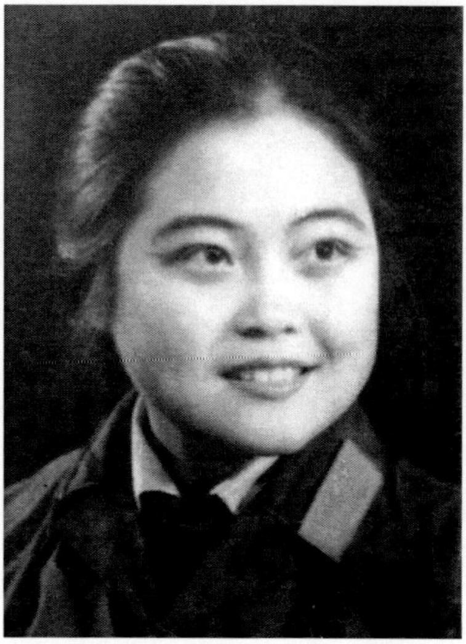

這位美麗的少女就是小說〈燃燒吧，火柴！〉主人公周雪的原型。她在監獄裡曾因過於反叛而鐵鐐加身。我想通過對她的祝福，表達對苦難年代曾為國家命運抗爭過的一代人的敬意。

Do歷史20　PC0436

雲南文革筆記

作　　者／周孜仁
責任編輯／林泰宏、李冠慶
圖文排版／楊家齊
封面設計／楊廣榕

出版策劃／獨立作家
發 行 人／宋政坤
法律顧問／毛國樑　律師
製作發行／秀威資訊科技股份有限公司
地址：114 台北市內湖區瑞光路76巷65號1樓
電話：+886-2-2796-3638　傳真：+886-2-2796-1377
服務信箱：service@showwe.com.tw
展售門市／國家書店【松江門市】
地址：104 台北市中山區松江路209號1樓
電話：+886-2-2518-0207　傳真：+886-2-2518-0778
網路訂購／秀威網路書店：https://store.showwe.tw
國家網路書店：https://www.govbooks.com.tw

出版日期／2015年8月　BOD一版　定價／520元

獨立作家 Independent Author　**寫自己的故事，唱自己的歌**

雲南文革筆記 / 周孜仁著. -- 一版. -- 臺北市 :
獨立作家, 2015.08
面 ; 公分. -- (Do歷史 ; PC0436)
BOD版
ISBN 978-986-5729-88-2(平裝)

1. 周孜仁 2. 回憶錄 3. 文化大革命

782.887 104008926

國家圖書館出版品預行編目

讀者回函卡

感謝您購買本書，為提升服務品質，請填妥以下資料，將讀者回函卡直接寄回或傳真本公司，收到您的寶貴意見後，我們會收藏記錄及檢討，謝謝！
如您需要了解本公司最新出版書目、購書優惠或企劃活動，歡迎您上網查詢或下載相關資料：http:// www.showwe.com.tw

您購買的書名：________________________________

出生日期：________年________月________日

學歷：□高中（含）以下　□大專　□研究所（含）以上

職業：□製造業　□金融業　□資訊業　□軍警　□傳播業　□自由業
　　　□服務業　□公務員　□教職　□學生　□家管　□其它____

購書地點：□網路書店　□實體書店　□書展　□郵購　□贈閱　□其他

您從何得知本書的消息？

□網路書店　□實體書店　□網路搜尋　□電子報　□書訊　□雜誌
□傳播媒體　□親友推薦　□網站推薦　□部落格　□其他________

您對本書的評價：（請填代號　1.非常滿意　2.滿意　3.尚可　4.再改進）

封面設計____　版面編排____　內容____　文／譯筆____　價格____

讀完書後您覺得：

□很有收穫　□有收穫　□收穫不多　□沒收穫

對我們的建議：________________________________

____

____

____

請貼
郵票

11466
台北市內湖區瑞光路 76 巷 65 號 1 樓
獨立作家讀者服務部 收

（請沿線對折寄回，謝謝！）

姓　　名：__________ 年齡：______ 性別：□女　□男

郵遞區號：□□□□□

地　　址：____________________

聯絡電話：(日) __________ (夜) __________

E-mail：____________________